Woorden schieten tekort

www.meulenhoff.nl

Nicci Gerrard

Woorden schieten tekort

Over dementie: een bijzonder lang afscheid

Vertaald door Lidwien Biekmann
en Tjadine Stheeman

MEULENHOFF

ISBN 978-90-290-9341-5
ISBN 978-94-023-1027-6 (e-book)
NUR 320

Oorspronkelijke titel: *What Dementia Teaches Us About Love*
Omslagontwerp: Pinta Grafische Producties
Omslagbeeld: © Nicola Kloosterman
Auteursfoto: © Mark Pringle
Zetwerk: Mat-Zet bv, Soest

Voor John Gerrard: Loslaten

(En voor Patricia Gerrard, Jackie Gerrard-Reis, Tim Gerrard,
Katie Jackson: uit dankbaarheid en eeuwige liefde)

‘Een peilloze afgrond kent geen Biograaf’

Emily Dickinson

Inhoud

Het begin

‘O, de geest, de geest kent bergen, afgronden
Schrikwekkend, steil, peilloos voor de mens…’

In de zomer van het jaar voordat mijn vader overleed, ging hij met ons mee naar Zweden. Hij had toen al meer dan tien jaar dementie en was langzaam – zachtjes, lief, zonder klagen – aan het verdwijnen; zijn herinneringen vervaagden, woorden raakten weg en zijn herkenningsvermogen verzwakte door de grote ontwrichting. Maar tijdens die vakantie was hij heel gelukkig. Hij was een man die veel van de natuur hield en zich erin thuis voelde; hij kende de namen van veel Engelse vogels en insecten, van wilde bloemen en van bomen. Ik weet nog dat hij me vroeger toen ik klein was soms bij het krieken van de dag meenam naar het bos vlak bij ons huis om naar het ochtendkoor te luisteren. Als we daar dan onder het bladerdak stonden en overspoeld werden door die heldere golf van vogelzang, zei hij welk lied van de grote lijster was en welk van de merel. Ik dénk tenminste dat ik me dat herinner, maar misschien is het een verzonnen anekdote waar ik mezelf mee opvrolijk als ik verdrietig ben.

In Zweden plukte hij wilde paddenstoelen in het bos, hij ging naar een vrolijk kreeftenfeestje waar hij aquavit dronk en een bloemenkrans in zijn witte haar droeg, en hij zat met een palet waterverf in zijn hand uit te kijken over een weide, al kwam hij er nauwelijks toe om zijn verfkwast op het papier te zetten. Op een avond gingen we met hem de sauna in – hij hield erg van sauna's omdat ze hem deden denken aan de tijd dat hij als zorgeloze jonge man in Finland woonde. Daarna hielpen we hem in het meer. Het was een prachtige schemerige avond, de bomen waren donkere vormen in het wegstervende licht en de maan scheen op het water. Ik herinner me nog goed hoe stil het was, met alleen zo nu en dan het geluid van het water dat zacht tegen de steiger klotste.

Mijn oude, broze vader zwom een paar slagen en begon toen te zingen. Het was een lied dat ik niet kende en sindsdien ook nooit meer heb gehoord. Hij zwom in kleine cirkels en zong in zichzelf. Hij leek tevreden, gelukkig zelfs – maar tegelijkertijd maakte hij een uiterst eenzame indruk, alsof er niemand meer op de wereld was behalve hij in dat halfduister en die doordringende stilte, met dat meer, de bomen, de maan en hier en daar een ster.

De randen van het zelf zijn zacht, de grenzen zijn dun en poreus. Op dat moment kon ik me voorstellen dat mijn vader en de wereld één waren; dat de wereld in hem vloeide en hij erin leegstroomde. Zijn zelf – dat opdonders had gehad van de tijd, uit elkaar was getrokken door de dementie – was op dat barmhartige moment voorbij de taal, voorbij bewustzijn en angst, verloren en vervat in de veelvoud der dingen en thuis in het onmetelijke wonder van het leven.

Dat is tenminste wat ik mezelf voorhoud nu ik drie jaar later de ziekte probeer te begrijpen die in staat is om het ik – het zelf – te onttakelen, die als een dief in de nacht het huis binnensluipt dat in een heel leven is opgebouwd en het komt vernielen, plunderen en leegroven, en achter de kapotte deuren staat te grinniken. De februari die hierop volgde moest mijn vader naar het ziekenhuis omdat hij wonden op zijn been had die niet goed genazen. Er waren daar strikte bezoekuren en bovendien werd de afdeling waar hij lag na een uitbraak van het norovirus geïsoleerd, waardoor hij dagenlang alleen was: er was niemand die zijn hand vasthield, hem bij zijn naam noemde, zei dat we allemaal van hem hielden, niemand om hem met de wereld verbonden te houden. Zijn beenwonden genazen, maar ver van het huis waarvan hij hield, beroofd van de vertrouwde rituelen, omringd door vreemden en door machines, raakte hij al snel gedesoriënteerd en verloor hij de kwetsbare band met zijn zelf. Tussen zorg en zorgzaamheid gaapt een brede kloof en daar viel mijn vader in.

Toen hij eindelijk thuiskwam, was hij een schim van zichzelf: broodmager, immobiel, sprakeloos en verloren. Het was afgelopen met de sauna's, de bossen en de meren, de bloemen in zijn haar; hij verkeerde niet langer in de schemering van de ziekte maar in het aanzwellende donker. Na een paar maanden van drastisch vertraagd sterven, toen de herfst plaatsmaakte voor de winter met een ijzig koude wind, verliet hij ons voorgoed. Maar tegenover de herinneringen aan die verschrikkelijke laatste maanden – de kleine kamer beneden waar hij in een ziekenhuisbed lag te wachten, te wachten op niets, met de vogels waarvan hij zo veel hield op de voedertafel voor zijn raam; het dagelijkse wassen, eten geven, tillen; de verpleegsters en de dokters en de verzorgers en de hele bureaucratie van leven en dood; een geest die afstierf en een lichaam dat aftakelde terwijl je er geen moer aan kon doen – tegenover dat verstikkende, uitgerekte einde plaats ik de herinnering aan mijn vader in een Zweeds meer, vredig in de zachte schemering en met die mysterieuze versmelting van het zelf met de wereld.

Ik zei vroeger weleens dat we bestaan uit onze herinneringen, maar wat als we onze herinneringen vergeten? Wie zijn we dan nog? Als we uit ons hoofd zijn, waar zijn we dan naartoe? Als we de plot zijn vergeten, wat gebeurt er dan met ons verhaal? Zelfs aan het bittere einde had ik nooit het gevoel dat mijn vader niet zichzelf was – ook al voelde ik tegelijk ook dat hij zichzelf was kwijtgeraakt. Hij was weg, maar hij bleef nog, hij was afwezig en toch sterk aanwezig. Er was iets wat bleef bestaan voorbij taal en herinnering, een spoor misschien, de groeven die het leven in hem had uitgesleten zoals een rivier een steen uitslijt. Hij was nog steeds lief, zijn verleden leefde voort in zijn lach, zijn frons, de manier waarop hij zijn borstelige witte wenkbrauwen optrok. Het leefde voort in ons. Hij herkende ons misschien niet meer, maar wij herkenden hem wel. Ik weet geen woord voor die onuitwisbare kern – 'ziel' zouden we vroeger hebben gezegd.

Beschaving, controle en veiligheid vormen de korst over een peilloze diepte. In ieder van ons leeft het verontrustende besef – vaak ergens diep weggestopt in ons achterhoofd – hoe zwak de macht is die we over onszelf uitoefenen, hoe zwak de grip op onze eigen geest en ons lichaam. Dementie – in vele en vaak schokkende vormen – werpt de vraag op wat het is om een zelf te hebben, om mens te zijn.

Het wordt vaak de moderne pest genoemd, 'de ziekte van de eeuw'.

In 2015 leden naar schatting 850.000 mensen in het Verenigd Koninkrijk aan een vorm van dementie en waren er naar schatting evenveel niet-gediagnosticeerde patiënten. Door de vergrijzing zal dat aantal in 2021 naar verwachting oplopen tot 1 miljoen en in 2051 tot 2 miljoen. In de VS waren het er in 2017 circa 5,5 miljoen. Volgens de Wereldgezondheidsorganisatie zijn er wereldwijd ongeveer 47 miljoen mensen met dementie. Elke drie seconden komt er weer een patiënt bij.

Mensen praten over dementie alsof het een tijdbom is. In werkelijkheid is die bom allang ontploft, maar dat is stilletjes gebeurd, onopgemerkt, uit het zicht, als een heimelijke vernietigingsaanval. Mannen en vrouwen die met dementie leven zijn vaak vermiste personen: ze zijn vergeten en uitgestoten door de maatschappij die hecht aan onafhankelijkheid, welvaart, jeugdigheid en succes, en zich afkeert van kwetsbaarheid. Die mensen drukken ons met de neus op het feit dat we allemaal oud worden en aftakelen, en dat de dood ons uiteindelijk komt halen. Het is de meest gevreesde van alle ziekten. Het is 'het verhaal van een lijdensweg', en die lijdensweg duurt lang.

Dat lijden blijft niet beperkt tot de patiënten, maar breidt zich uit naar iedereen die voor hen zorgt en om hen geeft, naar de gemeenschap, het hele land. Dementie houdt, zoals een dokter het eens tegen me zei, 'totaal geen rekening met patiënten, verzorgers, gezondheidszorg, zorginstellingen... het is een ziekte die niet binnen ons systeem past'. Geen andere ziekte heeft zóveel invloed op niet alleen de patiënten, maar op hun hele omgeving, met verstrekkende fysiologische, psychologische, sociale, economische, politieke en filosofische gevolgen. De kosten zijn torenhoog – en dan bedoel ik niet de financiële kosten, hoe enorm die ook zijn (de Britse Alzheimer Society schat die alleen in Groot-Brittannië al op 26 miljard pond en wereldwijd op 818 miljard dollar, en die kosten stijgen nog steeds, in 2018 tot naar schatting 1 biljoen dollar: dat is méér dan de kosten van kanker, beroertes en hart- en vaatziekten bij elkaar), maar ik heb het over wat het bij mensen teweegbrengt: schaamte, verwarring, angst, zorgen, schuldgevoelens, eenzaamheid. Dementie stelt serieuze morele vragen over de maatschappij waarin we leven, over onze normen en waarden en over de zin van het leven zelf.

Toch zijn wij de eerste generatie die hier bewust over nadenkt. In mijn jeugd was dementie nauwelijks zichtbaar en zelden onderkend. Mijn grootvader aan moederskant was dement, evenals mijn grootmoeder aan vaderskant. Ik was me daar alleen heel vaag van bewust: die mensen waren ooit levendig aanwezig, maar raakten steeds verder op de achtergrond. Misschien schaamde ik me voor ze, voor die belangrijke figuren die ooit zo'n overwicht hadden gehad maar nu zo hulpeloos waren, en bovendien stond de lichamelijke kant van de ziekte me tegen. Maar ik stond nooit stil bij hoe het voor hen was, bij het drama dat zich voltrok, en dat soms de vorm van een afschuwelijke klucht kreeg. Het was een stigma, een bron van schaamte, angst en ontkenning, en het speelde zich af achter gesloten deuren. Het d-woord.

Tegenwoordig is onze kennis over deze ziekte radicaal anders dan twintig of dertig jaar geleden en dat brengt een sociale, politieke en morele verantwoordelijkheid met zich mee. Nu zien we iets wat vroeger in het verborgene bleef. In de jaren zeventig waren er in heel Groot-Brittannië ongeveer 300.000 mensen met dementie, vrij dun verspreid over het land. Dat aantal is nu verdrievoudigd. Over vijfentwintig jaar zullen het er ongeveer 1,7 miljoen zijn. In de VS is het sterftecijfer ten gevolge van alzheimer in de periode van vijftien jaar tussen 1999 en 2014 met 55 procent gestegen. Ga maar eens kijken in een willekeurig ziekenhuis: daar worden meerdere of zelfs de meeste bedden bezet door mensen met dementie. Ga naar een verzorgingscentrum voor ouderen. Lees de overlijdensadvertenties. (Toen ik erover dacht dit boek te gaan schrijven, begon ik aan een lijst van bekende personen met deze ziekte, maar daar ben ik mee opgehouden, het waren er te veel en ze bleven maar komen: ik kon het niet bijhouden.) Lees de krantenberichten, de opbeurende en de deprimerende waar de tranen je van in de ogen springen. Lees de overlijdensberichten. Ik ken bijna niemand die niet op een of andere manier met dementie te maken heeft. Het is overal om ons heen, in de familie, in onze genen, misschien in onze eigen toekomst (ongeveer een op de zes mensen boven de tachtig lijdt aan dementie, hoe hoger de leeftijd hoe groter het risico; het is alsof er een sluipschutter op je loert). Als het jou niet treft, dan treft het wel iemand van wie je houdt.

Het probleem treft ons dus vrijwel allemaal, en de vraag hoe we dit probleem te lijf moeten gaan, moeten we als maatschappij beantwoorden. Want in dit tijdperk waarin autonomie en eigen kracht zo belangrijk worden gevonden, dienen zich allerlei vragen aan: Wat zijn wij aan anderen verplicht en wat aan onszelf? Wie is belangrijk? Waarom lijken sommige mensen minder belangrijk te zijn dan andere? Waarom worden sommige mensen genegeerd, niet gezien, verwaarloosd, in de steek gelaten? Wat betekent het om mens te zijn, je als mens te gedragen? Het woord 'wij' wordt vaak en nogal makkelijk gebezigd. Het suggereert een gemeenschap, democratie, samenwerking. Het maakt aanspraak op een collectieve stem, alsof we, zoals politici graag zeggen, er in de participatiesamenleving samen voor staan. We zitten in hetzelfde schuitje – dat klopt, maar sommige mensen zitten in eersteklashutten met zeezicht en krijgen cocktails bij het diner, terwijl andere in het ruim liggen, of zelfs door niemand worden gezien. Zij bevinden zich in het donker, we weten niet eens dat ze bij ons aan boord zijn. En dan zijn er ook nog heel wat mensen die in het koude water zijn gevallen en in het donker verdrinken terwijl het orkest gezellig doorspeelt.

Dat zijn de mensen die we niet zien. Om wie we niets geven. Om wie we niet rouwen. Mensen die we negeren tot de dood erop volgt... Als mijn vader een belangrijk man was geweest, zou hij, toen de nood het hoogst was, waarschijnlijk anders zijn behandeld. Hij wás natuurlijk ook heel belangrijk, maar alleen voor de mensen die van hem hielden en zich met hem verbonden voelden. De kostbaarheid van elk leven zou moeten worden verankerd in het systeem, in de maatschappij, zodat we geen band hoeven te voelen om elkaar te redden. We hebben een verplichting jegens elkaar – zelfs jegens onze vijanden – omdat de wereld 'ons gezamenlijk is geschonken' om haar te delen en door te geven. Er is geen *ik* zonder *jij*, geen *mij* zonder *ons*. We zijn uiteindelijk aan elkaar overgeleverd en we zouden hartstochtelijk en onherroepelijk toegewijd moeten zijn aan elkaar, aan wie dan ook – ieder mens in ere moeten houden, niet uit liefde maar uit medemenselijkheid.

De laatste jaren denk ik veel na over de zin van regels en grenzen: over muren van instituties waar wetten – *gij zult niet* – op worden gespijkerd, hekken rond tuinen, deuren (stevig afgesloten of geopend), grenzen (die vaak poreuzer zijn dan ik had gedacht), geesten (die ook belichaamd zijn); lichamen (die ons zowel bevatten en ons tegelijkertijd blootstellen aan de wereld), ik denk over *ik* en *wij*, over *ons* en *zij*, het zelf en de ander. In hoeverre zijn we aan elkaar verbonden en in hoeverre zijn we van elkaar gescheiden? In hoeverre zijn we onbespiede, onafhankelijke individuen en in hoeverre maken we deel uit van een openbaar gemeenschapsleven? In hoeverre kunnen we – moeten we –

vertrouwen op anderen en kan er op ons worden vertrouwd? Wat zijn onze verantwoordelijkheden jegens de wereld waarin we wonen en jegens onszelf?

Ik vind het als moeder soms moeilijk om te weten waar mijn kinderen ophouden en ik begin (zelfs nu ze volwassen zijn en ik dat allang zou moeten hebben geleerd). Ik voel me soms te kwetsbaar en ik weet niet hoe ik nee moet zeggen. Tegelijkertijd ben ik een verstokte feministe die met heel haar hart gelooft in het recht op een leven dat – in elk geval voor een deel – van jezelf is. Gehechtheid en verantwoordelijkheid en vooral liefde vormen een voortdurende bedreiging voor dat recht op een eigen leven. De claustrofobie die ik soms door mijn verantwoordelijkheden voel is eigenlijk de angst om mezelf te verliezen. We hebben allemaal grenzen nodig omdat we anders geen zelf hebben, maar we moeten die grenzen ook doorbreken om relaties en verbindingen aan te kunnen gaan, want zo zit de wereld nu eenmaal in elkaar. Dat is geen evenwichtsoefening waarbij we bibberend en gespannen over het slappe koord tussen twee tegengestelden schuifelen, maar een continue stroom die aanzwelt en zich terugtrekt, geeft en onthoudt, naar de wereld reikt en ervoor terugdeinst.

Dementie schopt die subtiele en eindeloze onderhandeling met de wereld, die eb en vloed van wederkerigheid, in de war. Mensen die dementie hebben, worden steeds hulpelozer, steeds meer overgeleverd aan de vriendelijkheid van naasten en van vreemden. Het is bijna niet te verdragen hoe eenzaam en onbereikbaar ze zich soms moeten voelen. Een paar weken geleden was ik in een verpleeghuis met Sean (mijn echtgenoot en coauteur), waar we een dementerend familielid van hem bezochten. Toen we weggingen, kwam er een oude vrouw op ons af schuifelen; ze had wit haar tot op haar schouders, droeg een vrolijk rood vest en een kralenketting, maar ze keek ons met een smartelijke blik aan. Toen ik bleef staan, greep ze mijn handen vast en kromde haar lichaam zich van verdriet. 'Troostende gezangen,' zei ze. 'Troostende gezangen.' Ik keek rond of er iemand was die haar kon helpen. En ik zei dat er snel iemand zou komen. 'Er komt niemand,' zei ze. 'Er is hier niemand. Troostende gezangen.' Er kwam iemand van het personeel aan die de gebogen vrouw van me overnam. Ze zei dat ze altijd zo deed – alsof dat een geruststelling was – en leidde haar weg. 'Troostende gezangen.' Wat had ik moeten doen? Wat doen wij?

Als je nadenkt over wat dementie betekent en over het verschrikkelijke verlies dat ermee gepaard gaat, leidt dat vanzelf tot de vraag in hoeverre wij als maatschappij en als individu verantwoordelijk zijn voor het lijden van anderen: wat zijn we aan elkaar verplicht, waar geven we om, wat is belangrijk in deze wereld die we delen. *Wie* is belangrijk.

Bij het woord 'dementie' denken mensen vaak aan het allerlaatste stadium. Ze zien zichzelf – of een geliefde – beroofd van elke herinnering volstrekt onmachtig en verdwaasd in een bed liggen; ze zien zichzelf als overjarige baby's (ook al is de vergelijking tussen oude mensen aan het einde van hun leven met kleine kinderen navrant onjuist), als dieren, planten, *objecten* in handen van andere mensen of door hen genegeerd. Veel mensen zeggen vastbesloten te zijn een einde aan hun leven te maken voordat ze dat stadium bereiken, sommigen doen dat ook. De Britse filosofe Mary Warnock pleitte voor het afgeven van vergunningen om mensen 'een spuitje te geven'; hoe wreed dat ook klinkt en hoe controversieel het ook was: een argument daarvoor zou kunnen zijn dat we dieren wel afmaken om ze uit hun lijden te verlossen, terwijl we mensen die ondraaglijk lijden dezelfde clementie onthouden. Wat we een hond niet willen aandoen, doen we onszelf wel aan.

Er zijn echter vele stadia van dementie, net als van rouw, al zijn die stadia in beide gevallen maar zelden duidelijk afgebakend. De diagnose is geen veroordeling, maar het begin van een proces dat jaren, zelfs tientallen jaren kan duren, en dat hoopvol, mild en avontuurlijk kan zijn, maar ook angst, verdriet en hartverscheurend gemis kan opleveren.

Dit boek is een reis door die stadia van verlies, van de eerste vage signalen van de ziekte tot de vergevorderde en fatale dementie, die in de meest radicale vorm een meedogenloze afbraak van het zelf en een apocalyps van betekenis teweeg kan brengen. Het stelt de vraag wat dementie betekent, zowel voor de mensen die zelf met deze ziekte leven als voor hun naasten, en brengt zowel de meest humane als meest inhumane vormen van de medische behandeling in kaart. Daarbij wordt de vraag gesteld tot hoe ver de professionele zorg voor de mensen van wie wij houden reikt en in hoeverre individuen en families de last moeten dragen waarvan het gewicht verpletterend kan zijn – en dat soms ook is. Het onderzoekt dementie van buitenaf en – voor zover mogelijk – ook van binnenuit. Het beschrijft de nieuwe en verontrustende kunst die over dementie wordt gemaakt en die naar mijn idee een vorm van emotioneel modernisme is en ons helpt om het onvoorstelbare voor te stellen, om een taal te vinden voor iets waar eigenlijk geen woorden voor zijn, en ons tot de drempel van de duisternis brengt. Het gaat over het verdriet op die reis naar het duister, verdriet van de mensen die leven met deze ziekte die zo veel desolaatheid met zich mee kan brengen, en ook van de mensen die voor hen zorgen. Het gaat over de nasleep van een leven: over sterven, rouwen en de mildheid van het einde. Het bevat de verhalen van verpleegkundigen, artsen, wetenschappers, therapeuten, filosofen, kunstenaars – maar vooral van de mensen met deze ziekte en van hun naasten die ze erbij begeleiden en het ondraaglijke dragen, en die hun poortwachters, hun geheugen en hun stem worden. Dementie leidt tot wat Atul Gawande 'uithoudingsvermogen van de ziel' noemt.

Mijn vader was mijn gids, aanvankelijk krachtig, later broos, en soms verdween hij uit beeld. En hij was ook mijn geest. Altijd mijn geest.

In de eerste stadia – die wellicht het meest verontrustend zijn voor degenen die het treft, ik hoop tenminste dat vergeetachtigheid een zekere verlichting biedt – kunnen mensen met dementie hun gevoelens nog uiten. Later wordt dat steeds moeilijker, tot het uiteindelijk nauwelijks nog mogelijk is. Hoe moet dat voor ze zijn? Ik word vaak 's ochtends heel vroeg wakker, nog voordat het licht is, en weet dan gedurende een paar angstige momenten niet meer waar ik ben, of zelfs wie ik ben. Een verbijsterende leegte gevolgd door een verzengende angst. Geeft dat een beetje een idee van hoe het voelt? Of die vernederende verwarring als je het spoor volledig bijster bent, verzand bent geraakt in een wirwar van gedachten, geen grip meer hebt op de wereld, je als een willoos object voelt, is het zoiets?

Een paar maanden geleden fietste ik midden in de nacht langs een kanaal; het was stikdonker, desoriënterend en griezelig. Er lag eendenkroos op het water, dat er daardoor uitzag als vaste grond, terwijl de echte vaste grond golfde en meanderde in de dunne lichtbundel van mijn fietslamp. Vleermuizen als donkere flarden vlak boven mijn hoofd, plotselinge stemmen in de verte, daarna stilte. Ik voelde me onveilig. Onveilig in mezelf, klein en onstabiel, het angstzweet brak me uit. Met een afschuwelijke schok drong het tot me door dat dit misschien was wat je in de eerste stadia van dementie voelt: alles wat ooit zo zeker was geweest, veranderde van vorm, dingen doemden op uit het duister. Maar ik weet natuurlijk niet of dat zo is. De geest is een oneindig groot mysterie. En als het al moeilijk is om je de eerste stadia voor te stellen waarin iemand zich nog verbaal kan uiten, hoe onbegrijpelijk is een vergevorderde dementie dan, een aandoening die niet in taal te vatten is. Je wordt een schim van jezelf, wat een existentiële eenzaamheid en zelfs wanhoop met zich meebrengt.

Want hoe ziet de *ik* de *ik* die weggaat, en hoe kan de taal haar eigen desintegratie in woorden vangen? Als je praat met mensen die aan dementie lijden, bevat hun beschrijving van wat ze ervaren soms veelzeggende gaten of uitglijders. Als we *over* hen praten – en de meeste verslagen van vergevorderde dementie worden onvermijdelijk van buitenaf verteld – gebruiken we metaforen, proberen we in taal te vatten waar eigenlijk geen woorden voor zijn. Van Dantes beeld van een schip dat de zeilen strijkt als het de haven binnenvaart tot vergelijkingen met een spel kaarten dat wordt geschud: we proberen manieren te vinden om de onbegrijpelijke onttakeling van het zelf te begrijpen. Ik heb de ziekte van mijn vader weleens beschreven als een groot schip dat op drift is geraakt, als een stad waar de lichten een voor een uitgaan, als een gebombardeerde stad, een ijsschots die afbrokkelt en steeds kleiner wordt, tot hij te klein is om er nog op te staan. Een vriend van me beschreef het eens als een manuscript dat in snippers wordt gescheurd, een ander als een kostbaar glas dat aan scherven wordt gesmeten. Het is opvallend hoe vaak het beeld van een schip wordt gebruikt, van een boot die in de mist verdwijnt, 'een zeilschip dat in een windstilte is terechtgekomen. En dan plotseling is er even weer wat wind, vaar ik weer. Dan heeft de wereld weer vat op me.'

De metafoor van varen op zee roept zowel angst als mysterie op, en het beeld van een schip dat verheven en gemoedelijk over de gruwelen der diepte vaart heeft iets plechtigs en waardigs. In zijn aangrijpende overpeinzingen over de vroege, onbarmhartige dementie van zijn moeder, *Gestameld liedboek*, worstelt de Vlaamse schrijver Erwin Mortier om zin en vorm te geven aan wat zinloos en vormeloos is. Hij roept het beeld op van een ziekte die niet verheven maar wreed is, en als een rat met scherpe gele tanden aan ondergrondse draden knaagt, zijn moeder uitgewrongen als een dweil in een hoek smijt. Het is een stilstaand moeras, afgaand water. Zijn moeder is een kromgetrokken kooi waarin een mechanisch zangvogeltje wegroest, een zandloper van bot en huid, een verbale bouwval, een grammaticale ruïne, een oude lampenradio, een angstig uilenjong, ergens diep in de wirwar van ingezakte balken, een levensgroot verdwijnpunt.

In de beeldspraak over dementie gaat het vaak over verdwijnen en oplossen (zee, mist, het strijken van zeilen), maar ook over corrosie, breken, uitglijden, een sinistere mutatie van het zelf. Het zijn pogingen om betekenis en vorm te geven aan iets wat zich daartegen verzet, slaat een fragiele brug tussen het bekende en het onbekende, en wijst tegelijkertijd op de onmogelijkheid daarvan. De oceaan wordt het moeras, het huis wordt de fundering. Angst slaat om in horror, horror wordt plotsklaps verlicht door hoop, een baan zonlicht breekt door het wrak naar binnen. Taal spant zich in om een toestand te beschrijven die fundamenteel verbonden is met het falen van taal en de verbinding van het zelf met de wereld. We hebben er geen woorden voor.

Maar woorden zijn niet het enige waarmee kan worden gesproken. Op mijn bureau staan afbeeldingen van de zelfportretten van de Duits-Amerikaanse kunstenaar William Utermohlen. Ik heb hem nooit ontmoet, maar ik heb urenlange gesprekken gevoerd met zijn weduwe, Patricia Utermohlen, en ik kijk vaak naar zijn schilderijen om me met de neus op de verschrikking van de dementie te drukken. Utermohlen kreeg de diagnose alzheimer in 1995, toen hij eenenzestig was, hoewel in zijn 'Conversation Pieces' van begin jaren negentig al aanwijzingen voor zijn ziekte gevonden kunnen worden. Hij keek onbarmhartig naar zichzelf en schilderde wat hij zag, zelfs toen hij zichzelf steeds meer kwijtraakte. De zelfportretten die hij in de periode van vijf jaar daarna schilderde, laten een verpletterende labiliteit en een kwellend zelf-verlies zien. In het eerste portret is hij nog herkenbaar, hoewel zijn smalle gezicht erg waakzaam staat (Patricia vertelde me dat hij altijd al zorgelijk en teleurgesteld van aard was geweest). Maar al snel wordt het perspectief platter en verdwijnt het gevoel van ruimtelijkheid. Hij is tegelijk in de wereld van zelf-verlies en een observerende toeschouwer. Zijn dementie wordt op het doek gegrift. De neuropsycholoog professor Seb Crust, een van zijn artsen, vertelde dat Utermohlen bij hun eerste ontmoeting heel vaardig tekende, maar dat op de tekening die hij toen maakte twee armen aan één schouder vastzaten. Toch vertellen deze portretten een uniek verhaal over de subjectieve ervaring van de kunstenaar. De compositie en de zintuiglijke rijkdom van het eerste portret maken plaats voor een verontrustende vreemdheid, een zintuiglijke verschuiving waarin muren kantelen, perspectief destabiliseert, de tafel omhoog beweegt, voorwerpen zweven in een onttakelde ruimte waar de kunstenaar in zit en kijkt naar wat hij wordt – of ont-wordt. Dingen scheuren, breken, verbrijzelen, lossen op, gaan verloren. De ruimte raakt leeg tot de schilder ten slotte alleen is, in een vacuüm. Het gezicht, het zelf, verdwijnt in het donker. In het laatste portret is hij alleen nog maar een gekrabbeld doodshoofd.

De individuele portretten van Utermohlen zijn intens verdrietig. Als serie geven ze een beangstigend beeld van het verloop van verlies en van lijden, van de geleidelijke, onvermijdelijke afbraak van alles wat hem bij elkaar houdt als mens. En toch woonde William Utermohlen gedurende zijn ziekte verscheidene jaren thuis bij zijn vrouw en zijn schilderijen, ging hij om met vrienden en maakte hij deel uit van een rijk bestaan. Maar bovenal wist hij zich nog steeds uit te drukken, namelijk op het doek. *Hier ben ik.* Een mens zijn is een stem hebben, en met *stem* bedoel ik iets wat onze innerlijke wereld verbindt met de buitenwereld, het tere en wonderlijke web van communicatie dat ervoor zorgt dat we in gemeenschap met anderen leven, niet in eenzame opsluiting en alleen met onszelf. Er zijn veel verschillende manieren waarop je een stem kunt hebben en contact kunt maken met de wereld.

Zelfs als het geheugen weg is, de taal versplintert en verloren gaat, herkenning verzwakt en verdwijnt en het idee van het zelf moeilijk vast te houden is, zijn er manieren om mensen te vinden die gevangenzitten onder het puin, om ze te horen, en te erkennen dat ze nog steeds mensen zijn, waardevol, een van ons.

Een vriend van me kreeg op zijn veertigste een hersentumor, waar hij tien jaar later aan overleed. Dat is inmiddels alweer tien jaar geleden, maar ik droom nog vaak over hem. Hij is mijn nachtelijke bezoeker en het is altijd fijn als hij er is, dan weet ik weer hoe erg ik hem mis. In een paar recente dromen springen we samen op een trampoline. Soms realiseert hij zich niet dat hij dood is, maar ik wel, en dan praten we daarover. Soms geloof ik in mijn droom dat hij is teruggekomen, dat zijn dood een vergissing was, een droom, of dat hij zich in de wakende wereld op verboden terrein begeeft. Maar over mijn vader heb ik voor zover ik weet nog nooit gedroomd. Hij komt me nooit bezoeken. Misschien geloof ik niet echt dat hij is gestorven. Ergens heb ik het gevoel dat ik een tweede kans zal krijgen en het dan allemaal beter kan doen, dat ik sneller zal inzien wat er met hem gebeurt en dat ik dat dan ongedaan kan maken, de klok kan terugdraaien die hem naar zijn einde heeft getikt. 'Hallo, Nic,' zal hij dan zeggen, en hij zal zijn hand uitsteken.

Ik wil me mijn vader herinneren zoals hij was voordat hij ziek werd, en dat doe ik ook, maar het beeld dat het vaakst naar boven komt en me dan onverhoeds overvalt is het beeld van hem in zijn laatste maanden. Ik kijk naar hem door het raam, hij ligt in zijn ziekenhuisbed en staart naar de tuin die hij heeft aangelegd en waarvan hij zo veel hield. Hij is weg en is er nog: hij hoort bij het leven en is eruit verbannen. Kort nadat mijn vader was gestorven ben ik met een vriend een actie begonnen voor meer mededogen in de behandeling van mensen met dementie in ziekenhuizen. Ik weet wel dat ik daarmee eigenlijk mijn vader probeer te redden, die niet meer te redden is. En dat ik dit boek heimelijk 'voor een deel schrijf om te biechten', of, zoals de Franse filosoof Jacques Derrida zegt: zodra je schrijft vraag je om vergiffenis.

1

De waarheid onder ogen

'Ik ben! Maar wat ik ben, weet en interesseert niemand.'

Sean en ik hebben een huis in een plezierig deel van Noord-Londen, waar we psychologische thrillers schrijven onder het pseudoniem Nicci French. In onze lommerrijke straat staan mooie victoriaanse huizen met goed onderhouden tuinen, en voor de ramen hangen bloembakken met geraniums. Er is een speeltuin en een grasveldje waar mensen met hun hond spelen. Er is een basisschool; op weekdagen staan daar groepjes kinderen voor het schoolhek vrolijk met elkaar te kwebbelen. Er zijn restaurants, cafés en winkels op een paar minuten afstand. En aan het einde van de weg staat een enorme gevangenis met hoge muren met bovenop prikkeldraad. Aan de achterkant zijn ongemarkeerde graven waar vroeger geëxecuteerde gevangenen werden begraven. Soms zie ik geblindeerde busjes naar binnen of naar buiten rijden en vrij vaak hangt er 's avonds of 's nachts een helikopter als een reusachtig insect in de lucht met zoeklichten die zwaaien door het duister. Er zijn mensen die beweren drones bij het gebouw te hebben gezien die drugs of telefoons afwerpen. Maar ik kan er niet naar binnen kijken, ik heb nog nooit mensen gezien die daar gevangenzitten en heb nog nooit hun stem gehoord.

Er gebeuren erge dingen, verschrikkelijke dingen in die overvolle gevangenis waar meer dan 1200 mannen onder erbarmelijke, onmenselijke omstandigheden moeten leven. De cellen van drieënhalve bij tweeënhalve meter zijn bedoeld voor één gevangene, maar er zitten er vaak twee, met een slecht afgeschermde wc op nog geen meter afstand van waar ze eten en slapen. Die wc's zijn vaak verstopt, de riolering lekt, er ligt troep op de grond, het is er een feest voor de kakkerlakken, en het budget voor het eten bedraagt nauwelijks meer dan één pond per dag, alsof het varkensvoer is. Drugs zijn wijdverspreid, vooral de nieuwe 'zombiedrug' Spice, die een bijna comateuze toestand veroorzaakt waarin de gevangenen hun toestand beter verdragen. Bendes hebben het er voor het zeggen. Er heerst een ellendige, angstige sfeer, en intimidaties, pesterijen, geweld en zelfmoord zijn aan de orde van de dag. Maar wij leiden intussen ons comfortabele leventje en denken liever niet aan die instelling aan het eind van de straat. De mannen die er zitten zijn uit het oog uit het hart, weggestopt en beroofd van hun meest basale rechten. Veel mensen vinden dat mensenrechten niet voor gevangenen gelden, dat ze straf verdienen en dat we hun daarom niets meer verschuldigd zijn. In onze maatschappij die draait om geld, om schuld en boete, krijgen zij hun verdiende loon. Je kunt ze dus makkelijk vergeten: ze horen er immers niet bij.

Wat we voelen en doen wordt vaak bepaald door een gevoel van identificatie: mensen lijken op ons of vertegenwoordigen een wereld die we kennen of graag zouden willen kennen. Ze voelen op een of andere manier als naasten, vertrouwd, en als ze in gevaar komen hebben we een sterke aandrang om ze te hulp te schieten. Als zulke mensen worden mishandeld, of gewond of vermist raken, trekken we ons hun lot aan, we voelen met ze mee. Als andere mensen vermist raken, kan ons dat niets schelen. En soms raken mensen vermist zonder dat we dat zelfs maar weten.

Eind 1995, begin 1996 schreef ik voor *The Observer* over het lange, lugubere strafproces tegen Rosemary West. Frederick en Rosemary West waren een ogenschijnlijk doorsnee provinciaals echtpaar met kinderen. Ze gingen normaal om met de buren, dronken thee, aten op zondag *sunday roast.* Maar ze hadden gedurende zestien jaar hun eigen kinderen seksueel misbruikt en vermoord en andere jonge vrouwen gemarteld en vermoord. Het waren seriemoordenaars die hun slachtoffers als levende seksspeeltjes gebruikten en ze daarna in de tuin begroeven. Fred West pleegde zelfmoord in de gevangenis, dus zijn vrouw stond alleen terecht in een proces dat het hele land in zijn greep hield en nog steeds niet is vergeten. Die winter konden we gedurende enkele weken een blik werpen op een wereld waarvan de meeste mensen het bestaan nooit hadden vermoed, een wereld vol ontucht, verloedering en onbeteugeld geweld. Het was alsof zich jarenlang een toneel van Jeroen Bosch had afgespeeld in dat kleine rijtjeshuis in Gloucester, dat een slachthuis, bordeel en sadistische martelkamer tegelijk was. Aan het eind van het proces, toen Rosemary West wegens tienvoudige moord werd veroordeeld tot levenslange gevangenisstraf, voelde ik me vergiftigd en had ik de sterke behoefte mezelf op een of andere manier te zuiveren.

Maar naast dat gevoel van horror en verdorvenheid – die totaal verknipte wereld – was er nog iets anders, wat minder opviel maar toch van invloed was op de verhalen die ik als journalist wilde schrijven, en zelfs op hoe ik over de wereld dacht. Verscheidene jonge vrouwen die in de loop der jaren in het zwarte gat van Cromwell Street 25 waren gezogen, waren verdwenen zonder dat er een haan naar had gekraaid; sommigen werden niet eens als vermist opgegeven. Het echtpaar West koos meestal mensen uit die kwetsbaar en hulpeloos waren, in de pleegzorg hadden gezeten, werkloos waren, niet-geworteld in een gemeenschap. Mensen zonder vangnet. Als die meisjes en vrouwen verdwenen, werden ze niet gemist. Er werd niet koortsachtig een zoektocht naar ze op touw gezet, er was geen nationale rouw, geen stille tocht. Het waren onzichtbare mensen die na hun verdwijning onzichtbaar bleven en niet werden betreurd. Pas toen de lijken vele jaren later werden gevonden, wisten ze heel even onze aandacht te trekken.

Enkele maanden na afloop van het proces heb ik een reeks gesprekken gevoerd met Londense prostituees in schemerige en oververhitte kamertjes, die ik tijdelijk verliet als er een klant kwam. Ze waren allemaal jong, soms nog maar pubers; de meesten waren mishandeld of seksueel misbruikt en ze waren allemaal – op één na – verslaafd aan crack. Bijna allemaal hadden ze een of andere vorm van pleegzorg gehad, en ik vond het hartverscheurend dat verschillenden van hen zeiden dat ze als ze de kans zouden krijgen het allerliefste zelf pleegkinderen wilden grootbrengen, dat ze kinderen zoals ze vroeger zelf waren geweest wilden helpen, hun jongere ik wilden redden. De straat waar ze werkten lag op een steenworp afstand van waar ik nu woon en maakt tegenwoordig deel uit van een hippe zakenwijk, maar lag destijds in een verlopen buurt met braakliggende terreinen waar ze hun klanten mee naartoe namen als ze niet de luxe van een kamer hadden. Waarom had ik die vrouwen niet eerder opgemerkt?

Ieder van ons leeft in een klein straaltje licht en om ons heen is de duisternis van onze niet-ziendheid. We zien alleen wat we willen zien en waar we op letten. Uit een experiment van bijna twintig jaar geleden dat sindsdien op verschillende manieren is herhaald blijkt die 'onopzettelijke blindheid': mensen krijgen een filmpje te zien en moeten tellen hoe vaak basketbalspelers, van wie er drie in het wit en drie in het zwart zijn gekleed, de bal naar elkaar toe gooien. Na ongeveer dertig seconden komt er een vrouw in een gorillapak de zaal binnen, kijkt in de camera, trommelt op haar borst en loopt weg. Als je weet dat dat gaat gebeuren, is het verbijsterend dat iemand het niet ziet. Toch merkt de helft van de kijkers de vrouw niet op: ze letten alleen op de spelers en niet op haar, en daardoor blijft ze onzichtbaar.

(Ik heb mijn eigen versie van dit verhaal. In een zomervakantie zaten mijn dochter van ongeveer drie jaar, haar oudere broertje en haar neef op een steiger met zelfgemaakte hengels te vissen. Ze zat tussen hen in maar duikelde plotseling naar voren en viel in het meer. De twee jongens bleven rustig naar hun dobber staren en reageerden pas toen een volwassene met kleren en al langs hen rende en in het water sprong.)

We zitten allemaal gevangen achter de grenzen van onze geest. Het is onmogelijk om de wereld waarin we leven te zien; we zien alleen piepkleine fragmenten waar de lichtbundel van onze aandacht op valt. Toen ik puber was, zag ik andere pubers. Toen ik zwanger was, zag ik andere zwangere vrouwen; daarna zag ik baby's, vervolgens zag ik een wereld vol kleine kinderen en hun vermoeide ouders, vol alleenstaande moeders... Tegenwoordig zie ik talloze bange, kwetsbare ouderen, maar dat komt doordat ik mijn vader zo bang en kwetsbaar heb meegemaakt.

We kunnen niet alles zien, maar misschien kunnen we leren om ons er bewuster van te worden hoe blind we eigenlijk zijn en dat op een of andere manier verbeteren. Toen ik een paar jaar geleden aan de roman *Missing Persons* werkte (in het Nederlands uitgebracht onder de titel *Nooit vergeten*), heb ik wekenlang door Londen gelopen en zag ik opeens wat er altijd al was geweest: de figuren onder bruggen of weggedoken in portieken, mensen in metrostations, op banken, in provisorische tenten, mensen die boodschappenkarretjes voortduwden met plastic zakken en aftandse bezittingen, of een kartonnen bord ophielden waarop 'Help mij' stond, mensen ouder dan hun jaren, de blik zoekend van voorbijgangers – die erg hun best deden die blik niet te kruisen en met een grote boog om ze heen liepen. Als ik door een akelige tunnel in een grote stad loop, zie ik posters aan de wand: 'Wanneer zag u voor het laatst een dakloze?' En verderop het antwoord: 'Hoe meer u er ziet, hoe minder u ze ziet.' Daklozen en berooiden die door elk vangnet zijn gevallen laten ons zien wat er gebeurt als het geluk ons in de steek laat. Daar kijken we maar liever niet naar: zij horen er immers niet bij.

Elk leven is kostbaar: dat is makkelijk gezegd maar het is veel moeilijker het te voelen en ernaar te handelen. Wat als degenen die lijden anders zijn? Wat als ze van ver komen, in gammele bootjes? Wat als ze in een portiek liggen in een stinkende slaapzak met een fles drank in de hand en een lelijke trouwe hond naast zich?

En wat als ze oud, vergeetachtig en afgetakeld zijn, wezens uit een wereld waar we liever niet aan denken? Gedurende vele tientallen jaren behoorden mensen met dementie tot de vermisten uit onze gemeenschap. Soms hebben ze zich teruggetrokken (of zijn ze weggestopt) uit de openbaarheid en uit het zicht, in ziekenhuizen, verpleeghuizen, achter gesloten deuren. Soms zijn ze in existentiële zin onzichtbaar. Want ze zijn hulpeloos, overgeleverd aan de genade van anderen, door het uitwissen van hun sociale betekenis zijn het verloren, spookachtige figuren geworden. Ze zijn er wel, maar ook niet echt, ze horen niet meer bij het rijke bestaan. Het licht valt niet op hen.

Ik weet nog dat we een keer in een restaurant zaten met mijn vader toen hij in de eerste fase van het grote verval verkeerde; hij had moeite met bestellen, was besluiteloos en kwam er niet goed uit. De jonge serveerster sloeg haar ogen ten hemel en keek ons gniffelend aan alsof het een grote grap was. Toen ze wegliep, ging ik achter haar aan en gaf haar een uitbrander, maar ze keek zó verbaasd en geschrokken dat ik me daarvoor schaamde. Ze was niet gemeen geweest: ze wist gewoon niet beter, had het niet begrepen. Ze dacht dat ze in een ander toneelstuk zat, een klucht in plaats van een tragedie.

Ik ben de tel kwijtgeraakt van de keren dat mensen zich in het openbaar ongeduldig en misschien zelfs enigszins minachtend gedroegen (en dat heb ik zelf ook weleens gedaan) tegenover mannen en vrouwen die oud en in de war waren en de boel ophielden. Of de keren dat ik goede, hardwerkende artsen en verpleegsters over de hoofden van hun broze, verwarde patiënten zag praten in plaats van tegen hen, en plastic handschoenen zag aantrekken voordat ze ze aanraakten, zonder uitleg, alsof het besmette voorwerpen waren. De keren dat ik ze op hun computerscherm zag kijken in plaats van naar de kwetsbare en vaak angstige patiënt die zich in een vreemde omgeving bevond en hulp nodig had, en ze gehaast of onverschillig deden, alsof ze iets anders aan hun hoofd hadden. Ik ben een van de artsen van mijn vader eeuwig dankbaar, een melancholieke en uitgeput ogende man uit Oost-Europa die zich altijd gevoelig en respectvol opstelde. Ik heb geen idee hoe hij als medicus was, maar mijn vader had toen minder behoefte aan een getalenteerde arts dan aan een sympathieke persoon die vroeg of hij op de rand van zijn bed mocht zitten en zijn hand mocht vasthouden, die eerbiedig met hem praatte, hem aansprak met zijn titel (dokter Gerrard), en die hem, ondanks zijn achteruitgang, als mens bleef zien.

Zoals voor veel andere groepen vergeten mensen geldt, is het makkelijker om mensen met dementie te negeren als ze op subtiele wijze zijn ontmenselijkt, *minder* zijn geworden. Dat is ingebouwd in de manier waarop we tegen hen praten, in de clichés die we bezigen zonder na te denken over wat ze impliceren: deze mensen zijn niet meer wie ze ooit waren, zeggen we: ze zijn er niet meer helemaal bij, ze zijn zichzelf niet meer. Ze zijn een schim van wie ze ooit waren. Als de achteruitgang doorzet, wordt de taal grimmiger: we zeggen dat ze kinds zijn, dat hun hoofd een zeef is. We zeggen dat ze hun verstand kwijt zijn (waar is dat dan gebleven?) of de weg (waar zijn ze dan naartoe?). En misschien zeggen we wel dat ze seniel zijn, een wandelend lijk.

Niet een van ons.

Als we zo denken, verlagen we daarmee ook onszelf.

Jaren geleden viel een van mijn dochters van een paard en was bewusteloos. Ze werd per ambulance naar het dichtstbijzijnde ziekenhuis gebracht, waar ze ter observatie werd opgenomen omdat ze zich niet alleen het ongeluk niet meer kon herinneren, maar ook niet de weken die daaraan voorafgingen, en ze bovendien geen nieuwe herinneringen kon maken. Ze zat klem in een herhaalmodus: telkens als we haar vertelden wat er was gebeurd, uitte ze haar verbazing in precies dezelfde bewoordingen, met dezelfde intonatie, precies dezelfde grappige ongelovige gezichtsuitdrukking – en een paar minuten later vroeg ze opnieuw wat er was gebeurd. Ze lag op een algemene orthopedische afdeling, maar behalve mijn dochter en een vrouw die rustig een boek lag te lezen met een leesbril op het puntje van haar neus, waren er alleen maar oude, demente patiënten. Mijn dochters toestand leek in sommige opzichten op die van hen – ook zij kon zich niets herinneren – maar zij zou haar geheugen wel terugkrijgen, de andere patiënten niet.

Ik ben sindsdien in veel ziekenhuizen en verpleegtehuizen geweest en ben inmiddels gewend geraakt aan wat ik daar aantref, maar ik was destijds erg geschokt en ik durfde mijn dochter er nauwelijks alleen achter te laten. Er hing een beklemmende sfeer van hulpeloosheid, leed en angst. Verscheidene vrouwen lagen er slap en met open mond bij, leken ziek en reageerden nergens op, alsof ze van de wereld waren. Een vrouw lag op haar bed te kronkelen en schreeuwde de hele tijd dezelfde woorden: 'Nee, nee, alsjeblieft niet doen. Niet doen, meester.' Ze hield haar handen op haar buik. 'Daar zit het,' riep ze. Ik dacht dat ze misschien een of ander trauma herbeleefde: de meeste herinneringen waren verdwenen, maar deze nare bleef achter, herhaalde zich voortdurend, een nachtmerrie waar ze niet uit kon ontwaken omdat ze al wakker wás, en gevangenzat in zichzelf. Dat leek me een heel nieuw soort hel. De verpleegsters waren bijzonder geduldig en respectvol, maar ze konden onmogelijk iedereen voortdurend aandacht geven, en waarschijnlijk waren ze er al aan gewend geraakt. Voor een afdeling met mensen met dementie was deze onrust en chaos normaal, een soort achtergrondruis.

Een tijdje geleden bezocht ik een afdeling waar een van de patiënten er heel treurig aan toe was. Ze kon nauwelijks nog praten, maar ze wist wel dat ze naar huis wilde, dat ze naar huis móést. Ze probeerde steeds uit bed te komen, te ontsnappen en terug te gaan naar waar ze zich veilig en geliefd voelde, wat waarschijnlijk lang geleden was. Een jonge arts op haar ronde vertelde waarom ze haar niet konden laten gaan, hoe graag ze dat ook wilde: dat was voor haar eigen bestwil. De vrouw huilde, ze was in tranen en ontroostbaar.

Een andere afdeling bij een andere gelegenheid: een vrouw lag bewegingloos, alleen haar knokige armen beefden. Ze was zo mager dat haar lichaam nauwelijks zichtbaar was onder de dekens. Op het tafeltje naast haar een foto met een stralend meisje in een ver verleden op een strand, tot de enkels in het water, lachend, hand in hand met een man. Het was een bitter contrast: de vrouw in het bed en de vrouw op het strand, de een verliefd op de toekomst die voor haar lag, de ander dicht bij de dood.

Of in een verpleeghuis bij de moeder van een vriend, waar een lange, magere vrouw met een slecht gebit op me afkwam en hard mijn hand vastgreep; ze was duidelijk in de war en probeerde me iets te vertellen, haar ogen schitterden door de drang om met me te communiceren. Maar ik kon er geen woord van verstaan, ze praatte in een niemandstaal. Woorden die geen woorden waren stroomden uit haar mond en niemand kon haar begrijpen. Wat een eenzaamheid.

Maar het kan ook anders. De laatste jaren verandert er veel rond deze ziekte die ooit ver werd weggestopt: er komt meer erkenning en belangstelling voor, er zijn politieke initiatieven, er worden campagnes gevoerd en er wordt steeds meer wetenschappelijk onderzoek naar gedaan. Er is geen land en geen maatschappij die aan deze ziekte kan ontsnappen en vrijwel overal worden manieren gevonden om het leven van mensen met dementie te verbeteren. Er zijn wereldwijd honderden zo niet duizenden liefdadigheidsorganisaties, sommige zo groot en invloedrijk als de Alzheimer's Society, vertegenwoordigd in tientallen landen, en sommige bescheiden van omvang en met een specifiek doel, zoals het kleine, lokale Creative Dementia Arts Network, waar ik ambassadeur van ben, en dat zich richt op de kracht van de scheppende kunsten bij dementie.

Er zijn fantasierijke nieuwe manieren gevonden om met deze ziekte om te gaan. Er zijn landen, zoals Denemarken en Nederland, waar 'dementiedorpen' zijn opgericht, speciale woonwijken waar de bewoners een gevoel van zelfstandigheid kunnen behouden. In de VS is het samenwerkingsverband Dementia Friendly Initiative opgericht ter bevordering van meer landelijke bekendheid en dementievriendelijkheid. In Japan, een vergrijsde samenleving met ongeveer 5 miljoen mensen met dementie – in 2025 zijn dat er naar schatting 7 miljoen – zijn talloze manieren ontwikkeld om mensen in de gaten te houden die zwak en verward zijn (zoals een theepotsensor die een waarschuwing stuurt naar een familielid als er gedurende langere tijd geen thee is gezet; een sticker met een QR-code voor als iemand verdwaalt, want verdwalen is een steeds groter probleem, en robots die eten halen of troost bieden).

In Denemarken is in de meeste plaatsen een activiteitencentrum voor ouderen opgericht om sociale contacten te bevorderen en het risico op passiviteit te verlagen. In Dresden is een compleet verzorgingstehuis ingericht in de stijl van een historisch tijdperk (het communistische Oost-Duitsland) in de hoop dat dat het geheugen van de oude bewoners zal opfrissen en het hun vitaliteit zal bevorderen. In Groot-Brittannië en in veel andere landen worden dementiecursussen gegeven in ziekenhuizen, er zijn supermarkten waar het personeel dementievriendelijke buttons draagt, en steden die 'dementievriendelijk' proberen te zijn. Er zijn samenwerkingsverbanden tussen verpleegtehuizen en verzorgingstehuizen, tussen seniorencomplexen en scholen, er zijn uitwisselingsprogramma's waarbij studenten gratis in verzorgingstehuizen wonen en in ruil daarvoor een aantal uren per maand contact onderhouden met hun vaak eenzame buren, er worden meergeneratiehuizen gebouwd...

En het lijkt of er elke dag wel ergens een conferentie wordt gehouden waar mensen uit de hele wereld samenkomen om kennis en ideeën met elkaar te delen. We kennen de cijfers, de beangstigende percentages, de grafieken met lijnen die steil omhooggaan, steeds hoger, tot in de vergetelheid. Er zijn Hollywoodfilms, goedverkopende ervaringsverslagen, documentaires, toneelstukken, ontnuchterende krantenkoppen, maar ook optimistische. Het woord 'dementie' kom je in talloze woordcombinaties tegen. In 2017 bezocht ik het Dementia Congress. De enorme hal stond vol kraampjes waar van alles werd aangeprezen: dementiematrassen, dementiedecoraties (afbeeldingen van stromend water en felgekleurde bloemen), dementieklokken, boeken en tijdschriften over dementie, eten, verpleegtehuizen, tilhulpmiddelen... Wat dat betreft gaat de vergelijking tussen mensen met dementie en vermiste personen volkomen mank.

Maar toch zijn er oude mannen die met hun pyjamabroek op de enkels door gangen dwalen. Oude vrouwen die ontroostbaar huilen. Mensen die agressief zijn tegen artsen en verpleegsters. Patiënten die ziekenhuisbedden bezet houden, *bedblockers* worden ze in Engeland genoemd, GOMERS in Amerika (*Get Out Of My Emergency Room*). Het toegewijde ziekenhuispersoneel probeert ze niet als dingen te zien, als lastpakken, als statistieken en problemen, om iemand die 'Help mij! Help mij!' roept niet alleen maar irritant te vinden, hun radeloze woorden méér te laten zijn dan een verbale tic.

Elk jaar zijn er onthullingen over verwaarlozing en mishandelingen achter gesloten deuren: het werk in de zorg wordt treurig slecht gewaardeerd en betaald, als mensen zich niets kunnen herinneren, kunnen ze ook niet uit de school klappen, en wij als maatschappij hebben oude, zwakke en cognitief gehandicapte mensen geïnfantiliseerd en zelfs gedehumaniseerd.

Dementie kan veel smart en wanhoop veroorzaken. In april 2017 werd een man van vijfennegentig jaar een gevangenisstraf bespaard; hij had geprobeerd zijn vrouw van achtentachtig ('de mooiste vrouw van de wereld') dood te slaan met een moker en een keramische pan nadat ze hem herhaaldelijk had gesmeekt om haar te doden. Ze had een 'zwakke' geestelijke gezondheid, hij verzorgde haar en had resoluut elke sociale hulp geweigerd. Ze wilde dat hij haar doodde voordat ze in een ziekenhuis of tehuis zou worden opgenomen 'en dat is me niet gelukt', zei hij tegen de politie, 'dus nu heb ik haar lijden alleen maar verergerd... Ik zou liever een moordenaar zijn. Zeg alstublieft dat ik haar heb gedood.'

Liever willen sterven dan na een huwelijk van vijfenzestig jaar een afhankelijk en hulpeloos leven leiden in een tehuis, de vrouw proberen te doden van wie je het allermeest houdt omdat de toekomst een marteling lijkt te worden: wat zegt dat over onze cultuur? Als mensen geen 'moreel agent' meer zijn, hun leven niet meer meester zijn, hun zelfbewustzijn en rationaliteit zijn kwijtgeraakt en het verhaal van hun eigen leven zijn vergeten, betekent dat dan dat ze minder mens zijn, dat hun leven minder waardevol is? Wat betekent een leven eigenlijk? Dementie is een van de aandoeningen die 'een ernstige aantasting zijn van de vermogens die we gewoonlijk als uniek menselijk definiëren: geheugen, persoonlijkheid, herkenning, bewustzijn, liefde, zelfs hoop. De hersenen, het verstand, de geest, de wil… die de kern zijn van wat ons menselijk maakt, worden verzwakt.' Wat betekent het voor individuen om te leven 'in omstandigheden die niet meer vallen onder de gebruikelijke criteria waarmee menselijkheid wordt beschreven'?

In *Keeper*, haar schrijnende memoires over de twee jaar met haar schoonmoeder, die aan snel verergerende alzheimer leed, vraagt Andrea Gillies: 'Wat is het, waar dementie ons van berooft?' Het antwoord geeft ze zelf: 'Alles, tot en met het allerlaatste waarvan we zo geruststellend hadden gedacht dat niemand het ons kon afnemen.' Dat is de dementie-afgrond waarin elke zin en betekenis wordt gezogen.

De dag na haar val van het paard haalden we onze dochter op uit het ziekenhuis. Haar vermogen om nieuwe herinneringen te vormen kwam weer terug, maar ze herinnerde zich niets van de nacht die ze had doorgebracht tussen al die vrouwen die om hulp riepen, schreeuwden, vloekten, huilden. Ook ik vergat die schaduwwereld vol verdriet en verlies. Ik deed de deur naar die wereld dicht, althans voorlopig.

2

Ouder worden

'De oude dag is aangebroken... het hart is vergeetachtig'

'We zullen langer oud zijn dan we ooit jong waren', als we tenminste het geluk hebben dat het leven zijn verwachte loop neemt.

De wereldbevolking is aan het vergrijzen. Volgens een onderzoek van de VN zal het aantal mensen van zestig jaar en ouder tussen 2015 en 2030 met 56 procent toenemen, van 901 miljoen tot 1,4 miljard, en zullen er in 2050 2,1 miljard ouderen zijn, tweemaal zo veel als in 2015. Het aantal mensen van tachtig jaar en ouder – de hoogbejaarden – groeit wereldwijd nog sneller: in 2015 waren het er 125 miljoen, en in 2050 zullen het er naar verwachting 434 miljoen zijn. Het aantal ouderen groeit sneller dan het aantal mensen in elke andere leeftijdsgroep: met andere woorden, het percentage ouderen neemt snel toe. In 2050 zal een op de vijf mensen ouder zijn dan zestig; in rijke landen, waar de vergrijzing sneller gaat, is dat percentage nu al hoger (in Japan is dat bijvoorbeeld al 33 procent). In Groot-Brittannië (waar de levensverwachting de afgelopen drie jaar is afgenomen) waren er in

2016 iets minder dan 15.000 honderdjarigen, terwijl de levensverwachting van een pasgeboren jongen 79,2 jaar was, en van een pasgeboren meisje 82,9 jaar. Vroeger konden mannen en vrouwen na hun pensioen nog op een paar levensjaren rekenen, maar nu is dat al ongeveer vijftien of twintig jaar, bijna een kwart van de gemiddelde levensverwachting. Er gaan stemmen op om ouderdom met het oog op deze toegenomen levensverwachting te herdefiniëren en wel als de leeftijd waarop de gemiddelde levensverwachting minder dan vijftien jaar is. Zestig (en dat zeg ik als bijna-zestigjarige) is niet meer wat het geweest is, zeventig wordt nauwelijks als oud beschouwd.

Maar hoewel de levensverwachting veel hoger is geworden en ouderdom hoe dan ook een flink deel van ons leven uitmaakt, lijkt het erop dat we daar nog niet echt aan gewend of blij mee zijn, en geen manier hebben gevonden om ons leven erop in te richten. De ouderdom is een soort restant aan het einde van ons leven en we weten – als individu en als maatschappij – niet goed wat we ermee aan moeten. In de VS is het percentage armen onder de gepensioneerden meer dan 20 procent (in Australië is dat een schrikbarend percentage van 35 procent) en veel Amerikanen zijn bang voor een arme oude dag. In Groot-Brittannië leven 1,7 miljoen gepensioneerden in armoede en zijn de woonomstandigheden van een kwart van de huishoudens van ouderen niet adequaat. Daar komt nog bij dat meer dan driekwart van de ouderen zich eenzaam voelt: 40 procent van de mensen boven de vijfenzeventig jaar zegt dat de televisie het belangrijkste gezelschap is.

Voor sommigen (gezonde mensen met geld, familie, vrienden en geluk in het leven) kan de ouderdom een heel gelukkige tijd zijn. Voor anderen is het een angstige en eenzame periode, een bitter einde van een lang leven. Hoe kunnen we die laatste jaren financieren? Hoe kunnen we beter zorgen voor ouderen met gezondheidsproblemen? Hoe richten we onze maatschappij zo in dat iedereen – jongeren, mensen van middelbare leeftijd, ouderen, zeer ouden – een zinvol en prettig leven kunnen leiden? En hoe lang zal het nog duren voordat ouderdom niet meer enigszins vernederend is, een beetje een mislukking, iets beschamends?

Een paar jaar geleden was ik in een warenhuis op zoek naar iets wat ik niet kon vinden, ik was in tijdnood, ik had het warm, was doodmoe en voelde me niet lekker. Toen ik gehaast door een gangpad liep, kwam er een vrouw heel snel op me af. Ze was een stuk ouder dan ik, mager, gestrest en ze zag er nogal wanordelijk uit. Toen ik dichterbij kwam, zag ik dat haar blouse verkeerd dichtgeknoopt was. Ik stak mijn hand naar voren om te voorkomen dat ze tegen me aan zou botsen, maar zij deed hetzelfde, en keek me met een geschrokken glimlach aan. Ik bleef staan. Zij ook. We staarden elkaar met een wat medelijdende blik aan. En met een plotselinge golf van gêne drong het tot me door dat ik het zelf was. Ik keek naar mezelf in een spiegel. Meestal anticiperen we op het zien van ons spiegelbeeld. Maar nu werd ik erdoor overvallen; mijn zelfbeeld spatte uit elkaar en lag in scherven om me heen. Ik stond oog in oog met mezelf zoals anderen me zien.

Was ik zó moe en wanordelijk? Was ik zó oud? Die vrouw in de spiegel was ik niet. Dat is nooit zo.

Ik moest aan dit voorval denken toen ik op een ochtend in de metro stond. Het was druk en er waren geen zitplaatsen meer. Ik stond in het gangpad, deed mijn oortjes in, en ging op in mijn muziek.

Opeens stond een beleefde jongen op en gebaarde dat ik op zijn plaats mocht gaan zitten. Ik keek in verwarring om me heen naar de andere passagiers die ook stonden, want er was vast wel iemand die ouder was dan ik. Die vrouw met dat grijze haar en die rimpels bijvoorbeeld, die was toch zeker tien jaar ouder. Misschien bedoelde hij haar wel. Maar nee, hij maakte echt plaats voor mij.

Ik schudde mijn hoofd en bedankte hem, en zei dat ik er bij de volgende halte uit moest – dat was niet zo, maar nu moest ik natuurlijk wel, dus ik verliet de metro met een rood hoofd om mijn eigen absurde gedrag. Toen de volgende trein kwam, was ook die stampvol. Ik ging met een afgewend gezicht vlak bij de deur staan zodat niemand me vriendelijk een zitplaats kon aanbieden.

Toen ik dit aan een vriendin van mijn leeftijd vertelde (in een geruststellende uitwisseling van dergelijke vernederende incidenten), zei ze dat haar onlangs ook een zitplaats was aangeboden en dat ze daar zó door van streek was geraakt dat ze op die plek was neergeploft en in tranen was uitgebarsten. Net als ik wist ze zeker dat er allerlei mensen aanwezig waren die jaren – zelfs tientallen jaren – ouder waren dan zij.

Waarschijnlijk was dat niet zo, evenmin als de vrouw met het grijze haar in de metro. We vinden het nu eenmaal moeilijk om onszelf te zien als iemand van middelbare leeftijd, als oud, ook al weten we dat dat wel zo is. (Simone de Beauvoir zegt in *De ouderdom* dat ouderen het vaak over 'zij' hebben, niet over 'wij'.) De vrouw in de spiegel is een schrikbeeld, ze doemt in de ochtend op met het gezicht van iemand die we nooit hadden gedacht te zullen worden, ze staart ons geschrokken aan vanuit een toekomst die is aangebroken terwijl we er nog niet klaar voor zijn. Waarom vond ik het zo erg dat een galante onbekende mij zag als oudere vrouw? Ik ben dat tenslotte ook. Wat is het dan aan de ouderdom waar ik me tegen verzet of waarin ik niet helemaal geloof? Ik probeer er niet jonger uit te zien dan ik werkelijk ben. Ik verberg mijn rimpels niet (maar ik koop wel antirimpelcrèmes terwijl ik weet dat die niet helpen). Meestal vind ik het juist leuk dat mijn levenservaring op mijn gezicht is af te lezen als een soort landkaart van mijn leven. (Tot op zekere hoogte dan. Er zijn dagen waarop ik kritisch in de spiegel kijk naar de wallen onder mijn ogen, de haakjes om mijn mond en de lijntjes als stiksel erboven, de afgebroken tand, de dunner wordende huid die niet elastisch meer is, en dan bekruipt me een gevoel van ontevredenheid en onbehagen.) Ik zou nooit plastische chirurgie overwegen. Ik zou nooit mijn werkelijke leeftijd willen verbergen, maar als ik op een website mijn leeftijd moet invullen en ik naar beneden scrol tot ik bij 1958 ben, realiseer ik me telkens weer hoe lang ik al leef. Ik ben er al heel lang aan gewend geraakt dat mijn kinderen harder kunnen lopen en zwemmen, harder kunnen fietsen, sneller kunnen denken... Nu ik ouder word, vind ik het vaak prettig, niet beledigend, als ik niet word opgemerkt. Maar als een jonge man voor me opstaat, als ik mezelf in de spiegel zie, heb ik nog steeds het gevoel dat er een vergissing in het spel is.

Een tijdje geleden kwamen er bij een signeersessie in Nederland twee Nederlandse mannen van mijn leeftijd naar me toe. Ze gaven me een dun notitieboekje met harde kaft en keken glimlachend toe terwijl ik het opende. Er zaten foto's in die negenendertig jaar geleden van ons drieën waren gemaakt: we zaten in een trein, zeilden bij koud, winderig weer in een kleine zeilboot, en hadden dolle pret bij het verwisselen van een autoband. Op een van de foto's vierden we dat een vriend zijn laatste tentamens op de universiteit had gehaald. Ik was twintig. Ik zie er op die foto aangeschoten, heel zorgeloos en gelukkig en heel jong uit, met een fles champagne in mijn hand. Nu stond ik bij het signeren naar die foto's van lang geleden te staren, naar die twee onbekenden die vrienden van vroeger bleken te zijn, en ik kon nauwelijks een woord uitbrengen door de complexe mengeling van emoties die me overvielen: verbazing en blijdschap, verdriet en ongeloof dat we waren veranderd in deze oudere, gerimpelde wezens met een huwelijk, kinderen, een baan, een auto en een huis. Op dat moment leek het verleden krachtiger en werkelijker dan het heden.

We lijden aan 'temporal vertigo', tijdsverwarring, doordat we alle leeftijden die we ooit hebben gehad in ons verenigen. De oude vrouw die ik in een ziekenhuisbed zag liggen naast de foto waarop ze lang geleden vrolijk op een strand stond, is tegelijk haar oude en haar jonge zelf, en alles daartussenin. We zien onszelf als jong omdat we dat in zekere zin nog steeds zijn. Ons oudere, huidige zelf is een nieuwkomer, nog steeds een beetje een vreemde, iemand met wie we moeten leven, maar met wie we ons nog niet helemaal op ons gemak voelen en door wie we soms een beetje van slag raken. Het duurt een tijdje om te wennen aan een verandering die op een *jumpcut* in een film lijkt. Je bent jong en begint gretig en hoopvol aan het leven – en opeens ben je oud en staart een gerimpeld gezicht met wallen onder de ogen je in de spiegel aan. Het is makkelijk om je voor te stellen hoe het is om jong te zijn, want dat zijn we allemaal geweest, en ergens vanbinnen zijn we dat nog steeds. Het is veel moeilijker om je voor te stellen dat je oud bent (zelfs voor ouderen): we zien oude mensen van een afstand, door de verkeerde kant van een verrekijker. Moeilijk, verontrustend en zelfs schokkend. Zo zal ik nooit worden.

Ongeveer een jaar geleden zat ik met mijn agent te praten (toevallig over mijn idee voor dit boek). We zaten in haar kamer, ik op een bank die wat te laag en te zacht was, dus ik zat achterover, onderuitgezakt. Het was warm en ik plofte bijna (opvliegers, ik had de haast onbedwingbare aandrang om mijn kleren uit te trekken, vooral mijn sokken en schoenen, wat ik niet deed). Ik zocht in mijn fietstas naar een uitdraai die ik had gemaakt, maar die tas was groot, met veel vakken, en bovendien kon ik mijn leesbril niet vinden. Toen ik die eindelijk had gelokaliseerd (hij hing om mijn hals) en probeerde op te zetten, raakte het koord in de knoop met mijn fietssleutels, die ik ook aan een koord om mijn hals had hangen (alsof ik een levende haak ben) en daarna met mijn halsketting. Ik voelde me overbelast, onhandig, verlopen en lomp. Toen ik opkeek, zag ik dat mijn agent, met haar jonge, gladde gezicht, naar me keek terwijl ik zo zat te prutsen.

Een jaar of twintig eerder was ik op een boekpresentatie van de herdruk van J.G. Links' magistrale gids over Venetië, waarvan de eerste druk in 1973 verscheen. Links was inmiddels overleden, maar zijn weduwe, Mary Lutyens, was er wel. Ik wist het een en ander over haar: ze had zich in de theosofie en oosterse mystiek verdiept, ze bewonderde Gandhi en was een felle critica van de Britse Raj. Verder was ze een befaamd biografe, onder meer van Krishnamurti, ze was vegetariër, geloofde in tolerantie, reisde, schreef romans en studeerde kunstgeschiedenis. Een slimme dame, een onafhankelijk denker, mooi en heel nieuwsgierig. Op die boekpresentatie moet ze een jaar of tachtig zijn geweest, haar prachtige gezicht was een mozaïek van rimpels. Ze zat in een rolstoel, en het feest stroomde om haar heen als een rivier om een steen. De gasten moesten zich bukken om met haar te praten. Ze praatten hard (ik weet niet of ze doof was, dat wisten zij volgens mij ook niet) en langzaam, heel duidelijk articulerend alsof ze er op haar leeftijd moeite mee had om dingen te begrijpen, of alsof ze niet dezelfde taal spraken. Ik zie nóg haar gezicht voor me, met die fantastische woeste uitdrukking.

Ongeveer in dezelfde periode interviewde ik P.L. Travers (auteur van de geweldige *Mary Poppins*-boeken) voor *The Observer.* Ze was duidelijk aan het einde van haar leven. Haar gezicht was toegetakeld door de tijd. Ze kon niet meer lopen (ze vertelde me dat ze wilde proberen om nog tot de eerste lantaarnpaal in haar straat te komen, maar volgens mij is haar dat nooit gelukt) en ze kon haast niet meer praten, elk woord vergde moeite en was kostbaar. Ik had nog nooit iemand ontmoet die zó oud was als zij; ik had het gevoel dat ze iemand uit een ander tijdperk was, een overblijfsel uit een vergane, glorieuze periode, en ik was erg van haar onder de indruk. Ze wist dat ze niet lang meer te leven had en ze vertelde me pijnlijk traag het een en ander over haar leven en haar filosofie, ook al was ze erg op zichzelf, die flinke, trotse en teruggetrokken vrouw. Toen ik wegging had ik het gevoel dat ik amper een oppervlakkig beeld van haar enigszins mysterieuze persoonlijkheid had gekregen. Diezelfde avond laat belde ze me op en vertelde me met haar stokoude, haperende, zware stem dat ze elke nacht huilend haar geheimen in haar hoofdkussen smoorde, dat niemand haar ooit echt zou kennen. Kort na die ontmoeting hoorde ik dat ze was overleden. Ik ben haar nooit vergeten: door haar ving ik een glimp op van de geheimzinnige en peilloze diepte van de menselijke geest en ze liet me inzien – dat zou ik niet nodig gehad moeten hebben, maar toch was dat zo – dat mensen op leeftijd méér worden: ze worden de optelsom van al hun eerdere identiteiten. In dat afgeleefde, pijnlijke lichaam van haar, dat ze nog niet eens naar de eerste lantaarnpaal kon slepen, en in die ondoordringbare geest, hield ze de rijkdom van haar verleden verborgen.

Mijn moeder is oud en bijna blind, ze heeft meerdere beroertes te verduren gekregen, maar ze is niet klein te krijgen en is zó opgewekt dat het hartverwarmend is om bij haar te zijn. Het valt me op dat mensen soms even op haar hand kloppen en 'lieverd' en 'schat' tegen haar zeggen op een toon alsof ze weer een klein kind is. En toen mijn vader in het bed in de benedenkamer lag, noemde ik hem ook vaak 'schat', of 'lieverdje', alsof hij een klein kind was en ik zijn sussende moeder. Mijn vader, die zo bescheiden en zo waardig was.

(Raymond Tallis, de filosoof, dichter, romanschrijver, cultuurcriticus, humanist, beschermheer van Dignity in Dying, gepensioneerd geriater en allround buitengewoon mens, zei een keer dat als iemand hem ooit 'lieverdje' zou noemen, hij zich in zou moeten houden om zo iemand niet 'de hersens in te slaan'. Hij is zeer intelligent, maar ook een gevoelig mens. Toen hij nog werkzaam was als arts in Manchester, stond hij erop dat alle teamleden de patiënten bij hun naam noemden, aanspraken met 'meneer' of 'mevrouw', nooit met 'lieverd' of 'mevrouwtje', en nooit met het infantiele collectieve voornaamwoord – 'hoe voelen we ons vandaag?' Dat lijkt een kleinigheid, maar de taal die we bezigen kan op subtiele wijze onze houding sturen. Als we mensen respectvol en beleefd aanspreken helpt dat om ze niet als dingen te gaan zien, niet te kleineren, of zelfs onbewust te bespotten.)

Oud worden is een proces dat niet alleen onze ijdelheid maar ook ons ego op de proef stelt, want het veroorzaakt een 'tegenstelling tussen binnenkant en buitenkant waarmee we nog nooit eerder te maken hebben gehad'.

Montaigne noemde de ouderdom een 'speciale gunst' en een 'privilege'. Maar afgezien van koning Lear, die tiert en raast op de hei, krankzinnig wordt en vervolgens tot inzicht komt, zijn de oude personages van Shakespeare vrijwel altijd pompeuze, vervelende of zwakke figuren, ze worden opgevoerd als komisch intermezzo, als dwaze figuranten. De oude personages van Dickens zijn meestal weinig opwekkend: het zijn vrekken en gekken, ze krijgen woedeaanvallen, of anders zijn het wel mierzoete of vrome figuren waar elk verlangen en alle onrust uit is verdwenen. In films zijn oude mensen voornamelijk afwezig, of het zijn figuranten of bijfiguren. Voor zowel fictie als het echte leven geldt dat hoe ouder mensen worden, hoe onzichtbaarder ze zijn, en als je ze wel ziet zijn ze vaak enigszins excentriek, of hooguit ontwapenend.

Oud worden wordt beschouwd als iets wat gepaard gaat met gebrek en verlies. Het gevoel van aftakeling veroorzaakt angst, walging, en afkeer. 'Praat alsjeblieft, *alsjeblieft* niet zo veel over ouderdom, mijn beste. Ik krijg er de ijskoude rillingen van!' schreef Elizabeth Bishop aan haar vriend en collega-dichter Robert Lowell, en ze voegde eraan toe: 'Ik wou dat Auden het er in zijn laatste jaren niet zo vaak over had gehad, ik hoop dat jij dat niet zult doen.' 'De ijskoude rillingen': iets onbehoorlijks dus, iets vreemd beschamends, iets heel anders dan de onvermijdelijke aftakeling.

In onze jeugd, en als we gezond zijn, 'is het allemaal te behappen', zei Raymond Tallis tegen me: 'de grootte van de wereld, wat de wereld je allemaal te bieden heeft, de communicatie met anderen'. De jeugd geeft ons 'monterheid' en 'overvloed'. Het gaat om mogelijkheden: je denkt dat alles voor jou bereikbaar is. Toen ik jong was, had ik het gevoel dat alles wat me overkwam, hoe kwetsend en hoe verdrietig ook, onderdeel was van mijn vorming. Afwijzing, scheiding, mislukking, vernedering, de teleurstellingen en hinderlagen van het leven: er werd aan mij gebouwd, dus dit waren de bouwmaterialen. Nu heb ik het gevoel dat mijn krakkemikkige, in elkaar geflanste huis wel zo goed als af is en dat ik het ermee moet doen, ook al zitten er tegels los, rammelen de ruiten, en is het niet mijn droomhuis geworden. Ik woon in een huis dat ik zelf heb gebouwd, ik heb het helemaal aan mezelf te danken, en op een dag in de niet heel verre toekomst zal ik me uitrekken en het plafond van mijn einde aanraken.

'Ouder worden gaat over lichaamsdelen,' schrijft Atul Gawande. 'Neem alleen al de tanden.' Ja, en de ogen, de handen, de knieën, het gehoor, het hart. En de huid – de jonge huid is glad en elastisch, hij past ons en houdt ons intact. Maar als we ouder worden, zakt hij uit, hij rimpelt, en als je erin knijpt, trekt hij niet meteen terug. We kunnen ons lichaam niet meer als iets vanzelfsprekends beschouwen en het laat ons dan ook regelmatig in de steek. Het *verraadt* ons. Door de tand des tijds versleten en afgeleefd, raken we defect zoals complexe systemen defect raken, 'willekeurig en geleidelijk'. Oud zijn lijkt te betekenen 'dat er toch iets niet helemaal in orde is': kijk maar naar de advertenties voor oudere mensen: laxeermiddelen en incontinentieluiers, trapliften, inloopbaden, zalfjes en remedies tegen pijntjes... We willen de ouderdom buiten de deur houden, we kopen gezichtscrèmes tegen rimpels, we worden verleid door de belofte van tandartsen dat ze ons weer witte tanden kunnen geven en de tijd terug kunnen draaien, we gaan zelfs onder het mes. In onze cultuur is seniliteit van anderen angstaanjagend en van onszelf onacceptabel, het wordt zelfs bijna als een ziekte beschouwd.

In zijn stuk in *The New Yorker* over de zoektocht in Silicon

Valley naar het eeuwige leven, roept Tad Friend ironisch het beeld op van 'de sluipende en vervolgens catastrofale teloorgang van alles, en alles tegelijk. Onze mitochondriën sputteren, ons endocriene systeem stort in, ons DNA knapt, ons gezichtsvermogen, gehoor en kracht nemen af, ons brein wordt in nevelen gehuld, we wankelen, lopen vast en we begeven het.'

Dit is de reden dat Ezekiel Emanuel – eminent oncoloog, bio-ethicus, bestuurslid van het Center for American Progress en auteur – er op zijn vijfenzeventigste klaar voor zal zijn om te sterven, dan wil hij althans geen strijd meer voeren om in leven te blijven, zoals hij schrijft in zijn controversiële artikel in *The Atlantic* (2014). Onder een foto waarop hij er stralend en uitbundig uitziet, vertelt hij waarom hij heeft besloten dat hij de natuur haar gang wil laten gaan. Als arts heeft hij maar al te vaak meegemaakt dat mensen koste wat het kost aan het leven willen blijven vasthouden, zelfs als dat krakkemikkig, gebrekkig en martelend wordt. Mensen worden vol medicijnen gepompt, op machines aangesloten, ze worden geopereerd, laten experimentele behandelingen uitvoeren, waardoor hun laatste levensmaanden en jaren een martelende lijdensweg vol hoop en wanhoop zijn. Toch zegt Emanuel niet alleen dat hij niet tot elke prijs in leven wil blijven, maar dat op een bepaalde vastgestelde leeftijd – vijfenzeventig – zijn leven voltooid is en hij geen medische behandelingen meer wil. Hij is eind vijftig, fit, actief en succesvol, en schrijft:

> Ik ben overtuigd van mijn besluit. De dood is ongetwijfeld een verlies... maar een te lang leven is dat ook. Velen van ons kwijnen weg, takelen af, worden misschien invalide: een toestand die misschien niet erger is dan de dood, maar waarin we veel ontberen. Een te lang leven berooft ons van

onze creativiteit en ons vermogen om bij te dragen aan werk, de maatschappij, de wereld. Het verandert de manier waarop mensen ons zien, zich tot ons verhouden, en, vooral, hoe ze zich ons zullen herinneren.

Emanuel stelt zijn vader van zevenenzeventig (twee jaar ouder dan zijn eigen eindpunt) als voorbeeld: 'Hij was ooit het prototype van een hyperactieve Emanuel, maar plotseling werden zijn lopen, praten en grappen maken trager. Hij kan nog zwemmen, de krant lezen, zijn kinderen lastigvallen aan de telefoon, en woont samen met mijn moeder in hun eigen huis. Maar alles wordt zo traag... je kunt niet zeggen dat hij een energiek bestaan leidt.' (Het moet gezegd worden dat Emanuel senior, over wiens leven hier enigszins negatief wordt gedaan, expliciet zegt dat hij gelukkig is, en het lijkt me dat hij een prima leven leidt.) Emanuel is ook bang dat 'een te lang leven ons nageslacht emotioneel belast... Tenzij er sprake is van ernstig misbruik, is er geen kind dat wenst dat zijn ouders sterven. Dat is op elke leeftijd een enorm verlies. Het slaat een groot gat dat nooit meer te dichten is. Toch werpen ouders ook een schaduw op het leven van hun kinderen.' Emanuel wil dat zijn eigen kinderen zich hem zullen herinneren als 'actief, energiek, betrokken, geanimeerd, scherpzinnig, enthousiast, grappig, warm, liefhebbend. Niet krom en traag, vergeetachtig en in herhalingen vallend, constant vragend wat iemand zei. We willen herinnerd worden als onafhankelijk, niet als een zware last.' Vanaf vijfenzeventig jaar, zo zegt hij, 'wil ik, als ik pijn heb of iets anders mankeer, alleen palliatieve, geen curatieve zorg'.

Hierbij wordt wel erg veel waarde gehecht aan actief en energiek zijn, en heel weinig aan traagheid en ouderdom. Als Emanuel spreekt over de verzwakking waarmee de ouderdom gepaard gaat, heeft hij het over kracht: niet alleen de materiële, wereldlijke kracht, maar de kracht die Raymond Tallis bedoelt als hij het heeft over de wereld 'die te behappen is'. Hij is sterk van lijf en leden (toen hij dit artikel schreef had hij net de Kilimanjaro beklommen) en sterk van geest, op de top van zijn carrière, omringd door familie, vrienden en collega's, en actief op allerlei gebieden. Zo iemand bij wie de energie uit de vingertoppen knettert, die zich in het midden van een ingewikkeld web van contacten bevindt, vol levenslust en energie is, en alles onder controle heeft.

Ik las zijn artikel kort voordat mijn vader overleed en ik dus iemand in mijn nabijheid had wiens tijd eigenlijk allang was gekomen. Op dat moment vond ik het heel verstandig. Maar nu, drie jaar later, vind ik zijn sterke overtuiging nogal verontrustend. Ik mis het begrip voor kwetsbaarheid. Mensen zijn nu eenmaal afhankelijk, dat is geen zwakte maar een gegeven. We worden hulpeloos geboren en we sterven hulpeloos; daartussen is het leven een voortdurende wisselwerking van geven en nemen, van aan elkaar overgeleverd zijn, anderen helpen en zelf geholpen worden. 'Het lichaam wordt ouder. Het bereidt zich voor op de dood. Geen enkele theorie over de tijd biedt soelaas. Dood en tijd gaan altijd hand in hand.'

Dood en tijd: de vooruitgang wordt onvermijdelijk een halt toegeroepen door de ouderdom. Het idee van achteruitgang gaat vooral over het lichaam. Het vooroordeel over de ouderdom komt voort uit de afschuw van de aftakeling. (Toen mijn grootmoeder vroeger bij ons op bezoek kwam, was ik altijd doodsbang dat ik haar naakt zou zien. Als ze naar de badkamer ging en de deur op slot deed, vond ik het een akelig idee dat ze daar was, met haar rimpelige uitgezakte lichaam.) Maar we moeten de ouderdom niet als iets onnatuurlijks beschouwen, als een ziekte die kan worden genezen. Achteruitgang hoort bij ons leven, we veranderen voortdurend, we groeien voortdurend naar ons einde, en de ouderdom maakt deel uit van de vorm en de grens die het leven nu eenmaal nodig heeft. Dat we ons bewust zijn van de veranderlijkheid en eindigheid van ons bestaan is soms duizelingwekkend en ondraaglijk, maar tegelijkertijd is het juist belangrijk voor onze individualiteit, en geeft het ons leven zin. Het is het patroon van groei en verval dat ons bestaan draaglijk maakt (hoe ondraaglijk het ook kan voelen). Het leven heeft zin juist omdat het een proces is. Het kent een begin en een einde, want alles wat een begin heeft, moet ook een einde hebben. We kunnen alleen het besef van een zelf hebben als we weten dat dat ouder wordt en zal sterven.

'Doe voorzichtig,' zei ik altijd bij het afscheid tegen mijn lieve vriend Nick toen hij oud en verzwakt was. En dan keek hij me tartend aan en zei: 'Absoluut niet.'

Als het leven een avontuur is, dan vereist de ouderdom misschien het meeste lef en uithoudingsvermogen.

'Doe voorzichtig,' zeg ik tegen mijn moeder.

Ze is in de tachtig en is na eenenzestig jaar huwelijk weduwe geworden. Ze is altijd een levendige persoonlijkheid geweest, extravert en fascinerend, maar in het jaar na het overlijden van mijn vader werd ze verontrustend teruggetrokken. Ze leek wel een vlam die heel laag werd gedraaid, bijna werd gedoofd door verdriet en eenzaamheid. Maar toen, met een kracht die ik achteraf heel heroïsch vind, wist ze zichzelf te herpakken, stortte ze zich weer op het leven. Haar thuis was altijd mijn vader geweest: ze had hem ontmoet op haar twintigste en ze had tot zijn overlijden nooit alleen gewoond. Door zijn overlijden werd ze rusteloos. Ze ging naar het buitenland om Frans te leren, ze nam zangles terwijl ze haar hele leven had beweerd amuzikaal te zijn, en ze kreeg de griezelige gewoonte om blindelings heuvels af te rennen, midden op de weg, omdat ze het fijn vond om de wind in haar gezicht te voelen, vrij te zijn (en ons te verbazen). Ze trekt zich niets aan van onze waarschuwingen, wat wij verontrustend maar ook leuk vinden. Ze klimt op ladders. Ze reist naar Angola om bij mijn zus op bezoek te gaan. Toen ik haar laatst vroeg of ze met mij de Mount Everest wilde beklimmen, zei ze 'Ja!' en keek ze heel enthousiast, alsof ik het serieus meende. Ze wil duiklessen nemen. Haar zucht naar avontuur is een vorm van zelfbehoud: haar manier om in leven te blijven.

'Je moet taai zijn om oud te worden,' zei ze een keer tegen me. Of misschien was het: 'Je moet oud zijn om taai te worden.' Allebei, denk ik.

Maar of je nu sterk of zwak of wijs of dom bent, je moet gewoon oud zijn om oud te zijn. En voor alle anderen is de ouderdom een land waar we naar op reis zijn en waar we, als we geluk hebben, zullen aankomen.

3

Hersenen, geest en het zelf

'het wonder van het bewustzijn – het raam dat plotseling openzwaait naar een zonovergoten landschap in de nacht van het niet-zijn'

'Er is iets mis,' zei mijn vader tegen me voordat hij niets meer kon zeggen. Hij zat op de rand van zijn bed en staarde naar zijn ongestrikte veters. 'Maar ik weet niet wat. Wat mankeer ik?'

Wat moet je op zo'n vraag antwoorden? *Er is niks mis?* (Alles is mis.) Je hebt sterk de neiging om iets geruststellends te zeggen: *Het komt allemaal wel goed.* (Het komt niet goed.)

Of dit: *Er is iets mis met je brein. Je hebt een complexe hersenaandoening. En die is ongeneeslijk.*

'Wilt u het vasthouden?'

Ik knik. De ruimte is felverlicht en koud, vol roestvrijstalen oppervlakken, grote, zacht zoemende ijskasten en vriezers, kasten vol Tupperware en witte plastic bakken vloeistof met daarin zwevende lichaamsdelen. Het ziet eruit als een kantine, maar zonder ovens.

Ik pak de hersenen aan. Ze zijn zwaarder dan ik had verwacht en zachter: een gelatineachtige, bleke massa. Dit zachte, inerte ding was ooit de zetel van het zelf; het bevat ongeveer 86 miljard zenuwcellen, in een stukje ter grootte van een suikerkorrel zitten er al 10.000, die allemaal verbonden zijn met 10.000 andere, gretig energie verbruiken, het leven mogelijk maken, betekenis geven, geweldig flexibel en verbindend en dynamisch zijn, nooit slapen, zelfs niet in onze slaap: een wonder van voortdurende beweging met het lichaam als batterij.

Het brein wordt meestal vergeleken met een walnoot, Shakespeares '*nutshell*'. Het lijkt ook op een foetus, op twee gebalde vuisten. Op slijmerige, kronkelige pens, bloedeloos, eindeloos in elkaar gevouwen. Je kunt de gedachte aan iets eetbaars niet onderdrukken. En toen Steve Gentleman een lang mes pakte en de hersenen doormidden sneed (op dat moment verlieten twee toeschouwers de ruimte, ritselend in hun papieren beschermjas), leek het een doorsnede van een bloemkool, maar met de structuur van tofu of boterhamworst.

Met uiterste precisie snijdt Steve Gentleman de hersenen in dunne plakjes en legt die naast elkaar plat neer.

Dit is de linkerhersenhelft, dat de rechter-. Dit is de hippocampus, vanwege de opgekrulde vorm genoemd naar het zeepaardje: daarin wordt het langetermijngeheugen opgeslagen, en ook de herinneringen aan mensen en voorwerpen. Die gaten zijn geen echte gaten (ons geheugen is niet echt een zeef) maar inkrimpingen, waardoor de ventrikels groter worden. Dit gedeelte onder aan de hersenstam is de *medulla oblongata*, waar de onwillekeurige lichaamsfuncties (zoals ademhaling en bloeddruk) worden gereguleerd. Dit is het cerebellum, dat verantwoordelijk is voor de motoriek, het evenwicht en bewuste gedragingen (zoals lezen en schrijven). Dit is de pons, de brug tussen de grote en de kleine hersenen. Deze kleverige klont, die een beetje op een wit kikkervisje lijkt, is de nervus olfactorius, de reukzenuw. Dit is de amygdala, die verantwoordelijk is voor de herinnering aan emoties, vooral angst. Daar zit de honger, daar het verlangen, daar de spraak, daar het ruimtelijk inzicht. Daar zit de muziek, de fantasie, de intuïtie, de creativiteit, het inzicht. Daar het redeneren, de logica, het analytisch denken. Daar zit de beschadiging. Kijk. Het mes wijst. En daar.

Daar zit het verlies.

Steve Gentleman (een toepasselijke naam), hoogleraar neuropathologie aan de medische faculteit van het Imperial College in Londen, is hersendetective. Hij speurt naar ziektes, krimpingen, holtes, verhardingen, witte laesies in het limbische systeem, amyloïde plaques. Ik vraag of hij het weleens – ik zoek naar het juiste woord maar kan het niet vinden – *raar* vindt om hersenen te ontleden: raar door wat het ons leert over identiteit, en doordat uiteindelijk alles wat een belangrijke rol speelt in een mensenleven – wanhoop, onrust, honger, angst, liefde en vreugde – geherbergd is in dit stuk vlees.

Hij glimlacht en schudt zijn hoofd. Hij is niet gelovig – dat zou misschien ook moeilijk zijn als je dag in dag uit hersenen doorsnijdt en er met een scalpel brokjes lichaamsfuncties en episodisch geheugen uit snijdt – maar hij is vol bewondering voor de oneindige complexiteit, verfijndheid en kneedbaarheid van de hersenen, die voor ons nog steeds een mysterie zijn. We zijn tenslotte méér dan ons brein: ons brein bevindt zich in een lichaam, maakt er deel van uit, en als persoon met een lichaam en een brein behoren we tot de gemeenschap. En het brein heeft oneindig veel mogelijkheden.

Alzheimer leidt tot de afbraak van zenuwcellen en tot weefselverlies in de hersenen. Afwijkingen die in de hersenen worden gevonden zijn bèta-amyloïde plaques, kluwens van het eiwit tau, ontstekingen en verlies van verbindingen tussen de cellen. De cortex verschrompelt en de ventrikels worden groter. Na verloop van tijd vindt er een ingrijpende verschrompeling plaats totdat elk gebied is aangetast. Toch vertoont het brein van sommige mensen na hun dood geen afwijkingen terwijl zij toch de diagnose alzheimer hebben gekregen, en is het brein van anderen juist ernstig beschadigd terwijl zij geen noemenswaardige cognitieve problemen hebben gehad. De relatie tussen de aantoonbare achteruitgang van het brein en de manier waarop iemand zich gedraagt, zich voelt en met de wereld communiceert is niet eenduidig, en dat komt doordat het brein in een netwerk van wederzijdse verbindingen opereert. Door naar de hersenen te kijken, kunnen we niet alles te weten komen wat we erover willen weten: het is zo veel méér: het zit in een bepaald lichaam in een bepaald leven. Onderdeel van Gentlemans onderzoek bestaat uit de vergelijking van de hersenen die hij onderzoekt met de levensstijl die de betreffende man of vrouw heeft gehad; hij gaat op zoek naar patronen die kunnen helpen verklaren waarom sommige mensen zo snel door deze ziekte worden gesloopt, terwijl anderen er langer tegen bestand zijn. Lichaamsbeweging, voedsel, woonomgeving, loopbaan, stemming, relatie: dat alles kan van invloed zijn op de manier waarop iemand reageert op wat zich in het complexe labyrint van het brein afspeelt.

De hersenen op de snijplank zijn bewegingloos, een levenloos grauw ding, maar de neurobeelden van levende hersenen laten een bruisende activiteit zien, wonderbaarlijk en mysterieus. Een

MRI-scan (*magnetic resonance imaging*) meet de hersenactiviteit door veranderingen te detecteren die met de bloedsomloop te maken hebben. De beelden – stilstaande en bewegende – lijken op het noorderlicht, op een koraalrif of op bloeiende bomen: caleidoscopische beelden in regenboogkleuren. Je krijgt misschien het gevoel dat je naar hersenen kijkt die verliefd zijn, of bang, jaloers of hoopvol. Hersenscans zijn echter geen eenduidige foto's van een actief brein, maar geven een beeld van de gebieden die het hardst aan het werk zijn. Het is een beetje alsof je vanuit een helikopter naar New York kijkt en de mensen door de straten ziet lopen of rijden: je komt veel te weten over de bewegingen van de mensen in de loop der tijd, maar je weet niet echt hoe het is om in New York te zijn. Bovendien is het brein niet hetzelfde als onze geest.

Toch is het beeld van een door dementie aangetast brein onthutsend: je ziet dode grijze delen tussen de schitterende oplichtende kleuren.

'Ik heb echt een hekel aan de term "dementie".'

Ik spreek professor Martin Rossor in zijn kamer, met plafondhoge ramen en uitzicht op Queen Square in Londen. Hij is nationaal directeur dementieonderzoek van het National Institute for Health Research, directeur van de Dementia Biomedical Research Unit Queen Square, hoogleraar klinische neurologie en behandelend neuroloog in het nationaal ziekenhuis voor neurologie en neurochirurgie. Hij is lang en slank, met grijs haar en heeft een hoffelijke manier van doen. Zijn kennis en intelligentie zijn niet intimiderend: in ons gesprek was hij heel pragmatisch, precies en vriendelijk.

'"Dementie" is een verzamelterm. Een krachtig woord, maar

artsen en wetenschappers hebben er niets aan. Het zegt alleen maar dat iemand ernstig wordt belemmerd door een cognitieve stoornis.' Er is geen 'algeheel' defect van het brein, er zijn alleen 'eilandjes met defecten'.

Dementie is een syndroom. Een verzameling symptomen die wijzen op problemen met het geheugen, de communicatie en het denkvermogen die worden veroorzaakt door een ziekte die het brein heeft aangetast; het is een verzamelterm voor een breed scala aan progressieve aandoeningen die van invloed zijn op de hersenen. Martin Rossor benadrukte dat er meerdere vormen van dementie zijn en dus ook meerdere symptomen van deze ziekte. Alzheimer is de vorm van dementie die de meeste mensen het beste kennen, en de helft van de mensen met dementie heeft alzheimer. Het is een neurodegeneratieve aandoening die meedogenloos huishoudt in de hersenen: de vorming van kluwens en de kleverige plekken die plaques worden genoemd, werden aanvankelijk beschouwd als de veroorzakers van hersenstoornis, maar wetenschappers denken nu dat ze eerder te vergelijken zijn met as na een brand. Alzheimer ontwikkelt zich meestal geleidelijk en wordt geassocieerd met geheugenverlies, slechte concentratie, verwarring, en verslechtering van het dagelijks functioneren. Andere vormen van dementie, zoals vasculaire dementie (die wordt veroorzaakt doordat de bloedvaten die bloed naar de hersenen transporteren verstopt raken, iets wat vaak na een beroerte gebeurt), frontotemporale dementie of *Lewy body*-dementie, hebben andere oorzaken en andere gevolgen. Frontotemporale dementie beïnvloedt het gedrag en de persoonlijkheid, kan ontremming, ongewenst sociaal gedrag, angsten, stress en soms zelfs een psychose veroorzaken. Dementie kan ook andere geestelijke aandoeningen teweegbrengen, zoals depressie, die dan maar al te gemakkelijk over het hoofd worden gezien.

Zelfs binnen een bepaald type dementie zijn er enorme variaties. Martin Rossor gaf als voorbeeld alzheimer, die zich het vaakst manifesteert door het verlies van het episodisch geheugen en het besef van de eigen persoonlijkheid bedreigt, omdat dat besef voortkomt uit een gevoel van continuïteit tussen jou en degene die je tien of twintig jaar geleden was. Toch bestaat er ook een vorm van alzheimer waarbij het geheugen grotendeels intact blijft, maar de visuele verwerking wordt aangetast. Kleuren breiden zich buiten hun grenzen uit, dingen lijken op de kop te staan, je kunt niets meer vinden, weet niet meer waar de deur is. Mensen hebben daarbij vaak het gevoel dat ze scheef staan. Of ze zien een kleine plas water en denken dat het een gat is. Of ze staan boven aan een roltrap en zien een waterval naar beneden storten. Of ze proberen een deurkruk vast te pakken terwijl ze daar nog een paar meter vandaan zijn. 'Een vriend van me met dementie greep dingen altijd heel stevig vast, maar dat was geen vorm van weerstand, zoals mensen weleens dachten, maar omdat hij dacht dat hij viel.'

Er zijn verbijsterend veel cognitieve stoornissen die onder de noemer 'dementie' worden geschaard. Dat komt voor een deel doordat er zo veel soorten geheugen zijn, zoals Steve Gentleman me met de punt van zijn mes aanwees. (Ik heb ergens gelezen dat het er bij de laatste telling 256 waren.) Neem bijvoorbeeld het verlies van het semantische geheugen. Professor Rossor zei daarover: de frontotemporale dementie is een 'afschuwelijke degeneratieve ziekte' waardoor iemand zich niet meer 'de bedoeling van dingen' kan herinneren. De ziekte van Pick daarentegen veroorzaakt juist een achteruitgang van het verbale geheugen.

'Stelt u zich eens voor dat u een verbale semantische geheugenstoornis hebt. U zou zich kunnen herinneren dat u hier kwam, dat u het plein overstak. U zou zich herinneren dat ik een leesbril opzette. Maar als ik u zou vragen wat een bril is, zou u geen idee hebben wat ik bedoelde.' Dit gebrek aan bevattingsvermogen breidt zich uit tot 'er geen enkel begrip meer is van woorden, van de menselijke taal' – en tegelijk met die achteruitgang verdwijnt ook het empathisch vermogen.

Andere mensen verliezen elk geheugen voor visuele semantiek. Ze 'begrijpen het woord "bril", maar als ze er een zien hebben ze geen idee wat het is. Ze weten wat een tandenborstel was, maar proberen hun tanden te poetsen met een tube tandpasta. Hun wereld stort selectief rond de betekenissen in elkaar.'

Symptomen kunnen wijzen op een heel breed verlies, maar ook op een akelig precieze functie: zo is er een vorm van dementie die anosognosie veroorzaakt, waarbij mensen die aan corticale blindheid lijden ervan overtuigd zijn dat ze kunnen zien.

Ik vroeg Martin Rossor of hij gelooft dat het zelf helemaal verloren kan gaan door deze ziekte, waarop hij na enig nadenken antwoordde: 'Misschien als alle empathie is verdwenen. Misschien dan.'

Ik vroeg hem – zoals aan iedereen die te maken heeft gehad met de ravage die deze ziekte kan aanrichten – of hij zelf bang was om dement te worden. Hij aarzelde, antwoordde van niet, en leek zelf enigszins verbaasd over dat antwoord.

Ik vroeg hem ook wat hij vond van instructies voor later – de officiële documenten waarin mensen vastleggen wat er met ze moet gebeuren wanneer ze door ziekte of onvermogen geen beslissingen meer over zichzelf kunnen nemen. Hij fronste zijn wenkbrauwen. 'Hoe kan ik mijn toekomstige zelf iets opleggen?'

'Elke dood is verschrikkelijk, maar we moeten allemaal ooit sterven. Hoe wil je de laatste jaren van je leven doorbrengen? Als degene die je altijd bent geweest, of als iemand die de persoon die je was niet meer zou herkennen? Iemand die zijn kind aanziet voor zijn broer of zus – tenminste op goede momenten? Mijn leven is het leven van iemand die kan nadenken. Dat ben ik. Als dat ophoudt, moet mijn lichaam er ook maar mee stoppen... Dat is de reden dat we een levenstestament hebben opgesteld.'

In een prachtig oud, hoog herenhuis in Utrecht, vol bloemen en boekenkasten en hoge ramen waardoor gouden licht naar binnen valt, vertellen Gerard de Vries en Pauline Terreehorst me dat ze hebben besloten elkaar in hun levenstestament aan te wijzen als degene die – indien nodig – aan de arts zal bevestigen dat ze waardig willen sterven voor het geval de omstandigheden die ze hebben vastgelegd zich zullen voordoen. Terreehorst was journalist-columnist bij *de Volkskrant* en is tegenwoordig succesvol directeur van een filmhuis. De Vries is een gerenommeerd filosoof, onlangs gepensioneerd, en voormalig lid van de Wetenschappelijke Raad voor het Regeringsbeleid. Het zijn rustige mensen die objectief en zorgvuldig vertellen over de maatregelen die ze hebben getroffen. Euthanasie voor patiënten die ondraaglijk en uitzichtloos lijden is sinds 2002 in Nederland wettelijk toegestaan, mits de arts aan de wettelijk vastgelegde zorgvuldigheidseisen voldoet. Zo moet de arts ervan overtuigd zijn dat het euthanasieverzoek van de patiënt vrijwillig en weloverwogen is. Daarbij komt er steeds meer erkenning voor de ondraaglijkheid van geestelijk lijden naast fysiek lijden.

Dat is natuurlijk een controversiële zaak, die door velen als een hellend vlak wordt gezien dat kan leiden tot moord op ouderen, waarbij vooral de vrijwilligheid een heikel punt is. Want hoe kan iemand met dementie een zelfstandig besluit nemen over het beeindigen van zijn of haar leven?

'Er is helemaal geen sprake van onduidelijkheid,' zegt Gerard stellig. 'In de latere stadia van dementie is een "vrijwillig, weloverwogen besluit" niet mogelijk. De wens om waardig te sterven moet dus ver daarvoor worden vastgelegd in de beperkte tijd tussen de diagnose alzheimer en het stadium waarin de patiënt geestelijk incapabel is.'

'Ik ben er heel zeker van dat ik dit wil,' voegt Pauline daaraan toe. 'Wij hebben altijd een intellectueel leven geleid. Als dat wegvalt, dan is het simpelweg ons leven niet meer.'

Het gesprek over het levenseinde – eerst in de woonkamer, daarna onder het eten in hun keuken (vis in zilverfolie, als een cadeautje op je bord) – wordt heel precies gevoerd, waarbij ze elkaar steeds aanvullen en eventuele onduidelijkheden ophelderen. Ze zijn beiden erg bang om af te takelen en niets meer te kunnen; die angst komt voort uit hun persoonlijke ervaringen, die heel verschillend zijn. Gerards vader was niet dement, maar had een ernstige beroerte gehad.

'Hij lag daar maar, kon niet meer praten, maar liet heel duidelijk non-verbaal merken dat hij niet meer verder wilde. De arts gaf hem palliatieve zorg en liet hem sterven.'

Zijn moeder bleef nog vele jaren leven, de laatste jaren in een verzorgingshuis waar ze goed werd verzorgd en veel bezoek kreeg, maar haar wereld werd steeds kleiner. Op een bepaald moment moet ze hebben gedacht dat ze het wel voor gezien hield, aldus Gerard. Toen ze twee weken voor haar drieënnegentigste verjaardag longontsteking kreeg, zei ze dat ze geen behandeling meer wilde.

'Ze was niet depressief en ze was heel helder. Ze zei dit tegen mij, tegen mijn broer en tegen mijn zus: ze was er volledig en vast van overtuigd dat ze aan het einde van haar leven was gekomen en dat ze nu alleen nog maar zat te wachten op de dood. Dat was erg moeilijk voor ons, maar toch heb ik niet geprobeerd om haar op andere gedachten te brengen. Ze was dapper. Ze is overleden terwijl ze de controle over haar leven nog niet was verloren.'

Ze nam afscheid – ze zei tegen Pauline dat ze goed voor Gerard, haar jongen, moest zorgen. En toen gleed ze uit het leven weg.

Gerards ouders hadden allebei besloten dat ze klaar waren om te gaan. Dat gold niet voor Paulines ouders. Als Pauline erover vertelt, is ze erg gespannen en emotioneel. De tijd heeft haar herinneringen nog niet verzacht.

Paulines vader, met wie ze na de scheiding van haar ouders een ingewikkelde relatie had, al aanbad ze hem toen ze klein was, en hij haar ook, kreeg op zijn vijfenzestigste symptomen van dementie. Hij vergat kleinigheden, maar kon zich nog prima redden. De dementie vorderde echter gestaag en de laatste zes of zeven jaar van zijn leven bracht hij door in 'een verschrikkelijk verpleeghuis', waar hij een kamer deelde met een andere man.

'Hij had niets meer over,' vertelt Pauline. 'Alleen nog een paar foto's naast zijn bed. En hij was...' Ze aarzelt. 'Een plant. Zo kun je dat wel noemen, ja. Hij lag in bed. Hij kon niets meer. Zijn vrouw kwam bij hem op bezoek, wij kwamen ook op bezoek. Het was een christelijk verpleeghuis. In andere tehuizen zou hij misschien hebben mogen sterven, maar daar was het leven heilig. Hij werd verpleegd tot het bittere einde.'

Paulines moeder leeft nog, ze zit in een verzorgingshuis op loopafstand van het huis waar we in de schemering achter een glas wijn zitten. Haar dementie openbaarde zich ongeveer tien jaar geleden, maar de symptomen waren door haar huwelijksproblemen heel erg onduidelijk. Haar derde man had een beroerte gehad die zijn karakter had veranderd. Hij kon de ziekte van Paulines moeder en haar vergeetachtigheid niet aan; de laatste jaren van hun leven samen waren chaotisch en ingewikkeld, vol nare, kleine ruzies. Paulines moeder was lid van een vereniging voor vrijwillige euthanasie en had altijd nadrukkelijk gezegd dat ze wilde sterven voordat de dementie haar in haar greep kreeg. Maar de periode waarin zo'n besluit kan worden uitgevoerd is erg klein; ze miste die kans en verkeert nu in de diepe duisternis van de ziekte.

'Ze is een soort levende dode,' zegt Pauline. 'Ik ben haar eigenlijk al heel lang kwijt. Als ik tegen haar praat, komt er geen reactie. Soms, als ze lacht, of als ik een bepaalde klank in haar stem hoor, dan herken ik iets in haar van twintig jaar geleden. Je vult de gaten en de herinneringen aan. Maar dan is ze weer weg. Je bent voortdurend afscheid aan het nemen.'

'Het idee,' zegt Gerard, 'dat ik zo zou moet eindigen als Paulines moeder vind ik verschrikkelijk. En we hadden allebei het idee dat we op een leeftijd kwamen waarop we zulke kwesties onder ogen moeten zien.'

Ik ben ervan onder de indruk, maar weet ook niet goed wat ik ervan moet vinden. Je neemt een besluit over je toekomstige ik, maar wat als je toekomstige ik het daar helemaal niet mee eens is? Wat als deze mensen op het punt zijn gekomen waarop het leven naar ze nu veronderstellen weinig meer voorstelt, alles wegvalt en ze niets meer hebben om voor te leven, maar toch tevreden zijn en niet willen sterven?

Ze knikken. 'Het is een besluit waar je je van tevoren aan verbindt,' zegt Gerard. 'Net zoals landen zich verbinden aan de grondwet.'

'Dus als jij in de toekomst zegt dat je toch wilt blijven leven, wat dan?' vraag ik.

'Als Gerard de wens kan uiten dat hij in leven wil blijven, is er geen arts die euthanasie zal plegen. Wat we bedoelen is het gesprek dat we zullen moeten voeren in de korte periode tussen de diagnose en de latere stadia van alzheimer,' antwoordt Pauline kalm. 'Dan zal ik hem aan zijn vroegere ik helpen herinneren. Als we die kans laten schieten, hebben we in een later stadium van de ziekte nog maar één optie, namelijk het weigeren van medische behandelingen. Omdat Gerard mij heeft aangewezen als zijn vertegenwoordiger, zal ik de arts vertellen dat dat is wat hij – zijn vroegere ik – in die omstandigheden had gewild.

'Maar…' zeg ik. 'Denk je dat je dat dan *kunt*?'

'Ik vergelijk het met Odysseus en de sirenen,' zegt Gerard. 'Odysseus liet zich door zijn soldaten aan de mast vastbinden en zei dat ze hem niet los mochten maken, al zou hij ze erom smeken.'

Ze kijken me vriendelijk aan.

'We kunnen dit alleen maar doen omdat we heel veel van elkaar houden,' zegt Pauline. Ik moet denken aan een vriendin van me die laatst tegen me zei dat ze niet in staat zou zijn om het leven van haar moeder, die aan vergevorderde dementie leed, te beëindigen omdat ze een moeilijke, schadelijke relatie hadden en ze niet genoeg van haar hield om haar te kunnen doden.

Pauline en Gerard hebben dus besloten om een verklaring op te stellen, allebei op dezelfde dag, waarin ze hun – vergelijkbare – voorwaarden omschreven. Die verklaringen hebben ze met hun arts besproken en ze worden elk jaar door hen herbevestigd. Ze hebben elkaar aangewezen als hun eerste vertegenwoordiger, en Paulines dochter en Gerards zoon als hun tweede.

Gerard zegt dat ze hiermee een last van de schouders van hun kinderen halen. 'Het zal niet hun besluit zijn, je ontheft ze van zeer pijnlijke besluiten die zij anders zouden moeten nemen.' Het belangrijkste is, zegt hij, dat hij zelf vaststelt dat hij onder bepaalde omstandigheden niet wil leven. Hij *vraagt* Pauline om hem die wens te laten vervullen; hij *vraagt* het de arts. 'Het is een verzoek.'

Ze zijn rustig en stellig, bespreken de manier waarop ze willen sterven. Ze zijn ervan overtuigd dat hun leven op een bepaald punt 'voltooid' is: je steekt een grens over, dat is niet de grens tussen leven en dood, maar tussen het zelf en de eigen zelfkennis. 'Identiteit is geen kern in je binnenste: wat wij onze "identiteit" noemen is de *uitkomst* van onze daden, besluiten, ons persoonlijke en ons professionele leven, niet de *bron* daarvan. Het "zelf" is een netwerk van sociale verbanden, van alle relaties die je hebt. Het idee dat identiteit iets *in* ons is, in ons *binnenste*, maakt deel uit van het christelijke erfgoed. We weten dat deze netwerken afnemen als we ouder worden. Als ze voorbij een bepaalde grens komen, heeft je leven geen zin meer.'

Op de eerste bladzijde van *Admissions*, een wrang en weemoedig verslag van zijn leven als arts, schrijft de neurochirurg Henry Marsh over het zelfmoordpakket dat hij thuis heeft klaarliggen voor het geval hij een ziekte als dementie krijgt. Hij beschouwt zichzelf als een 'vergankelijke elektrochemische dans die bestaat uit oneindig veel bits informatie'; in zijn werk werd hij voortdurend geconfronteerd met de veranderlijkheid van de persoonlijkheid als gevolg van hersenbeschadigingen.

Hij wil liever sterven voordat hem zoiets overkomt.

Hugo Claus, de beroemde Vlaamse auteur die vooral bekend werd door zijn roman *Het verdriet van België*, een messcherp portret van zijn land, kreeg toen hij eind zeventig was de diagnose alzheimer. Hij stierf door euthanasie op 19 maart 2008 in het Antwerpse Middelheim-ziekenhuis en had zelf het tijdstip en de plaats van zijn dood gekozen. Vrienden van hem vertelden dat hij waardig en trots wilde sterven. 'Hij verliet ons als een geweldige gloeiende ster, precies op tijd, vlak voordat hij in een zwart gat zou zijn gestort.'

Sandy Bem, hoogleraar psychologie aan de universiteit Cornell, maakte op 20 mei 2014 na een zorgvuldige voorbereiding een einde aan haar leven. Haar persoonlijkheid werd in sterke mate bepaald door haar intellectuele leven, en ze was erg bang om door de ziekte alzheimer te worden 'uitgehold' en haar geheugen en identiteit te verliezen. Bovendien vond ze het vreselijk om totaal machteloos tegenover haar ziekte te staan: 'Ze wilde op emotioneel en intellectueel gebied nog zo veel mogelijk doen in de tijd die haar restte, maar ze wilde wel zeker weten dat ze niet te lang wachtte. Ze wilde ten volle deelnemen aan het leven om in staat te zullen zijn het te beëindigen.' Het is buitengewoon moeilijk om het lichaam te laten sterven zodra het eigen ik is gestorven, dus ze nam zich plechtig voor om haar leven te beëindigen voordat dat zou gebeuren. Ze hield een dagboek bij waarin ze haar achteruitgang bijhield en ze besprak haar besluit met haar ex-man, met wie ze goed bevriend was gebleven, en met haar kinderen. 'Wat ik wil,' typte ze met grote vette letters in haar dagboek, 'is sterven op een door mij vastgesteld moment en op mijn eigen, niet-gewelddadige manier.'

Ze las boeken om meer te weten te komen over zachte manieren van sterven en bevestigde meermaals haar wens om zelf een einde aan haar leven te maken. Ze werd oma, wat haar dolgelukkig maakte, ze bracht veel tijd door met haar ex-man, maar ging intussen steeds verder achteruit, totdat duidelijk werd dat het niet lang meer zou duren voordat de tijd dat ze een besluit over haar eigen dood kon nemen voorbij was. Ze koos een maand – mei, na de winter, als de wereld weer mooi zou zijn – en een dag: dinsdag de 20ste. Ze schreef haar sterfdag op de kalender in de keuken. Ze ging snel achteruit: op een dag vroeg ze aan haar zus wie die vrouw was die net op bezoek was geweest. Dat was haar eigen dochter. Twee dagen voor de dag waarop ze zou sterven, gaf haar familie een feest voor haar, waarop herinneringen aan haar leven werden opgehaald. ('Heb ik dat echt gedaan?' vroeg ze dan blij verrast.) Op dinsdag 20 mei nam ze volgens plan met een glas wijn de uitgekozen medicijnen in terwijl haar ex-man naast haar zat, en daarna viel ze in slaap. De familie werd gewaarschuwd en was aanwezig toen ze na een tijdje stopte met ademen.

Psychiater Paul Wolfson deed het in z'n eentje. Toen hij zestig was, gelukkig getrouwd met zijn tweede vrouw, Lore Windermuth, met wie hij twee jonge kinderen had, werd bij hem een zeldzame vorm van dementie vastgesteld die het denk- en spraakvermogen aantast. In de maanden die volgden maakten zijn vrouw en hij een verslag van hun gesprekken over zijn ziekte, over de langzame maar meedogenloze achteruitgang en hun radicaal veranderde toekomst. Hij vond het een vreselijk vooruitzicht om in een verpleegtehuis te worden opgenomen, maar het leek hem net zo afschuwelijk om thuis te worden verzorgd, waar zijn twee jonge kinderen hem zouden zien 'pissen en schijten' en een verzorger hem 'in bedwang' zou moeten houden. Hij wist dat er een moment zou komen – en dat zou niet lang meer duren – waarop hij zijn eigen kinderen niet meer zou herkennen, niets meer om hen en om zijn vrouw zou geven, 'alleen nog maar om mezelf... En dat is niet zo'n fraai vooruitzicht, hè?' Daarom maakte hij toen hij eenenzestig was een einde aan zijn leven. Hij deed dat weloverwogen. Zijn vrouw nam hun twee kinderen een dag mee uit en toen ze terugkwamen was hij dood. Op de tafel naast hem lag een foto van zijn ouders. Hij had bloemen voor zijn vrouw achtergelaten en een valiumtablet op haar nachtkastje gelegd. Hij verliet zijn geliefden door een daad van onbaatzuchtige liefde.

Ik vind al een tijd dat het leven voor veel mensen, vooral mensen met dementie, langer duurt dan zou moeten, omdat het een zware last wordt voor zowel henzelf als de mensen die voor hen zorgen. We zouden beter moeten kunnen kiezen wanneer we uit het leven willen stappen. Maar tegenover de kalme overtuiging en rationaliteit van Gerard en Pauline en de besluitvaardigheid van Sandy Bem en Paul Wolfson, moet ik de kleine, levendige Theresa Clarke stellen, een vrouw met dementie die blaakt van levenslust en over een radicaal, soms haast razend optimisme beschikt.

Ik ontmoette haar voor het eerst op het vliegveld Heathrow. Mijn trein had vertraging, dus ik kwam te laat aan. Toen ik haastig door de aankomsthal liep, kwam er een minivrouwtje met glinsterende ogen en zilverwit haar op me afrennen; ze sleepte een koffer mee, stak haar hand op en keek me aan met een bijna koortsachtig intense blik van opwinding en angst. Ik stak mijn hand ook op ter begroeting, waarop ze tot stilstand kwam, luidkeels lachte en haar armen om me heen sloeg. Ze was zonder begeleiding vanuit het Noord-Ierse Antrim naar Londen gevlogen omdat ze de volgende dag zou spreken op een conferentie over dementie. Ik ben ook niet groot, maar toren toch nog boven haar uit. Ik was diep van haar onder de indruk: van haar moed en vastberadenheid, de manier waarop ze zich in het leven stort, vastberaden en zonder toe te geven aan angst.

Theresa is de dochter van een Ierse arbeider, de elfde in een gezin van dertien kinderen, en heeft een harde leerschool gehad. Haar vader stierf toen ze vier jaar was, maar ze herinnert zich hem heel goed: als ze op hem afrende, 'zette hij me op zijn schouders en daar gingen we'. Na zijn overlijden was het gezin erg arm. Theresa vertelt na al die jaren nog steeds heel warm en beschermend over haar moeder, die in een munitiefabriek en als schoonmaakster werkte. Maar Theresa herinnert zich dat ze vroeger 'erg veel lol' hadden. Als haar moeder een *roughness* (een munt) overhad, nam ze al haar kinderen een dagje mee naar het strand of namen ze de tram naar het einde van Falls Road en aten daar een sandwich. Ze vond alles interessant en ze was een echte tomboy, een voetballer. De jongens kwamen aan de deur vragen of Teasie buiten kwam spelen. Als ze me dat vertelt, kan ik me precies voorstellen hoe ze als kind was: een onvermoeibare spring-in-het-veld, fel en vol levenslust.

Ze wilde altijd verpleegster worden en ze wilde graag reizen: 'andere landen, ander werk, nieuwe mensen: ik ben altijd op zoek geweest'. Ze is psychiatrisch verpleegkundige geweest, verloskundige ('de schitterendste baan die er bestaat') en ze heeft op Cyprus gewoond, in Australië, het uiterste noorden van Canada en in Amerika. Ze hield erg van kamperen en trektochten maken. Ze heeft zeven jaar in een ashram in India gewoond. 'Ik wilde vrij zijn. Ik ben twee keer verloofd geweest – er wordt nu eenmaal van je verwacht dat je gaat trouwen. Maar ik ben erg blij dat ik vrij ben gebleven. Een vrije vogel.' Ze zette zich in voor sociale rechtvaardigheidsprojecten ('opkomen voor mezelf en voor anderen'), ze schreef poëzie, was een halve hippie en een halve mystica. Ze lijkt me een vrouw die zich altijd vol enthousiasme ergens op stort, met opgeheven hoofd, dapper (zoals Helena over Hermia zegt in *Een Midzomernachtsdroom*: 'het is een felle, hoe klein ze ook is'). Haar moeder zei een keer tegen haar dat ze 'een leeuwenhart' had.

Tien jaar geleden kwam er een einde aan Theresa Clarkes omzwervingen. Ze ging terug naar Noord-Ierland, waar ze een paar gelukkige jaren in de Glens woonde met haar geliefde hond, maar ze verhuisde naar Antrim toen ze hartproblemen kreeg. In 2010 kreeg ze de diagnose dementie. Maar dat wist ze zelf al. 'Ja hoor,' zegt ze stralend. 'Ik wist *precies* wat het was. Ik wist dat ik dingen vergat. Ik wist dat er iets niet klopte aan mijn gedachten. Mijn hond had het ook gemerkt. Als ik een fout had gemaakt, keek ze me op een bepaalde manier aan. Ze had verschillende blikken voor verschillende fouten en ik begreep altijd wat ze bedoelde. Ja, je moet het nu eenmaal accepteren als je iets mankeert.'

Ze merkt dat ze steeds minder weet van de dingen heeft en dat dat alleen maar erger wordt. Soms begint ze aan een zin en maakt die niet af, dan staart ze voor zich uit, wacht tot het vreemde moment voorbijgaat, en zegt dan: 'Waar was ik? Wacht, ik weet het zo wel weer.' Ze heeft een uitdrukking die ze steevast in zulke gevallen gebruikt om de hiaten op te vullen: 'iets in die trant', zegt ze dan. Altijd als ik haar opbel, wat ik regelmatig doe, begroet ze me met een verbaasde lach en zegt dan meestal: 'Nicci, waar heb jij gezeten? Ik dacht dat je van de aardbodem verdwenen was.'

Ze voelt de ziekte *hier* – ze slaat met de muis van haar hand tegen haar hoofd. 'Mijn denkkracht raakt op, er raken dingen zoek. Het is een puinhoop en ik word er doodmoe van.' Maar *hier* – en dan tikt ze op haar borst alsof ze de deur naar haar hart wijd kan doen openzwaaien – blijft ze zichzelf. 'Ik ben mezelf, hier en nu.'

Als ik haar opzoek in Antrim zie ik tussen allerlei herinneringen en aansporingen dit bericht: 'Je bent niet dit lichaam; je bent niet deze geest.' (Dit hangt tussen briefjes met bijvoorbeeld: 'Elektrische apparaten uitzetten!' 'Je doet het goed, hou vol.' 'Medicijnen innemen.' 'Nicci komt vrijdag.') Ze doet 'wandelende meditaties', dan ijsbeert ze door haar kleine woonkamer en tuin en zegt tegen zichzelf: 'Ik ben kalm. Ik glimlach. Dit is een prachtig moment.' Haar volharding om vast te blijven houden aan het leven maakt indruk op me, maar ik voel me er ook wat ongemakkelijk bij: ik weet niet of ze inmiddels niet heel erg op haar tandvlees loopt, en of wat zij vreugde noemt eigenlijk niet een manier is om de wanhoop de baas te blijven.

Op de conferentie hield Theresa een mooie toespraak waarin ze vertelde dat mensen met dementie vaak worden behandeld alsof ze niet meer meetellen. 'Maar we kunnen nog steeds iets betekenen voor de maatschappij, in ons gezin en in de wereld,' zei ze. Ze praat snel, alsof ze de zinnen er zo snel mogelijk uit wil krijgen voordat ze de draad kwijtraakt. 'Maar dat kan alleen als wij niet buitengesloten worden in de gesprekken over dementie: als er niet alleen óver ons wordt gesproken, maar ook mét ons.' Later die dag deed ze mee aan een gesprek met een aantal belangrijke woordvoerders op dit terrein en daar zat dat kleine vrouwtje met een trotse glimlach tussen, niet klein te krijgen, zeker van haar plaats.

Gerard en Pauline geloven dat het zelf thuishoort in een rijk en uitgebreid netwerk van connecties en relaties; het verhaal van je leven is wat het leven zin geeft, met een verleden waar je op terug kunt vallen en een toekomst waar je je op kunt voorbereiden en naartoe kunt leven. Voor hen heeft identiteit te maken met zelfbewustzijn, geheugen, taal, rationaliteit: alles wat door dementie juist te gronde gaat. Maar voor Theresa is het zelf 'niet alleen mijn brein, niet alleen mijn herinneringen, veel méér dan mijn ervaringen. Ik ben hier, in het moment, levend en wel.' Ze is zich ervan bewust dat haar wereld kleiner wordt en dat de horizon steeds dichterbij komt: ooit reisde ze de wereld rond, nieuwsgierig, op zoek naar de bron van de Ganges. Ooit las ze boeken en schreef ze poëzie. Tegenwoordig is haar kleine huis haar wereld, haar verleden lost achter haar op en verdwijnt in het niets, alles wat ze op een dag doet vergeet ze, haar toekomst is ongewis en de structuur van haar leven is verdwenen. 'Maar je hoort me nog,' zegt ze. 'In het heden. In het nu.'

Sean en ik hebben het er vaak over wat we zouden doen als we dement zouden worden. Sinds we hebben meegemaakt wat mijn vader is overkomen, is dat geen abstracte kwestie meer, maar een urgente, praktische vraag. Zouden we zelf het moment van onze dood willen kiezen? We vinden allebei al heel lang dat mensen met een terminale ziekte daar recht op hebben, en dementie is tenslotte een terminale ziekte waar mensen echt dood aan gaan. Het probleem is natuurlijk dat het altijd te vroeg is – als je nog in staat bent om dat besluit te nemen, maar het nog te vroeg is om het echt te doen – of te laat, als het toegangshek al dicht is gegaan. En hoe kunnen we een besluit nemen namens de onbekende ik die we zullen worden?

Wat opvalt is dat we allebei zeggen elkaar dan te willen helpen en verzorgen – we denken tenminste dat we dat zullen willen, wat niet hetzelfde is – maar ook dat we niet door de ander verzorgd zouden willen worden, niet overgeleverd willen zijn aan de welwillendheid van de ander, niet het medelijden en de afkeer van de ander willen opwekken. Ook opvallend is de manier waarop we over ons mogelijke toekomstige zelf praten, alsof we het over een gevreesde *vreemde* hebben. Het zelf in onze kindertijd lijkt sterk te verschillen van het zelf in onze puberteit, en heeft – los van geheugen en het verhaal dat het geheugen ons vertelt – nauwelijks iets te maken met het zelf dat we zullen worden. Toch voelt het als continu. Voor Raymond Tallis 'is dat zowel waar als niet waar. Zo voel ik me nog steeds verantwoordelijk voor een fout die ik als beginnend arts in 1970 heb gemaakt. Om precies te zijn op 8 maart 1970. Ik weet dat ik toen dezelfde persoon was. Het lichaam is hetzelfde, en er is een psychologische continuïteit.'

We zijn verbonden met ons zelf uit het verleden omdat wij dat waren en het nog steeds ergens in ons zit. Alle onbegrensde, veranderende versies ervan liggen vervat in ons huidige zelf – moment na moment, *nu* en *nu* en *nu*, onmeetbaar kleine fragmenten van ervaringen verzamelen zich in de complexe vorming van het zelf. Het kind dat ik was, de ongemakkelijke puber die ik was, de jonge moeder die door de liefde werd overvallen, de vrouw van in de dertig, in de veertig: ze zijn allemaal verdwenen en de rivier van de tijd stroomt door, maar toch maken ze deel uit van wie ik ben geworden. Ze zitten in me, staan voortdurend versteld van mijn leeftijd en mijn rimpels en al mijn stommiteiten en fouten. We kunnen niet aan elkaar ontsnappen.

Maar het toekomstige zelf is een duizelingwekkend aantal voortdurend veranderende mogelijkheden. Praten over een *ik* in de toekomst is ronduit verbijsterend. Een tijdje geleden zette ik een foto van mezelf op een verouderingsapp die volgens dezelfde methoden werkt als de computerprogramma's waarmee forensisch specialisten proberen te bedenken hoe vermiste kinderen er nu uit zouden kunnen zien. Er verscheen een vrouw op het scherm: een vrouw met een klein, akelig gerimpeld gezicht waarin de gelaatstrekken door de vele plooien nauwelijks te herkennen waren, en een mond die was samengetrokken in wat het restant van een glimlach zou kunnen zijn, maar meer op een kwaadaardige grijns leek. Kom op, dat ben ik niet. Ik weiger om zo'n verachtelijk oud mens te worden. Ik word wel iemand anders.

Wat is het om een zelf te zijn, en waar eindigt het zelf? Eindigt het met de dood, of kan het in sommige gevallen – als de geest door dementie uiteen wordt gereten – al eerder eindigen?

De invloedrijke utilitaristische filosoof Peter Singer heeft een lijst indicators van 'persoonlijkheid' opgesteld: 'zelfbewustzijn, zelfbeheersing, een besef van toekomst, een besef van het verleden, het vermogen om met anderen om te gaan, zorg voor anderen, communicatie en nieuwsgierigheid'. Met deze grove lijst als maatstaf zouden veel mensen geen 'persoonlijkheid' hebben. In een maatschappij waarin veel waarde wordt gehecht aan rede, kracht, geheugen, en instrumentele waarde, tellen mensen met dementie minder of helemaal niet mee – en daaruit zou kunnen volgen dat ze niet meer met liefde, respect of waardigheid worden behandeld. Als we ons *gevoel* van ons zelf verliezen – ons zelfbewustzijn, dat wat onze identiteit bepaalt – zijn we dan ons zelf ook kwijt? Onze waarde? Onze bestaansreden?

'Niet *cogito* (ik denk) of *ergo* (dus), maar *sum*: ik ben,' schrijft een hartstochtelijk voorvechter van de rechten en waarde van mensen met dementie, die gelooft dat deze mensen individueel maar ook collectief worden beroofd van hun menselijke waardigheid en respect doordat onze cultuur steeds meer belang hecht aan autonomie, rationaliteit en zelfstandigheid. Daarbij vallen 'de sociale outcasts, de ongewensten, de gemarginaliseerden en de onderdrukten' buiten de boot. Mensen met dementie worden na verloop van tijd en na een onverbiddelijke achteruitgang weerloos, machteloos, gemakkelijk geslachtofferd. Aan het einde van hun lange leven, in het uur van hun hoogste nood, kunnen ze niet meer voor zichzelf opkomen. We zouden ons moreel verplicht moeten voelen aan de kwetsbaren: onze medemensen op deze kleine aardbol.

Wanneer is het tijd om afscheid te nemen en het feest te verlaten? Komt er ooit een moment waarop we niet meer onszelf zijn en 'een stukje hel' worden?

In de laatste maanden van zijn leven werd mijn vader meedogenloos aan alle kanten door zijn ziekte aangevallen. Hij kon zich niet meer verdedigen. Ik zei weleens dat hij alles kwijt was, maar zo simpel was het niet. Zijn zelf was er mysterieus genoeg nog steeds. Ergens in John Gerrard is er altijd een John Gerrard blijven bestaan. Als mensen (zoals ik) metaforen zoeken om te beschrijven wat er gebeurt als iemand dement wordt, dan lukt dat nooit helemaal. Mijn vader was niet als een boot die zijn anker was verloren en op drift was geraakt, althans niet alleen dat. Hij was niet als een verwoest landschap waar de storm doorheen raasde, hij was geen gebombardeerde stad, geen gesloopt huis, geen geschud pak kaarten, geen kapotgevallen glas, geen versnipperd manuscript.

Er is iets mis. Maar ik weet niet wat. Wat mankeer ik?

Een complexe hersenaandoening die niet te genezen is...

Hij was een man, een oneindig hulpeloze en verwarde man, overgeleverd aan de genade van de wereld.

4

Herinneren en vergeten

'Inwendig doe ik dat, in het ontzaglijk paleis van mijn geheugen.
Want daar staan tot mijn beschikking hemel en aarde en zee
met alles wat ik daarin heb kunnen waarnemen...
Daarin ontmoet ik ook mijzelven.'

Mijn vader was dan wel verstrooid, maar hij had een ijzersterk geheugen: de snelheid van het licht, de data van veldslagen, het periodiek systeem, de Latijnse namen van planten en de Engelse namen van wilde bloemen, de botten in het lichaam, wiskundige vergelijkingen en scheikundige formules, gedichten, de kleuren van nationale vlaggen, hoofdsteden: hij schudde het allemaal zó uit zijn mouw. Totdat het grote vergeten begon en alles wat hij in zijn leven met zo veel moeite had vergaard geleidelijk verdween.

We weten niet wanneer zijn dementie is begonnen. Daar zullen we nooit de vinger op kunnen leggen. Het is als mist die je besluipt, onmerkbaar, totdat de misthoorn klinkt en je donkere vormen uit het nevelige duister ziet opdoemen – je denkt dat je het wel zult zien aankomen, maar vaak is dat niet zo. En dan is het te laat.

Ik vraag me af wanneer het bij mijn vader is begonnen, die onopvallende verschuiving in zijn geheugen, de wind die hem opeens uit de zeilen werd genomen. Ik weet zeker dat mijn moeder het eerder heeft gemerkt dan wij. Maar hijzelf? Wanneer heeft hij de misthoorn voor het eerst gehoord? Is hij daar erg van geschrokken? Deed het hem verdriet?

'Leven zonder geheugen is geen leven.' Zonder geheugen passen dingen niet bij elkaar; het verhaal van het leven brokkelt af, de muren van het zelf storten in. Zonder geheugen dwaal je hulpeloos rond in de tegenwoordige tijd en 'glijdt de wereld spoorloos door je heen'. Hoe kunnen we zonder geheugen van iemand houden, relaties hebben, empathie voelen, plannen maken, fantaseren of anticiperen, een beeld van onszelf krijgen, met beide benen stevig op de grond staan? Geheugen als bouwstenen van gedachten, van kennis; geheugen als een manier om je leven te redigeren, als middel om wie je in de verschillende perioden van je leven was te verenigen in je huidige zelf; geen middel om te denken, maar het denken zelf, geheugen als leugen, als verzinsel, een ander soort waarheid. Collectief. Uiterst persoonlijk. In strijd met de dood.

De angst om herinneringen kwijt te raken is de angst om het actieve zelf te verliezen: dat wat ons bij elkaar houdt in de persoon die we in de loop van ons leven moeizaam hebben opgebouwd. Herinneringen hebben en herinneringen maken stelt ons in staat om de (zij het vaak onjuiste, bedrieglijke of verkeerd geïnformeerde) verteller van ons leven te zijn. Herinneringen verbinden ons met ons verleden en helpen ons naar de toekomst: ze verbinden ons met andere mensen en slaan een brug tussen het labyrint van ons innerlijk en de complexe buitenwereld. Maar het ontzaglijk paleis van ons geheugen kan in verval raken, in duisternis worden gehuld: zijn de herinneringen daar nog, zweven ze er als rusteloze geesten rond, of zijn ze weggevaagd? Waar blijven de herinneringen, zoals Sally Magnusson zich afvraagt in de titel van haar baanbrekende boek over de dementie van haar moeder? En wat zijn herinneringen eigenlijk?

In de zomer van 2017 bezocht ik met mijn moeder het huis waarin wij in de eerste negentien jaar van mijn leven hebben gewoond. Dat wilde ik al heel lang doen. Telkens als ik naar mijn moeder ging, reed ik langs dat huis, en als ik er tussen de bomen door een glimp van opving sloeg mijn hart een slag over. Daar was mijn verleden, daar, half verborgen, was ik jong geweest. Mijn zussen, broer en ik zijn daar allemaal opgegroeid, het was de omgeving van onze kindertijd waar we de mensen zijn geworden die we nu zijn. Ik had levendige herinneringen aan die plek – al te levendige, zonovergoten, schitterend gekleurde en boordevol gevoel: niet zomaar een huis, maar de locus van het zelf, de plek van de onschuld.

Mijn moeder en ik liepen samen de oprit op en belden aan. We werden binnengelaten.

Er waren veertig jaar verstreken sinds we daar waren geweest en het huis was erg veranderd. Er waren muren doorgebroken en andere muren opgetrokken, kamers waren anders ingericht en samengevoegd, bomen waren omgehakt en andere bomen waren groot geworden. En onze herinneringen waren omgesmeed tot vormen die misschien meer te maken hadden met hoe we ons die tijd wilden herinneren dan met de realiteit. We liepen naar binnen, keken om ons heen, en wachtten af tot er iets zou gebeuren.

En opeens, bij een bocht in de trap, stroomde het verleden zo krachtig en puur door me heen dat het niet zomaar een herinnering leek. Het was alsof ik werd teruggevoerd, weer jong was, en ik voelde me bijna ziek van verlangen en verdriet. En daar wéér, bij die zwarte en rode tegels bij de voordeur, de provisiekast in de zandstenen muur, dat korenveld naast het huis waar ik met mijn broertje en zusjes doorheen rende; ik was daar weer, probeerde ze bij te houden, met schrammen op mijn benen en de zon in mijn ogen, ik kon onze hond bijna zien, Candy heette ze, een golden retriever met melancholieke ogen. Opeens was het huis vol geesten. Mijn moeder stond voor het raam van wat hun slaapkamer was geweest en keek naar de tuin, de tranen stroomden uit haar bijna blinde ogen over haar oude, boeiende gezicht. Je hebt spiergeheugen en expliciet geheugen – in dat laatste kunnen we bewust op zoek gaan, alsof we een lade opentrekken in ons hoofd, ons best doen om ons iets te herinneren. Maar deze herinneringen die ons overspoelden kwamen uit een onbewust geheugen en leken eerder op een terugkeer naar het verleden dan op een herinnering eraan. We stonden in de *permastore* van het langetermijngeheugen, waar het verleden het levendigst wordt bewaard. Zulke geheugenflitsen die als bliksem een verborgen landschap belichten heeft iedereen weleens: we worden er schijnbaar willekeurig door getroffen bij de geur van lathyrus, een paar muziekklanken, een bepaalde lichtval in het bos. Ons vroegere zelf is terug, onverdraaglijk bekend en toch bijna een vreemde. Waar heeft het zich al die tijd verborgen gehouden?

Soms herinner ik me mijn vader omdat ik aan hem denk: dan doe ik mijn best om zijn gezicht voor me te zien, me zijn woorden te herinneren, hem terug te roepen uit de dood. Soms duikt hij totaal onverwachts op: als ik de vogels naar onze vogeltafel zie vliegen (want hij verzamelde altijd broodkruimels voor de staartmezen en de vinken). Of wilde bloemen (waarvan hij de namen kende en ze mij probeerde te leren, al heb ik er maar een paar onthouden). Als ik schrijvertjes over het oppervlak van een vijver of een sloot zie schieten. Als ik bij een getijdenpoeltje sta, is het soms alsof hij opeens bij me is, en als een dromerige jongen in het water tuurt. Of als ik naar de sterrenhemel kijk en me afvraag hoe een bepaald sterrenbeeld heet (wat hij beslist zou hebben geweten). Als ik over een voetpad wandel en ik me herinner dat hij altijd de tijd nam om overhangende braamtakken terug te duwen voor eventuele wandelaars die na ons kwamen. Als motvlinders met hun poederachtige vleugels tegen de ruit fladderen (hij zou ze voorzichtig in zijn handen hebben genomen). Als ik bijen zie (hij bouwde nestplaatsen voor ze om ze onze tuin in te lokken). Kampvuren. Een bepaald gebaar. Een gestalte in de verte (hij is het niet). Een bepaalde lach. En dan is hij zomaar, als vanzelf, weer levend.

Toen mijn vader vergeetachtig werd, vertelde hij vaak anekdotes uit een vorm van zelfbescherming. Die verhalen kende hij zo goed dat het vertrouwde plekken voor hem waren. Hij raakte er niet in verdwaald: hij wist er de weg en was er behendig en zelfverzekerd. Die verhalen hadden gebaande paden, er was niets waarover hij kon struikelen, er waren geen donkere hoekjes of afgronden waar hij in kon vallen. Hij had herinneringen waar hij via allerlei poorten binnen kon treden, kon ronddwalen, bekende dingen kon terugzien en aanraken, dennenbomen kon ruiken, en paddenstoelen en kampvuren, een verse verfgeur of de zee, waar hij de stemmen van oude vrienden kon horen. Dan ontspande zijn gezicht en zag hij er jonger uit. Hij herinnerde zich dat hij in de oorlog naar het platteland werd geëvacueerd en buiten rondbanjerde; hij herinnerde zich Finland en de sauna's die hij daar nam; Egypte, waar hij zijn dienstplicht vervulde, zijn studietijd. Hij herinnerde zich zijn zorgeloze jeugd, het begin van zijn loopbaan. Op de foto's uit die tijd staat een slanke, levendige man, een man met pit. Maar in de loop der jaren deed de dementie die poorten in zijn geheugen een voor een dicht en begon hij te haperen en struikelen als hij iets vertelde. Er bleef steeds minder over, totdat er uiteindelijk geen plek meer te vinden was waar hij de grond niet onder zijn voeten voelde wegzakken.

We stellen ons het geheugen voor als een plaats waar dingen worden bewaard en opgeslagen: een bibliotheek, een archief, een kast, een lei waarop een schets wordt gemaakt en weer wordt uitgeveegd, een archief, een computer... Dingen worden in ons geheugen 'gegrift'. Als je je iets probeert te herinneren, is het alsof je een la opentrekt, op zoek gaat in een zolderkamer, in een stoffig hoekje, en een onvindbaar voorwerp probeert op te sporen: waar hebben we dat toch gelaten? 'Als *dit* je geheugen mocht zijn. Een ruime kamer. Het licht valt door de hoge vensters. Het is er schoon en ordelijk. Je herinneringen staan in rijen langs de wand, zorgvuldig bijgehouden, opgetekend, geïndexeerd.'

Maar het geheugen is 'een activiteit, geen bankkluis... een proces, geen plaats', herinneringen zitten in verschillende delen van het brein, zijn gesynchroniseerd en werken samen 'als een orkest'. Virginia Woolf vergeleek het geheugen met een 'naaister, een wispelturige bovendien', die haar naald 'op en neer, in en uit, her en der' liet gaan, waardoor er een bonte verzameling ervaringen aan elkaar vast wordt genaaid. En herinneringen zijn niet ouder dan de laatste keer dat we aan ze hebben gedacht, 'er zijn geen *read only*-bestanden'. Door ergens aan terug te denken, vormen we iets nieuws: het gebeurt in de tegenwoordige tijd zodat door het herinneren ons oude zelf nieuw leven wordt ingeblazen: het is de ruwe schets van een leven dat voortdurend wordt herzien. Subjectiviteit is ingebakken in de aard van het geheugen. Herinneringen zijn feilbaar, broos en authentiek, maar ook fantasierijk, flexibel, scheppend en herscheppend. Het zijn de verhalen die we onszelf en anderen vertellen, de manier waarop we een zelf herkennen dat in de loop der tijd stand heeft gehouden.

Het geheugen wordt altijd gedomineerd door vergeten. Als het geheugen een bibliotheek of een kast is, dan is vergeten een zeef, het ding met gaten – het is 'het minteken' en 'bestaat in de herinnering als gist in deeg'. We moeten wel vergeten, omdat we anders gek zouden worden door de overbelasting, zoals de ongeveer zestig mensen met het uiterst gedetailleerde autobiografische geheugen hyperthymesia. Zij kunnen zich vrijwel hun hele leven heel gedetailleerd herinneren. Ze kunnen bijvoorbeeld de precieze dag en datum noemen waarop ze dertig jaar geleden een bepaald examen hebben gedaan, en wat voor weer het toen was, wat voor kleren zij en hun vrienden toen droegen, ze herinneren zich een geur, een gevoel, een stemming... Een vrouw van middelbare leeftijd met hyperthymesia herinnert zich iets wat haar moeder tegen haar zei toen ze heel klein was, en die herinnering brengt ook de boosheid terug die ze al die jaren geleden voelde.

Het geheugen heeft een 'vuilnisbelt' nodig. Uit recent onderzoek is gebleken dat er een verband bestaat tussen slaapproblemen en cognitieve stoornissen. We houden een nachtelijke schoonmaak (het glymfatisch systeem) die bèta-amyloïden opruimt, de proteïnen die de plaques vormen in de hersenen van mensen met alzheimer en andere vormen van dementie. Tijdens de slaap stroomt er hersenvocht door de ruimte tussen de neuronen waardoor proteïnen en andere neurale afvalstoffen worden weggespoeld. Dat is een van de redenen dat chronische slapeloosheid een risicofactor is voor dementie. Een andere reden is dat in de diepe slaap, waarin we grote, rustige hersengolven hebben, fragiele nieuwe herinneringen worden geconsolideerd in permanentere vormen van langetermijngeheugen. De herinneringen die eerst in de hippocampus werden opgeslagen, worden naar andere hersendelen verplaatst, alsof er een lei wordt schoongeveegd.

Het lichaam is onvoorstelbaar gecompliceerd en slim. Het 'weet' dat het gewicht van alle herinneringen, die hele verzameling, ondraaglijk zwaar zou zijn. Het weet dat we wel moeten onthouden, maar ook moeten vergeten. Soms kunnen herinneringen je heel rauw op je dak vallen en pijn doen, zoals toen ik met mijn moeder ons oude huis bezocht, en dan is dat beslist geen pretje. Het is dan niet alsof je ergens bewust en neutraal aan terugdenkt, het lijkt eerder op een hinderlaag van binnenuit, iets grijpt je bij de strot en sleept je mee naar een verleden waarvan je dacht dat het was verdwenen, of waaraan je dacht te zijn ontsnapt. Herinneringen kunnen traumatisch zijn, en als we het verleden vergeten, verliezen we ook onze herinnering aan verdriet. De liefde is nauw verbonden met het geheugen, maar hetzelfde geldt voor verdriet. We kunnen door liefde, verdriet en verlies overmand raken.

Mijn moeder vertelde weleens de volgende anekdote uit haar jeugd, een van de vele anekdotes die ze op familiebijeenkomsten opdiepte. In 1941, tijdens de oorlog, werd ze met haar moeder en haar broer uit Palestina geëvacueerd. Ze was toen negen jaar. Het schip waar ze op zaten, de Georgic, werd gebombardeerd in de Golf van Suez en ze werden in een reddingssloep gezet terwijl het schip achter hen langzaam zonk. Mijn moeder vertelde dat een sterke jonge matroos haar optilde en haar over de zijkant van het schip in de reddingssloep zette. En dat er later, toen ze aan land kwamen, werd geroepen dat er een tas was gevonden. Alle evacués, die niets meer hadden behalve wat ze uit Palestina hadden meegenomen aan boord, kwamen erop af, benieuwd van wie die tas was. Het was natuurlijk de tas met speelgoed van mijn moeder, zonder waardevolle schatten.

Dat was de anekdote. Ik heb nooit nagedacht over wat zich rond dat afgebakende, praktische tafereel moet hebben afgespeeld. Maar een paar jaar geleden vertelde mijn moeder zomaar vanuit het niets wat ze zich nog meer herinnerde: dat er door het bombardement een grote olievlek op het water was gekomen. Die olie was in brand gevlogen en er lagen brandende, verdrinkende mensen in die om hulp schreeuwden. Sommigen kende ze, er waren buren en vrienden bij en nu zag ze hun brandende gezichten in de vlammen. Maar de reddingssloepen waren al overvol en roeiden tussen die mensen door weg. Haar andere herinnering, die eigen anekdote, was haar bescherming geweest tegen deze verschrikkingen: de speelgoedtas was een flinterdunne afweer tegen de gruwelen, die opmerkelijk genoeg lang had standgehouden, maar die toen ze oud was niet meer werkte. Iedereen heeft zulke verhalen die we opgepoetst opdienen en iedereen heeft herinneringen waarmee we andere herinneringen afschermen. Maar het zijn soms zwakke verdedigingswerken tegen de aanstormende vloed: mijn moeders anekdote beschermde haar niet langer tegen wat bijna tachtig jaar geleden was gebeurd. Ze herinnerde zich weer wat ze had geprobeerd te vergeten en ze droomt over de mensen die vanuit de brandende zee hun handen naar haar uitstaken.

Ons geheugen geeft ons ons zelfbesef, ons levensverhaal, onze identiteit. Door te vergeten, blijven we geestelijk gezond. Door dementie wordt de subtiele balans tussen wat we bewaren en wat we wegdoen verstoord. We worden zomaar opeens overspoeld door herinneringen die heel vers lijken, wat prettig maar ook akelig kan zijn, terwijl het recente verleden oplost en verdwijnt. Gisteren wordt verzwolgen door het duister, maar zestig jaar geleden lijkt als de dag van gisteren. Mijn vader had geluk: hij herinnerde zich voornamelijk sauna's in Finland en zijn zorgeloze studietijd. Die oude vrouw die ik in het ziekenhuisbed hoorde gillen – 'Nee, nee, alsjeblieft, niet doen. Niet doen, meester! Daar zit het!' – had minder geluk.

Je geheugen kwijtraken is niet alsof je een kapot stuk gereedschap kwijtraakt: je kunt kapot gereedschap nog zien, je ziet de beschadiging, maar in dit geval *ben* je het gereedschap, je *bent* het proces: door het vergeten worden ook de sporen van het vergeten uitgewist. Je ziet niet dat er een mist komt opzetten, hoewel er misschien een waarschuwende misthoorn klinkt in het aanzwellende duister. Dingen raken weg zonder dat ze worden gemist, het vergeten gebeurt ongemerkt en je ziet niet dat je niet meer kunt zien. Die stille uitwissing die als een ploeg door het zelf gaat, is bijzonder angstaanjagend.

Ik las op een website van de overheid dat je advies moet vragen en hulp kunt inroepen als je moeite hebt om je recente gebeurtenissen te herinneren, of namen van vrienden en alledaagse voorwerpen vergeet, de draad van wat je aan het vertellen bent kwijtraakt, dingen vergeet die je hebt gezien of gehoord, problemen ondervindt met nadenken of redeneren, je angstig, depressief of boos bent, verdwaalt op bekend terrein, je vaak verward voelt…

Het kan gebeuren dat ik me totaal niets herinner van een film die ik een week geleden heb gezien, een pak yoghurt op de boekenplank aantref en chips in de ijskast, de hele familie laat zoeken naar een horloge waarvan ik dacht dat ik het ergens in huis op de grond had laten vallen maar dat een paar uur later gewoon om mijn pols blijkt te zitten, verborgen onder een lange mouw, of dat ik drie keer hetzelfde shirt bestel op internet, of zorgvuldig gemalen koffie in het zeepbakje van de vaatwasser giet, naar boven ga om iets te halen maar boven aangekomen geen flauw idee meer heb wat het was, naar de thermosfles wijs en het een tupperware noem, de weg naar huis kwijtraak terwijl ik die heel goed ken, de deur opendoe en gedurende een gruwelijke seconde een bekend gezicht niet herken, in de spiegel kijk en zie dat mijn shirt binnenstebuiten zit en ik maar één oorbel in heb, mijn boodschappenkarretje kwijt ben, niet meer weet waar ik de auto heb geparkeerd, mijn dromen overvloeien in de dag zodat ik ze niet meer van echt kan onderscheiden, zie dat mensen elkaar een blik toewerpen en het tot me doordringt dat ik mezelf herhaal, plotseling tot mijn schrik merk dat ik de grip kwijtraak op wat er om me heen gebeurt, de wind wegvalt uit mijn zeilen.

Wanneer wordt gewone vergeetachtigheid, dat natuurlijke onderdeel van het ouder worden, onheilspellend? Hoe weten we wanneer we ons zorgen moeten gaan maken? Wanneer klinkt de misthoorn?

'Je bent een gezonde tobber,' zegt Sube Banerjee laconiek als ik hem vertel over mijn vergeetachtigheid en de angst voor dementie die dat bij me oproept. Banerjee, een welbespraakte en optimistische man, is geriatrisch psychiater, hoogleraar dementie, decaan van de geneeskundefaculteit Brighton and Sussex, en adviseur van het Britse ministerie van Volksgezondheid. Hij doet onderzoek naar de kwaliteit van leven bij dementie. 'Dat ben ik ook weleens, bijvoorbeeld als ik Sandy zeg tegen mijn kind terwijl mijn hond zo heet. Je moet je leven niet door zo'n angst laten verpesten.'

Dokter Claudia Wald is consulterend psychiater bij de Kensington & Chelsea and Westminster Memory Service, waar dementie wordt gediagnosticeerd en mensen met geheugenproblemen worden begeleid. Zulke geheugenklinieken, gebaseerd op modellen uit de VS, zijn begin jaren tachtig in alle regio's van Groot-Brittannië opgericht. Ik spreek dokter Wald in haar prettige, zonnige kamer. Ze is lang, heeft een open blik en een geruststellende stem; je voelt je meteen bij haar op je gemak.

'Mensen van uw leeftijd,' zegt ze, 'schrikken er wel vaker van dat hun geheugen achteruitgaat. Ouder worden gaat gepaard met moeizamer nadenken en een slechter geheugen': vergeetachtigheid is leeftijdsgebonden, het is geen stoornis. We worden allemaal vergeetachtiger, dat is een normaal, natuurlijk onderdeel van het verouderingsproces. Dementie is niet natuurlijk, het is een ziekte. Maar er is wel een grijs gebied, een onzekere en angstige fase waarin de vergeetachtigheid verergert en iets 'niet helemaal klopt', zoals veel mensen met beginnende dementie zeggen.

Bij het stellen van diagnoses let Claudia Wald op veranderingen in het gedrag. Het eerste gesprek vindt bijna altijd bij de patiënt thuis plaats, waar de sfeer ontspannener en minder onnatuurlijk is, en waar vaak conclusies kunnen worden getrokken uit de omgeving (de staat waarin het huis verkeert, de inhoud van de ijskast). Ze maakt een gedetailleerd verslag en laat alleen scans doen als ze niet zeker is van de diagnose. 'Ik probeer erachter te komen wie de persoon in kwestie was en ik let op veranderingen.' Ze moet vaststellen welk deel van het geheugen is aangetast: het langetermijngeheugen? De taal? (In het brein zit het taalcentrum naast het geheugencentrum.) 'De beschikbare voorraad woorden slinkt nu eenmaal, dat overkomt ons allemaal,' zegt ze. Namen herinneren? Gezichten? Voordat ze een diagnose stelt en een etiket op de symptomen plakt, moeten minstens twee gebieden zijn aangetast (bijvoorbeeld taal en geheugen, geheugen en gedrag, of geheugen en richtingsgevoel).

Tussen het onvermijdelijke verouderingsproces en de duidelijke diagnose dementie ligt het moerasgebied van de milde cognitieve verzwakking, een tussenstadium dat sommigen beschouwen als het medicaliseren van een normale vergeetachtigheid en anderen als een nuttige indicatie van toekomstige problemen. Er is namelijk geen wetenschappelijke grens tussen ziekte en normaliteit: er kunnen wel grenzen worden getrokken, maar waar dat precies moet gebeuren is een kwestie van evaluatieve beoordeling. 'Het is een grijs gebied,' zegt Claudia Wald. 'En op welk punt in dat grijze gebied is behandeling geboden? Wat is bij het ouder worden "normaal"?'

Ze merkt vaak dat de persoonlijke omstandigheden zijn veranderd waardoor steunpilaren zijn weggevallen: het overlijden van de partner, die de verslechterende cognitieve functie steeds heeft weten te compenseren, of een opname in het ziekenhuis, een beenbreuk, of een verhuizing. 'Door zulke gebeurtenissen kunnen problemen aan het licht komen die eerder verborgen waren.' Depressie kan volgens haar zowel een voorbode als een risicofactor zijn, die erg moeilijk te behandelen is. 'De ouderdom brengt ernstige grote verliezen met zich mee: het verlies van een partner, van familie, vrienden, werk, of gezondheid. Er kan sprake zijn van grote eenzaamheid en angst voor de dood.'

Dat alles zorgt ervoor dat het moeilijk is om een eenduidige diagnose te stellen en de partner of een familielid vaak de eerste is die de verandering opmerkt – want hoe kan het *ik* weten dat het *ik* wegzakt?

William Utermohlen, de magere man met het droevige gezicht, een van de grootste chroniqueurs – of liever gezegd schilders – van het verlies dat dementie kan teweegbrengen, wist het niet, en als hij het wel wist, sloot hij zich ervoor af. Hij woonde met zijn vrouw Patricia in hun Londense appartement met uitzicht op het water: de wanden vol schilderijen en boeken. Ze werkten allebei thuis, hij in zijn atelier op zolder. Patricia is bijna negentig, woont daar nog steeds, geeft nog steeds schilderles, is welbespraakt, vitaal en scherp. Als ik haar bezoek, kijken haar man en zij me vanaf zijn schilderijen aan, en zit ik aan de tafel waar zij op die schilderijen ook aan zitten.

Ze vertelt met tederheid en eerlijkheid over haar man: dat hij haar het hof maakte (ze is eerder getrouwd geweest met een man op wie ze stapelverliefd was, dus ze moest in het begin niets van hem hebben); dat ze geen kinderen hadden gekregen, dat zij in een bepaald opzicht een moederfiguur voor hem was, en dat hij nooit de erkenning had gekregen die hij graag had willen hebben. Hij schilderde figuratief in een tijd waarin conceptuele schilderkunst in de mode was; hij had begin jaren zestig wel wat succes, maar een tentoonstelling van zijn werk in 1969 werd door de critici afgekraakt. Hij was er kapot van, zegt Patricia, en misschien is hij er nooit meer helemaal overheen gekomen, hoewel de Franse kunsthistoricus die Utermohlen vertegenwoordigt gelooft dat hij eind jaren tachtig weer opkrabbelde.

Begin jaren negentig, enkele jaren voor de officiële diagnose, begon hij steeds angstiger te worden. 'Het was altijd al een wat bangige man,' vertelt zijn vrouw. 'Maar dat werd steeds erger, hij trok zich steeds meer terug.' In die periode begon hij met zijn 'Conversation Pieces', een serie schilderijen die volgens de Franse psychoanalyticus Patrice Polini voortkwamen uit een behoefte om 'zijn existentiële kaders te definiëren en zijn bekende omgeving vast te leggen', en 'een gevoel van urgentie vanwege het geleidelijk verdwijnende geheugen en de intredende verwarring'. De titels – *Maida Vale, Snow, Bed, Night, W9* – plaatsen de voorstellingen in de tijd en de ruimte. Deze schilderijen zijn in veel opzichten een viering van het leven dat zijn vrouw en hij samen hebben geleid: hij keert daarin steeds weer terug naar hun grote woonkamer, waarin het licht binnenstroomt, het ene raam met uitzicht op de tuin en het andere op het kanaal, de woonboten, en de grote stad die zich daarachter uitstrekt. Het middelpunt is altijd hun tafel, met daaraan Patricia, alleen of met vrienden. Mensen zitten naar elkaar toe gebogen, roken een sigaret, drinken wijn, praten. Er zijn katten (die zijn er als ik haar bezoek nog steeds), een ficus (nu ook), koffiekopjes, wijnflessen en asbakken. In de kast staan dezelfde beschilderde vazen. Overal boeken. Deze 'Conversation Pieces' roepen een gevoel van kameraadschap op, van intieme gesprekken, met Pat onveranderlijk in het centrum. Toch kun je de ziekte al op de loer zien liggen, niet alleen omdat het perspectief hier en daar verschuift en grote voorwerpen instabiel zijn neergezet, maar door het gevoel van eenzaamheid van de kunstenaar. Als hij zichzelf schildert staat hij aan de kant, als een solitaire, oplettende figuur, wat een pijnlijk gevoel van buitengeslotenheid oproept. Hij schildert zichzelf buiten de kring van warmte en levendigheid. In *Bed* schildert hij Patricia rechtop, ze leest, met de katten om zich heen; zij is het middelpunt van het schilderij, op haar valt het licht. De kunstenaar ligt naast haar met de deken over zich heen zodat je alleen zijn kleine hoofd ziet, zonder een spoor van zijn lichaam. Droomt hij? Is hij wakker? Het is een erg verontrustend schilderij. Toen hij het maakte was de ziekte zich al slinks aan het ontwikkelen; misschien had hij er al iets van gemerkt, maar er nog geen naam aan gegeven. Misschien had hij alleen een angstig gevoel.

Patricia vertelt over het keerpunt in Parijs, een stad die hij goed kende, maar waar hij hopeloos verdwaalde. 'Hij is daar verschrikkelijk van geschrokken.' En kort daarna kwam er een nog veel omineuzer signaal: hij had een opdracht gekregen voor een familieportret van vrienden, gezeten rond hun eigen tafel. 'Toen heeft hij een heel jaar voor een leeg doek gezeten zonder iets te doen. Niets. En toen wisten we het.' Hij had altijd getekend, overal en altijd. Het was zijn manier van communiceren. Maar dat hield opeens op. Pat denkt dat hij eerder dan zij heeft gevoeld dat er iets met hem aan de hand was, maar dat hij het niet zei, niet kón zeggen. Hij was nog jong. Dan kon hij toch geen dementie hebben?

De moeder van Rebecca Myers wist het tegelijk wel en niet. Rebecca is wijkverpleegster en heeft vaak te maken met mensen met dementie. Ze vertelt bedachtzaam en openhartig haar verhaal. Als ik haar iets vraag, denkt ze meestal rustig over haar antwoord na. Ze moet in gedachten terug naar een donkere periode, want het verhaal over de dementie van haar moeder gaat ook over de strijd van de familie tegen chaos en ineenstorting. Haar moeder was een 'ongelofelijk vriendelijke, wijze en aardige vrouw.' Ze leerde Rebecca's vader kennen toen ze allebei jong waren, op de ijsbaan. 'Ze vond hem een uitslover: hij maakte een pirouette en kwam vlak voor haar tot stilstand. Mijn vader zei altijd dat hij haar langzaam veroverde. Ze trouwden toen ze eenentwintig waren en kregen op hun tweeëntwintigste een kind. 'Ze waren heel erg aan elkaar gehecht,' vertelt ze. 'Ze zaten hand in hand op de achterste rij in de bioscoop. Ik heb een foto van ze waarop ze elkaar alleen maar aankijken, en dat zegt genoeg. Hoe groter de liefde, hoe groter het verlies.'

Als Rebecca vertelt over de verschrikkelijke jaren waarin haar leven werd verscheurd, staan de liefde en het verdriet op haar gezicht te lezen. Haar moeder was slim, ze had het gymnasium gedaan, maar haar ouders verwachtten niet veel van haar en ze had weinig zelfvertrouwen. Ze had parttimebaantjes en deed vrijwilligerswerk voor een liefdadigheidsorganisatie. Ze hield van boeken, poëzie en puzzels. Ze las haar kinderen graag voor en deed spelletjes met ze: Rebecca vertelt over een kat-en-muisspel dat ze, toen ze klein was, met haar moeder deed als ze haar hielp met de bedden opmaken. Dan zwijgt ze en glimlacht. 'Vreemd wat je je herinnert,' zegt ze zacht. 'Heel vreemd.'

'Maar wat ik me vooral herinner is dat mijn moeder er altijd was. Ze haalde me uit school, en later, toen ik zelf naar huis mocht, was ze er ook altijd. Als we samen tv-keken, zat ik naast haar en legde ik mijn hoofd tegen haar schouder. Ik vertelde haar alles en ze luisterde uren naar me. Toen ik uit huis ging omdat ik verpleegkunde ging studeren in Londen, had ik vaak heimwee. Ik miste mijn ouders. Ik mis ze nog steeds.'

Toen Rebecca's moeder in de vijftig was, begon het haar familie op te vallen dat er iets niet klopte. Ze was altijd al een beetje een 'tobber' geweest, maar dat werd steeds erger. 'Achteraf zie ik de signalen wel,' zegt Rebecca. Haar moeder kreeg problemen met geld tellen. Ze kon de melkpoeder voor Rebecca's dochtertje niet meer afmeten. Op een dag zei Rebecca's schoonzus: 'Volgens mij is er iets met je moeder aan de hand.' Maar Rebecca's vader verborg dat voor iedereen, zelfs voor zichzelf. 'Hij kon het gewoon niet aan. Mijn moeder zei weleens tegen hem dat ze dacht dat er iets mis was, maar dan zei hij dat dat niet zo was, dat ze zich geen zorgen moest maken. Hij wilde ons koste wat het kost beschermen.' Daardoor wilde hij wat zich in het hart van het gezin afspeelde niet onder ogen zien, en hij wilde ook niet dat zij het zelf onder ogen zag.

Tommy Dunne wist het ook niet. Ik bezoek hem en zijn vrouw, Joyce, in Liverpool, waar ze in een kleine bungalow wonen met bloemen bij de voordeur, een keurig huis waarin alles op zijn plaats staat. Ze zijn vanuit hun 'droomhuis' hierheen verhuisd toen hij wist dat hij ziek was. Joyce en hij zitten samen op de bank en vertellen samen wat hun is overkomen. Ze hebben elkaar op hun zestiende leren kennen, op de ijsbaan, net als Rebecca's ouders, al waren ze daar niet om te schaatsen maar voor een concert van Edwin Starr. Tommy en een vriend van hem zaten aan de bar (clandestien) te drinken. Joyce vond hem eerst niet leuk, maar toen ze merkte dat hij heel aardig was voor haar kleine zus, kreeg ze meer aandacht voor hem. Ze kwamen allebei uit Liverpool, uit een gezin van acht kinderen. Na hun trouwen had Joyce wat los-vaste baantjes en werkte Tommy bij het spoor, eerst als machinist en daarna als manager. Al op hun achttiende kregen ze een zoon, hun dochter kwam een paar jaar later. Ze hadden een goed leven, vertelt Joyce. Alles ging precies zoals ze hadden gewild.

Tommy heeft een rond gezicht en hij lacht veel, ook als we zitten te praten, maar de jaren die voorafgingen aan zijn diagnose waren een hel. Zijn eerste symptoom was geen geheugenverlies maar een inkrimpende wereld. Hij pakt zijn iPad en tekent een paar concentrische cirkels, die de verschillende aspecten van de wereld van een individu voorstellen: de kern, *ik*, met daaromheen *familie, vrienden, werk, sociale omgeving, stad*... 'De buitenste ringen vielen weg,' zegt hij, en hij veegt ze een voor een van het scherm.

Joyce vertelt verder. 'Ik had al veel eerder, misschien wel tien jaar eerder, gemerkt dat er iets verkeerd zat. Tommy had een erg drukke baan, hij werd verstrooid, stil, hij zei niet meer zo veel. Maar ik weet dat aan de stress van zijn werk. Je zet zoiets dan gauw van je af en je denkt: niks van aantrekken en gewoon doorgaan. Ik ben er nooit over begonnen, maar ik heb me weleens afgevraagd of hij misschien alzheimer had. Het was niet alleen zijn geheugen. We hadden bijvoorbeeld een glazen kastje voor kaartjes met afspraken en dat soort dingen, en dat zag hij niet meer. Hij zag zijn jas ook niet, al hing die vlak voor zijn neus.'

'En toen,' vertelt Tommy, met een glimlach, 'kwam er die nare dag op kantoor. Ik voelde het, ik zag het gewoon gebeuren. Het was net zo'n oude film die in de soep liep.' Hij maakt een wild gebaar met zijn handen en zwijgt.

'Hij sloot zich af,' gaat Joyce verder. 'Hij viel compleet stil. Toen ik thuiskwam, lag hij te bibberen in bed. Ik ben met hem naar de dokter gegaan en die schreef twee weken rust voor.'

Na twee weken ging Tommy naar de bedrijfsarts. 'Deze man komt nooit meer aan het werk,' zei hij, gewoon waar Tommy bij zat. Tommy ging naar een arbeidspsycholoog, die dacht dat hij een zenuwinzinking had. Maar er veranderde niets. Tommy lag doodsbang in zijn bed. Een half jaar later zei een psychiater dat hij manisch-depressief was en schreef lithium voor in een dosis die geleidelijk werd verhoogd. 'Ik wist zeker dat hij dat niet was,' zegt Joyce. 'Hij was altijd wel wat driftig geweest, maar hij was zeker niet manisch-depressief.'

Hij kreeg drie keer per dag bezoek van een hulpverlener omdat ze dachten dat hij suïcidaal was. Een jaar lang had hij een vreselijk gevoel van naderend onheil. 'Heel angstaanjagend. Ik voelde het aankomen. Vierentwintig uur per dag. Ik dacht dat ik uit elkaar zou knallen, alsof er een veer in mijn binnenste zat die steeds verder werd ingedrukt.' Als Joyce ergens heen moest, trok hij de telefoon eruit. Als er iemand aanbelde, kroop hij in bed, trok de dekens over zijn hoofd en wachtte tot de aanbeller weg was. 'De tijd vertraagde. Ik zou er nooit meer uit kunnen komen, het was als een sneeuwbal die van een berg rolde, het werd steeds erger.'

Maar hij wist nog steeds niet dat hij dementie had.

Paulines moeder in Nederland wist het pas toen ze 'een klok moest tekenen... Ze moest aldoor lachen, angstig, om de gekke fouten die ze maakte.'

En mijn vader? Het is net als met sterven: zolang er geen test is gedaan, geen diagnose is gesteld, geen naam aan is gegeven, dringt het niet tot je door.

'Je bent de dag na de diagnose nog steeds dezelfde persoon,' zegt Sube Banerjee. 'Behalve dan dat je weet waar je mee te maken hebt.'

Ik knik. Dat maakt een erg groot verschil.

'Als er een diagnose is,' zegt Claudia Wald, 'kun je beginnen met leren hoe je het beste met deze aandoening kunt leven. Het kan paradoxaal genoeg geruststellend zijn om te weten dat er een naam en een reden is voor het veranderde zelfbeeld, maar sommige mensen willen hun probleem niet onder ogen zien.'

Ik merk een subtiele verandering op in haar stem. Ze pakt een pen en vraagt: 'Zullen we?'

Mijn hart begint te bonzen en het zweet staat me in de handen. Het is alsof ik weer op school zit en examen moet doen – alleen ben ik zelf het examen waarvoor ik niet wil zakken.

'Onthoud deze woorden,' zegt ze. 'Appel, stuiver, tafel. Ik vraag daar straks weer naar.

Ik knik. *Appel, stuiver, tafel. Appel, stuiver, tafel.*

'Nu geef ik je een adres dat je moet onthouden. David Barnes, Orchard Drive 73, Kingsbridge, Devon. Heb je dat?'

'Ja.' Ik zie de woorden voor me en herhaal ze voor mezelf. *Appel, stuiver, tafel. David Barnes, Orchard Drive 73, Kingsbridge, Devon.*

Ze vraagt me naar de datum van vandaag. Ik zit er één dag naast. Mijn hart begint nog sneller te bonzen. Ze vraagt me wie de minister-president is en dat heb ik wel goed, maar ik praat op een rare, grappig bedoelde en ongemakkelijke manier die me helemaal niet bevalt. Mijn gezicht voelt strak.

Ze vraagt of ik vanaf 100 kan terugtellen met sprongen van 7. Ik ben nooit goed geweest in hoofdrekenen. '93. 86. 79,' zeg ik. *Appel, stuiver, tafel.* '72.' *David Barnes.*

Nu moet ik zo veel mogelijk woorden opnoemen die beginnen met de letter p. Mijn hoofd is leeg, maar ik weet er toch een paar op te diepen: meerlettergrepige woorden van Latijnse origine die ik schor en haperend uitspreek: peristaltisch, periscoop, penitentieel, patriarchaal, pertinent, programmatisch, plausibel – afgewisseld met een paar alledaagse simpele woorden als plant, pot, pers, pop, paal, perk.

Ik heb nog niet verteld dat ik steeds meer moeite krijg met het herkennen van gezichten. Of dat ik soms dingen niet zie, al staan ze vlak voor me.

Ik herhaal het adres, opgelucht dat ik het niet meer hoef te onthouden. Ik zeg: 'Appel, stuiver, tafel.' Mijn hartslag wordt rustiger. Ze vraagt of ik een klok wil tekenen. Ik doe het, maar dan zie ik tot mijn schrik dat de 1 op de plaats van de 12 staat en dat ik de 12 ben vergeten.

'Je mankeert niets,' zegt Claudia Wald. Dat weet ik ook eigenlijk wel, maar toch staat het huilen me nader dan het lachen.

5

De diagnose

'We hebben de klokken te middernacht horen spelen.'

Enigszins buiten adem verlaat ik de kliniek. Ik voel me klein en onbeduidend. Mijn ongerustheid heeft nog niet plaatsgemaakt voor opluchting en ik heb het gevoel dat ik binnenstebuiten ben gekeerd. Maar ik ben wel gerustgesteld: er is nog steeds niets aan de hand. De vreselijke verwarringen, de black-outs als ik mijn hersens afpijnig op zoek naar een naam, een datum, naar zekerheid, naar een gevoel van verbondenheid met de wereld om me heen: dat is dus gewoon de leeftijd, normale vergeetachtigheid. Ik doe mijn fiets van het slot, zet mijn helm op, en fiets weg, met de wind in mijn gezicht.

Hoe vriendelijk en tactvol het ook wordt gebracht, het is en blijft een vonnis. *U hebt dementie.* We weten allemaal dat we ooit zullen sterven, maar dat dringt pas echt tot ons door als we het te horen krijgen. Dementie is een terminale ziekte, een die meestal verpletterend traag haar verwoestingen aanricht aan het zelfbesef.

‘Of ik het d-woord gebruik?’ vraagt Claudia Wald. ‘Dat hangt ervan af.’

‘Het was alsof er koud water langs mijn rug liep,’ vertelt Tommy Dunne in zijn kleine bungalow in Liverpool. Joyce zit rechtop naast hem, met een kalm gezicht, haar handen gevouwen op schoot. ‘Nu is mijn leven voorbij, dacht ik. Nu zit ik de rest van mijn leven achter de geraniums. Mijn familie komt me opzoeken, eerst elke dag, dan elke week, dan elke maand, tot ze helemaal niet meer komen. En dan zie ik alleen nog maar mijn stoel, mijn bed, mijn kamer.’ Het grote aftellen.

Claudia Wald zegt dat het een opluchting kan zijn wanneer een angstig vermoeden wordt bevestigd, waar Sube Banerjee mee instemt. ‘Het kan heel naar zijn om het niet te weten. Er zijn natuurlijk altijd mensen die het niet wíllen weten, maar dan heb je ook geen toegang tot de zorgverlening. Kennis is macht, en dat is beter dan zalige onwetendheid.’

Maar toch, het geluid van de galg die buiten voor het raam in elkaar wordt gezet…

‘Ik let goed op wat zij aangeven,’ zegt Claudia. ‘Ik gebruik soms eufemismen: je kunt eerlijk zijn terwijl je sommige dingen weglaat. Er is geen simpele regel voor: je moet het gewoon per persoon bekijken. Ik zeg nooit: “Het is een progressieve, meedogenloze ziekte die niet te genezen is”, want wie kan daar nou mee leven? Je moet mensen zo veel mogelijk hoop geven, ze laten weten dat het dapper van ze is dat ze zijn gekomen – en dat is ook zo! – en dat ze alle steun zullen krijgen die er is.’

De diagnose dementie is soms eerder een bevestiging dan een verrassing – een kleine stap over een vage, arbitraire en steeds veranderende streep. Er is niets veranderd, maar toch is alles anders. Degene om wie het gaat is de dag na de diagnose nog dezelfde persoon als de dag ervoor – in een wereld die zowel vreemd hetzelfde als totaal anders is en die zonder ondersteuning en goede voorbereiding ongelofelijk angstaanjagend kan zijn. Er is veel dapperheid en doorzettingsvermogen nodig, zowel van degenen die de diagnose krijgen als van de mensen om hen heen. Het is niet goed als iemand dit alleen moet dragen. Maar dat gebeurt wel vaak.

Andrew Balfour is psychoanalyticus en de CEO van het Tavistock Centre for Couples Relationships, waar hij het project 'Living Together with Dementia' heeft ontwikkeld. Zowel mensen die worden getroffen als hun partners worden daar therapeutisch ondersteund, vooral rond de diagnose, het punt waarop echtparen zich vaak verlaten kunnen voelen. Balfour vertelt over een tijd aan het begin van zijn loopbaan toen hij een patiënt vertelde dat hij dementie had. Hij herinnert zich nog goed dat hij die man en zijn vrouw door het raam van zijn kamer nakeek; ze liepen arm in arm weg, 'een heel krachtig beeld van verdriet en wederzijdse liefde'.

De ziekte is langzaam en stilletjes het leven van mijn vader binnengeslopen, zonder ingeslagen ruiten of alarmbellen, alleen met wat nachtelijk geritsel, een krakende traptrede, dingen die niet op hun plek lagen maar niet waren verdwenen. Ik weet niet wanneer hij iets is gaan vermoeden en ook niet wanneer wij dat deden en of dat eerder of later was. Zijn moeder had op jonge leeftijd dementie gekregen en zijn oudere zus ook. Mijn vader was altijd al verstrooid geweest, wat overigens geen indicator is voor dementie maar dat wel leek te zijn, alsof zijn toekomst al met zijn vriendelijke, verstrooide karakter verweven was geweest, en hij nu helemaal zou kunnen verdwijnen in zijn eigen, geheime wereld waarin niemand hem kon volgen.

De mist werd dichter. Mijn vader werd vager, verdwaald in zijn eigen hoofd. Hij had een opgewekt karakter (of misschien was het stoïcijns) maar werd zo nu en dan angstig, wat zijn laatste jaren bij tijd en wijle grondig verpestte, zelfs in de periode waarin hij 'goed kon leven' met zijn ziekte, al is dat een dooddoener, een woord dat in dit verband in meerdere opzichten van toepassing is.

De tijd heelt alle wonden, maar de tand des tijds vernielt. In die jaren waarin hij langzaam afgleed, was er niet een specifiek ding, geen specifieke gebeurtenis die me aan het denken zette, al herken ik achteraf natuurlijk wel bepaalde signalen. Toen hij niet op de naam van een plant kon komen die in de heg groeide. Toen hij een kop thee vasthield en ik zijn hand zag beven. Toen hij zijn gehoorapparaat weer eens niet kon vinden, de draad van zijn verhaal kwijtraakte, toen hij verdwaalde (maar iedereen verdwaalt weleens). Met de auto een paaltje raakte. De sleutel in het slot liet zitten. Toen we aan hem vroegen hoe laat het was en hij de score van een cricketwedstrijd gaf (maar hij was altijd al verstrooid geweest). Of toen ik een uitdrukking op zijn gezicht zag die ik niet herkende (maar hij was altijd al een beetje mysterieus geweest, soms kon je hem niet helemaal peilen). We spraken er in het begin niet over. Want wanneer breekt het moment aan waarop je kunt vragen: *Is er misschien iets met je aan de hand, want je geheugen laat je in de steek.*

Maar toen kwam de dag waarop we het zeker wisten. Hij ging naar de dokter, liet een test doen en kreeg het vonnis, tactvol omkleed met allerlei geruststellingen en strategieën, maar het was overduidelijk: *U hebt dementie.* Voor mij was dit niet zozeer een mokerslag als wel een zacht duwtje over de verschuivende grens tussen misschien en zeker. Ik kan me zelfs niet eens herinneren wanneer ik het bericht precies kreeg.

Mijn moeder is vechtlustig en ze geloofde dat ze deze ziekte samen wel op afstand konden houden en konden verslaan. Mijn vader is stoïcijns. (Was stoïcijns.) Hij geloofde dat je in het leven waardig je kruis moest dragen.

Ik weet niet wat hij van de diagnose vond. Hij was een gesloten, gereserveerde man die niet veel sprak over zijn emoties en geloofde in stug doorgaan, wat er ook gebeurde. Hij stond elke dag om dezelfde tijd op, maakte het ontbijt, ruimde de vaatwasser uit, maaide het gras, betaalde de rekeningen, voerde de vogels, snoeide de rozen en maakte het kruiswoordraadsel; hij hield zich aan de vaste structuur van elke dag en elke week. Die gedaante die daar aan de kant staat, die schaduw die daar valt... niet op letten. Gewoon vooruitkijken, niet te ver vooruit, een paar stappen maar, niet tot waar het pad al in het donker verdwijnt.

Zijn rol in het leven was die van standvastige bekwame man: hij was onze beschermer geweest en nu had hij onze bescherming nodig, hij had voor ons gezorgd en moest nu zelf verzorgd worden. Hij had altijd alle geldzaken geregeld (toen hij allang niet meer vertrouwd kon worden met geld, had hij altijd nog zijn zachte leren portemonnee bij zich en haalde die dan vaak tevoorschijn om de oude pasjes te bekijken die daar nog in zaten), hij had altijd voor de tuin gezorgd, de boodschappen gehaald, hij las kaart en bestuurde de auto. (Claudia Wald vertelde me dat autorijden een groot keerpunt is, vooral voor mannen: 'Nog iets van het zelf dat wegvalt.' Het komt vaak voor dat ze zich niet willen laten testen omdat ze bang zijn hun rijbewijs kwijt te raken.) Hij hield het huis netjes, repareerde dingen die kapot waren. Maar nu was er in hem iets kapot, of kapot aan het gaan. Hij vond het pijnlijk, bijna onmogelijk, om toe te moeten geven dat hij zwak was, terwijl het altijd zijn taak was geweest om anderen die zwak waren te helpen. Hij stortte niet in, verwoordde zijn angsten niet, maar zo nu en dan ging hij ineens naar bed en lag dan onder de dekens te rillen. Het leven ging om hem heen door: het geluid van de stofzuiger, van stemmen, het gerinkel van bestek, een telefoon die ergens overging, een blaffende hond, voorbijrijdende auto's, de geur van een taart in de oven, van knoflook die werd gefruit, mijn moeder die zachtjes de slaapkamer binnenkwam en een tijdje naast hem stond – en hij bleef daar liggen totdat het bibberen ophield.

Sommige mensen storten wel in, vooral als de diagnose hen overvalt. Tommy Dunne kreeg de boodschap dat hij manisch-depressief was, en dat was al erg genoeg. Maar toen hij verdwaalde op een parkeerterrein en een paniekaanval kreeg die zó erg was dat hij naar het ziekenhuis werd gebracht omdat er voor een hartaanval werd gevreesd, werd hij naar een geriatrisch psychiater doorverwezen.

'Een geriatrisch psychiater? dacht ik. Maar ik ben nog maar zevenenvijftig.'

De dokter zei tegen Tommy en Joyce dat het goede nieuws was dat Tommy toch niet manisch-depressief was, en dat hij ook geen hersentumor had. Maar hij had wel alzheimer. We denken vaak dat alzheimer vooral geheugenverlies veroorzaakt omdat, zoals Sube Banerjee het zegt, 'geheugen meetbaar is'. Maar Tommy's versie van de ziekte had meer invloed op de waarneming dan op het geheugen, en had zowel ruimtelijke als cognitieve gevolgen. 'Het voelt alsof er kleine stukjes van me zijn weggevallen, kwijt zijn geraakt. Alles lijkt dichterbij, plassen water lijken op gapende gaten, de roltrap is een afgrond. En er vallen soms gaten in de tijd. Ik zat een keer in de bus, op een route die ik heel goed ken en honderden keren heb gereden, toen ik opeens merkte dat ik enkele haltes te ver was en een heel stuk terug moest rijden. Het was een beetje alsof er een stuk van een film was doorgespoeld, of overgeslagen.' Hij lacht naar me, maar zijn ronde gezicht staat gespannen. 'Eerlijk gezegd ben ik bang voor mijn eigen schaduw.'

Zijn arts vertelde het slechte nieuws heel voorzichtig, hij zei dat het de beste vorm van dementie was die je kon hebben en dat er allerlei dingen waren die voor hem konden worden gedaan. Joyce vond dat een opluchting, maar Tommy niet. Hij zag zichzelf al voor zich in het eindstadium van de dementie, als zo'n oude dwaas uit het mistroostige gedicht 'The Old Fools' van Philip Larkin. Dat pessimistische gedicht vol venijnige maar onopzettelijke spot gaat niet alleen over de woede en de vernedering van de ouderdom, maar ook over angst en afkeer, als de mond 'openhangt en kwijlt' en het lichaam bestaat uit onprettige afzonderlijke delen: 'asgrauw haar, paddenhanden, een gezicht als een verdroogde pruim.' Dat beeld van zijn voorland vervulde Tommy met afgrijzen.

Daar kwam pas verandering in toen Joyce en hij naar een lotgenotengroep gingen en Joyce hem opgaf voor een gespreksgroep over dementie. ('Hij wierp me een dodelijke blik toe toen ik dat deed.') Maar hij stemde schoorvoetend in en ontdekte dat hij door te 'spreken voor zijn lotgenoten, voor hen die dat zelf niet meer kunnen' weer meer zelfvertrouwen kreeg. Langzamerhand werd hij de pleitbezorger en woordvoerder voor mensen met dementie: hij had een doel, sociale contacten, status.

Tommy vertelt dat hij mensen altijd meteen vertelt dat hij dementie heeft omdat hij niet voor dom wil worden aangezien. 'Ik ben ziek, meer niet.' Hij wordt erg snel moe (als hij een toespraak heeft gehouden, heeft hij het gevoel dat hij een marathon heeft gelopen), hij is nog steeds boos en hij 'rouwt elke dag' om wie hij vroeger was. 'Ik mis de Tommy die ik was. Maar ik vraag nooit: *Waarom ik?* Waarom niet? Het is nu eenmaal mijn lot en ik moet er maar het beste van maken – het is als een zaklamp die zowel een negatieve als een positieve pool nodig heeft. Meer kan ik niet doen.'

Sommige mensen die de diagnose dementie krijgen zijn al te ver heen om te begrijpen wat hun mankeert. Ze horen wat er wordt gezegd, maar het dringt niet tot ze door. Anderen, zoals Theresa Clarke, begrijpen het nog wel en moeten de waarheid onder ogen zien. ('Het is wat het is,' zegt ze. 'Ik ben er natuurlijk niet blij mee, maar ik kan er niets aan doen en ik vecht er ook niet tegen.') Claudia Wald vertelt dat er mensen zijn die de diagnose niet aan zouden kunnen en er niets over zouden willen horen. Voor wie het 'hun dood zou betekenen'. Bijvoorbeeld een man die ze onlangs heeft gezien, een man met een 'fantastisch intellect' dat nu aan het afbrokkelen is: ze helpt en ondersteunt hem en hij gebruikt medicijnen die de ziekte moeten afremmen, maar ze zegt dat ene woord niet tegen hem omdat hij daar helemaal kapot van zou zijn.

Rebecca Myers' vader was bang dat zijn vrouw zou instorten als ze de diagnose hoorde; hij was dol op zijn vrouw en wilde haar koste wat het kost beschermen. Toen er in 1999 toch een diagnose kwam, was ze, net als Tommy, nog maar zevenenvijftig jaar. Rebecca, die verpleegkundige was, drong erop aan dat haar moeder werd onderzocht, maar haar vader verzette zich ertegen: 'Hij kon het gewoon niet aan.' Hij voerde een innerlijke strijd: hij moest iets onder ogen zien, maar wilde dat niet, hij wist wat er zou komen, maar wilde het niet weten. Hij wilde het zijn vrouw besparen.'

Rebecca's moeder was altijd bang geweest voor deze ziekte, want ze had haar moeder eraan verloren. Haar vader wilde per se niet dat ze de diagnose te horen zou krijgen. 'En daar hebben we ons aan gehouden, het was een soort samenzwering. We hebben het haar nooit verteld. Zou ze er iets aan hebben gehad? Als professional zeg ik: *Hoe kun je dat in vredesnaam voor haar achterhouden?* Maar het was uit liefde. Soms vroeg ze wat er toch aan de hand was, en dan zeiden wij: "Iets in je hoofd verandert een beetje", en dan zei ze: "O, oké." Het moeilijkste was de periode tussen niet-weten en weten, dan zei ze bijvoorbeeld: "Waarom doe ik toch zo? Wat is er met mij aan de hand?" Ze begon te hallucineren en ze kreeg een tijdje medicijnen, een soort chemische tik met een knuppel. Ze werd vaak 's nachts wakker. Soms kwam ik 's ochtends bij hen en dan trof ik mijn vader in de tuin aan, waar hij met zijn hoofd tegen een boom stond te bonken. Niemand wist wat we moesten beginnen. De zorg was toen nog niet zo goed als tegenwoordig, hoe fantastisch de begeleider van de Alzheimer Society ook was. Ik werkte parttime, zorgde voor twee kleine kinderen, en probeerde mijn vader te helpen, maar ik was volkomen uitgeput en heel erg verdrietig, dus ik stopte met werken omdat ik het niet meer aankon. En hij ook niet, hij kon het niet aanzien om mee te maken dat ze zo onrustig werd, hallucineerde, schreeuwde. Soms was ze bang voor hem, en voor mij. Ik probeerde hem te helpen door strategieën te bedenken. Ze waren dol op dansen, vroeger gingen ze weleens uit dansen, en ik weet nog dat ze soms in de keuken stonden te jiven. Dus nu zette hij nog weleens muziek op en dan dansten ze samen.' Ze kijkt peinzend voor zich uit. 'Hun leven was een prachtig liefdesverhaal.'

(Mijn ouders hielden ook van dansen, vooral mijn vader, die danste graag en goed, de foxtrot, de wals, de tango. Een jaar voor het rampzalige laatste jaar van mijn vader en zijn overlijden organiseerden we een thé dansant voor ze. Dat was op een frisse, winderige dag in september. We hadden een partytent in de tuin gezet en een idioot uitgebreide high tea gemaakt: kleine komkommersandwiches, kleine cupcakes, eclairs in de vorm van een zwaan, miniscones. En we draaiden muziek uit de tijd van hun verkering. Zij dansten vroeger ook weleens met elkaar in de keuken, in onze puberteit schaamden we ons dan dood voor ze. We hadden ons allemaal mooi aangekleed, en toen ze de tuin in kwamen, mijn moeder in een rode jurk en hij in zijn smoking, gingen we in een kring om hen heen staan terwijl zij dansten en het langzamerhand avond werd. Dat zijn herinneringen die je nooit moet vergeten, hoe broos en subjectief ze misschien ook zijn, want ze vormen een noodzakelijk tegenwicht tegen de onvermijdelijke afbraak en neergang.

Voor elke diagnose, halfdiagnose en verzwegen diagnose is er een gemeden diagnose: er zijn veel mannen en vrouwen die zich in de greep van angst en vernedering verstoppen voor deze ziekte en dus ook voor de wereld, en opgesloten zitten met het monster dat ze vrezen.

Ontkenning kan een waardevolle en noodzakelijke strategie zijn. De waarheid is soms wreed en we kunnen niet alles aan. Michael Kinsley, de Amerikaanse politiek journalist en oprichter van het tijdschrift *Slate*, wiens gevoel van identiteit is gebaseerd op zijn scherpzinnigheid, heeft dit uitbundig verdedigd als 'legitieme optie'. Kinsley heeft de ziekte van Parkinson, maar heeft dat jarenlang verborgen gehouden – voor anderen, maar voor een deel ook voor zichzelf. Telkens als iemand parkinson in verband bracht met cognitieve problemen, schreeuwde hij in gedachten: *Hou op! Hou op! Hou op!* Hij was bang dat mensen medelijden met hem zouden krijgen, hem zouden 'afschrijven', en hij wilde zich niet verdiepen in het onderzoek en de gevolgen van zijn ziekte. 'Daar hou ik me niet mee bezig, als je het niet erg vindt.' Maar ontkenning is een strategie die geheimhouding vereist en dat kan een keer misgaan. Bovendien kan de tijd aanbreken waarop het geen zin meer heeft om de gaten in de dijk dicht te stoppen omdat de hele dijk het begeeft.

Er is een verschil tussen een ontkenning om bestwil, waar iedereen zich weleens aan bezondigt, en ontkenning als slopende, verblindende strategie. De eerste vorm is een manier om het kwetsbare zelf te beschermen, een bolwerk tegen de stormen die de wereld teisteren, maar de tweede vorm is zelfdestructief en vaak hartverscheurend. Bovendien breidt het zich als een olievlek uit: het gebied dat wordt ontkend wordt steeds groter, totdat alles angstig en taboe wordt.

Andy en Claire Bell vertellen me over Andy's ouders, over de ontkenning van de ziekte van zijn moeder, waardoor hun hele leven langzamerhand werd verziekt door geheimen en leugens. Ik kende het echtpaar al, hun dochter is goed bevriend met een van mijn dochters, en ze zijn altijd erg hartelijk voor haar geweest. We bezoeken Andy's moeder, Jan Bell, in het tehuis waar ze nu woont. Het is een kleine, wat gezette vrouw met grijs haar en een zacht, vriendelijk gezicht. Volgens Claire Bell is ze altijd een 'vriendelijke, zichzelf wegcijferende' vrouw geweest. Ze is keurig aangekleed, maakt een vredige, tevreden indruk, en lijkt jong voor iemand van drieënzeventig. Ze is een en al beminnelijkheid en dankbaarheid. ('Ik heb geluk, hoor', 'Ik ben heel blij',

‘Ik heb zóveel geluk gehad!’, ‘Iedereen is zo aardig voor me’). Ze verkeert in de veronderstelling dat ze helpt in de huishouding van het tehuis, met koken, bedden opmaken en strijken (‘Dat is niet helemaal waar,’ zegt haar schoondochter droogjes) en ze kan nogal neerbuigend doen over de andere bewoners, die luiers dragen en hele dagen op de bank liggen te slapen met tandeloze open mond. Ze verwijdert opgewekt allerlei spullen uit hun kamers, zoals teddyberen en andere knuffels. Claire deed een tijdje geleden haar kledingkast open en werd aangestaard door een levensechte babypop.

Het zou makkelijk zijn om hier een vrolijke anekdote over te vertellen: zó grappig wat die oudjes allemaal uitspoken! Maar hoe kalm en tevreden Jan Bell nu ook is: ze heeft in haar leven heel wat geweld te verduren gekregen. Als Andy erover vertelt is hij zichtbaar aangedaan. Het is een verhaal over huwelijks- en familieaangelegenheden: dementie mag dan een ziekte zijn, het heeft vaak te maken met gebeurtenissen uit het verleden. Jan en haar echtgenoot Eddy kwamen allebei uit een arm, beschadigd gezin. Toen ze getrouwd waren, had Eddy Bell een verhouding met de beste vriendin van zijn vrouw. Ze kwam erachter en heeft het hem nooit vergeven. ‘Ze hielden van elkaar, ze waren op hun manier erg aan elkaar gehecht. Maar die boosheid was er altijd.’ Misschien uit wraak kreeg ze zelf ook een verhouding. Andy herinnert zich dat hij een keer de slaapkamer binnenkwam toen zijn vader naar zijn werk was, en hij zijn moeder in bed zag liggen met de buurman. ‘Ze liep met me de slaapkamer uit en zei tegen me dat ik alleen maar een nare droom had gehad, dat heb ik haar nooit vergeven.’ Toen zijn vader terugkwam, trapte die de deur van de buren in en sloeg de man in elkaar. Daarna hebben ze de buurman nooit meer gezien. Andy denkt dat zijn moeder meer verhoudingen heeft gehad: hij herinnert zich de verbitterde ruzies, dat ze uithaalde naar zijn vader, achter hem aan rende om te voorkomen dat hij wegliep, aan de auto hing toen hij wegreed. Eddie Bell dwong zijn vrouw om abortus te plegen omdat hij niet geloofde dat het kind waarvan ze zwanger was van hem was. Er waren dus, zegt Andy eufemistisch, 'wat complicaties en rancunes in hun relatie'.

Toen Jan Bell vergeetachtig werd, sloten haar man en zij de wereld letterlijk buiten. Ze waren altijd heel sociaal geweest, maar ze gingen nergens meer naartoe. Als Claire en Andy opbelden, souffleerde Eddy zijn vrouw, vulde de gaten in en corrigeerde haar fouten. Ze hadden allerlei strategieën om de waarheid te verbergen. Zelfs toen Eddy ontdekte dat hij uitgezaaide terminale kanker had, bleven de deuren van hun huis stevig dicht. Ze konden geen van beiden meer koken en ze leefden op crackers, waardoor hun gezondheid nog verder achteruitging. Omdat ze zich schaamden en bang waren, zochten ze geen hulp, niet van professionals en niet van familie en vrienden.

'Toen de dementie verergerde en ze zich steeds meer van het verre verleden ging herinneren, kwam ook die periode van het overspel weer terug, en...' Andy zwijgt en kijkt voor zich uit. 'Dat leverde enorm veel stress op. Ze trokken het gewoon niet meer.'

Ik wacht af. Claire ook (zij weet wat er gaat komen). Hij kijkt weer naar ons.

'Ze begon hem aan te vallen. Ze sloeg hem bont en blauw. In het begin kon hij zich nog wel verdedigen, dan hield hij haar bij haar polsen vast om haar tegen te houden, maar later lukte dat niet meer. Hij was namelijk al stervende. Een van de redenen waarom ze nooit meer met mensen omgingen was omdat zijn armen onder de blauwe plekken zaten. Het was een geleidelijk proces. Op een zondag zagen we dat hij onder de wonden zat en zei hij: "Dat heeft je moeder gedaan." Maar hij wilde per se niet dat we iets deden, dat verbood hij ons.'

'Jan was net een klein kind: ze wendde haar blik af en liep weg, keek ons niet aan. Maar ze wist best wat ze deed.'

'Er kunnen vreselijke dingen gebeuren in je leven,' zegt Andy, 'en die stoppen we weg, zonder ze goed te verwerken. Maar door alzheimer komen ze weer tevoorschijn. Ze kon nooit goed met haar gevoelens omgaan, vroeger niet en nu ook niet. Misschien kon ze er niets aan doen.' Terwijl Andy dit vertelt, zit hij helemaal in elkaar gedoken van verdriet.

'Het is alsof je je herinneringen ergens in een keukenla stopt,' zegt Claire. 'En alles door elkaar gehusseld wordt. Jan herinnerde zich wel de nare gevoelens, maar niet meer de gebeurtenissen die ze hadden veroorzaakt: die verbinding tussen gebeurtenis en herinnering is ze kwijt.'

Misschien wilde Eddy Bell wel graag hulp, maar wist hij niet hoe hij erom moest vragen. Hij wilde de schade die hij zelf jaren geleden had veroorzaakt zelf herstellen, maar hij wist dat hij dat nooit zou kunnen. Hij wilde bij haar blijven, ook al was hun leven een kwelling geworden, en het leek hem vreselijk om in een tehuis te moeten wonen. Op een dag kwam hij op het idee om met haar naar het Gardameer te rijden, waar ze op huwelijksreis waren geweest. 'Misschien hoopte hij dat hij gelukkige herinneringen in haar kon wakker maken.' Hij vertelde het aan niemand. ('Het was net als in *Thelma and Louise*,' zei Claire.) Hij reed er in twee dagen met haar naartoe. Maar het was een grote vergissing: Jan Bell raakte in de onbekende omgeving totaal gedesoriënteerd, geagiteerd en angstig. Ze wilde alleen maar binnen blijven met de ramen dicht en alle lichten aan. Ze ijsbeerde door de kamer, zonder een moment rust. Ze braken na maar één nacht de vakantie af en reden terug. 'Hij was erg van slag, at niet meer, het was alsof hij van binnenuit werd verteerd. Toen ik hem kwam opzoeken, barstte hij in tranen uit. Mijn moeder keek naar hem terwijl hij daar zat te huilen en zei alleen maar: "Wat moet je nou met zo'n man beginnen?" Het was allemaal ontzettend akelig.'

Deze nare toestand kon niet blijven voortduren. De familie nam uiteindelijk contact op met maatschappelijk werk en het echtpaar werd opgenomen in een verzorgingstehuis. Zelfs daar bleef ze haar man aanvallen, terwijl ze zei – en nog steeds zegt – dat ze voor hem zorgde. Een verpleger zag een keer dat ze hem uit bed had getrokken – een uitgemergelde stervende man – en hem schopte. Een andere keer zwaaide ze met een broodmes naar hem. Toen werden ze apart gezet, deze mensen die hun hele leven van elkaar hadden gehouden en elkaar hadden gekwetst, die samen wilden zijn, maar die alleen rust konden vinden als ze dat niet waren. Eddy Bell stierf korte tijd later. En nu, na al die jaren, heeft Jan Bell alleen nog maar 'fijne' herinneringen aan haar man.

'Ik zeg tegen mezelf dat het door haar ziekte komt,' zegt Andy Bell. 'En ik weet dat dat ook zo is. Maar ze is mijn moeder, en hij was mijn vader. Als ik haar kom opzoeken en vriendelijk doe, dan doe ik dat voor hem. Ik doe het voor mijn vader.'

Bij Jan en Eddy Bell liep de dementie – niet gediagnosticeerd of behandeld, verborgen in het donker, zonder ondersteuning – helemaal uit de hand. Maar Claudia Wald stelt heel duidelijk dat er met de juiste ondersteuning en behandeling met deze ziekte 'goed te leven' valt. 'Ik probeer het te normaliseren, wat niet hetzelfde is als bagatelliseren. Je moet andere doelen stellen, het beste maken van het heden en de nabije toekomst.' Sube Banerjee stemt daarmee in: het gaat erom wat mensen met dementie nog wél kunnen, niet wat ze niet meer kunnen. Het wordt nooit meer zoals het vroeger was en het kost tijd – iets waar we maar zelden genoeg van hebben – om ons aan hen aan te passen, want zij kunnen dat niet meer aan ons. Het gaat vooral om vriendelijkheid. En hoop. Ik geef ze hoop.'

Vriendelijkheid en hoop. De kunstenaar Jenni Dutton is begripvol, opgewekt, zelfs bijna vrolijk over de dementie van haar moeder, die in 2015 is overleden. Ze woog nog maar tweeëndertig kilo, was blind, kon niet meer praten en was totaal incontinent. 'Maar wat een mens!' zegt haar dochter, terwijl haar gezicht straalt bij de liefdevolle herinnering.

'Ik beschouwde het als een volgende positieve stap in het leven,' was zo ongeveer het eerste wat Jenni Dutton tegen me zei toen we elkaar ontmoetten, en bij het zien van mijn verbaasde gezicht voegde ze eraan toe: 'Maar ik ben heel goed in het vergeten van de nare dingen, dat ben ik altijd al geweest.'

We zitten in het café van het Salisbury Art Centre, omringd door haar 'Dementia Darnings', een bijzondere verzameling van zestien wandkleden die ze in de laatste jaren van haar moeders leven heeft gemaakt. Ze maakte foto's van haar, bracht die over op een groot doek en maakte een raster dat ze als leidraad gebruikte voor de vormen en kleuren. Daardoor hoeft ze het werk niet als geheel te bekijken terwijl ze eraan werkt, omdat dat haar kan afleiden. Ze weeft de wol zonder het hele beeld te zien, maakt zich los van de neus, de mond en de ogen, werkt soms zelfs terwijl ze het wandkleed ondersteboven houdt ('Een beetje alsof ik dement ben,' zegt ze – 'ik zie alles in stukjes'). Het heeft een mysterieus effect: sommige portretten zijn levensecht en zien er van een afstand uit als olieverfschilderijen, andere hebben alleen bleke en spaarzame wol, die hier en daar losraakt, en in latere werken is zelfs nauwelijks te zien dat het een afbeelding van een gezicht is. De draden vormen een labyrint ('wat het brein ook is') en zitten in de knoop ('zoals bij dementie').

'Ik onderzoek verlies,' zegt Jenni Dutton. 'Rond weven hangt heel veel symboliek: elke dag een draadje, de draad kwijtraken, het kleed dat Penelope weefde, een wachtende vrouw. In deze wandkleden vallen dingen uiteen, maar er wordt ook iets gemaakt.' In de serie zie je haar moeder achteruitgaan, onontwarbaar worden. Het zijn beelden van de stadia van het zelf-verlies: ze stellen 'een oude dame, mijn moeder' voor, maar tegelijk bieden ze de toeschouwer een tijdloos beeld van ouderdom en achteruitgang. Het gezicht wordt voor onze ogen uitgerafeld, maar het gebeurt geleidelijk aan, zachtjes, waardoor het eerder op een bevrijding lijkt waarbij het strak genaaide, samenhangende, precieze patroon van het zelf wordt bevrijd door het uit te rafelen. William Utermohlen bekeek zichzelf kritisch met een emotieloze blik zonder medelijden, maar deze beelden zijn heel lief en soms zó intiem dat het bijna ongepast voelt om ze te bekijken. Jenni Dutton knikt. 'Ik weet het. Maar dit werk is belangrijk. We moeten niet ons hoofd afwenden van achteruitgang en verval. Het is heel belangrijk dat we niet bang zijn voor zulke kwetsbare beelden. En mijn moeder moedigde me altijd aan, ze was erg geïnteresseerd en trots.'

Jenni Dutton heeft een heel andere kijk op dementie dan de andere mensen die ik heb gesproken; ze ziet het als een moeilijk geschenk, als iets wat je moet verwelkomen in plaats van iets waartegen je je moet verzetten. Haar moeder was heel anders dan zij: klein, verfijnd, mooi. De dementie ontwikkelde zich langzaam, maar omdat Jenni's oma ook dementie had gehad, begreep de familie wel wat er aan de hand was. Ze woonde thuis en kreeg een paar keer per dag hulp. Jenni Dutton kwam ook vaak langs en hield bij de planning van haar werk rekening met de behoeften van haar moeder. Haar moeder vroeg vaak wat er met haar aan de hand was, en dan antwoordde Jenni: 'Je hebt dementie' – maar ze stelde haar meteen gerust door te zeggen dat ze alle hulp en steun zou krijgen die ze maar nodig had en dat het wel goed zou komen. In de geheugenkliniek waar ze de officiële diagnose kreeg, stelde haar moeder geen vragen. Ze wist dus tegelijk wel en niet wat er aan de hand was. En ze verdween langzaam in het land van de vergetelheid.

Het is alsof Jenni Dutton instinctief begreep hoe ze het beste met de ziekte van haar moeder kon omgaan en haar in haar steeds kleinere wereld kon benaderen. Als haar moeder haar om negen uur 's avonds opbelde omdat ze wilde gaan winkelen, 'maakte dat niet uit'. Als ze al het eten dat Jenni voor de hele dag had klaargezet al halverwege de ochtend had opgegeten, 'maakte dat niet uit'. Geen man overboord immers, en het belangrijkste was dat ze zich niet moest opwinden. Soms raakte haar moeder gedesoriënteerd. 'Dan liep ze uren en uren rond met haar hondje en wist ze de weg niet meer naar huis. Thuis rammelde ze aan de deuren die we voor haar eigen veiligheid op slot hadden moeten doen.'

In die eerste stadia van de ziekte gaven ze Jenni's moeder een veilige structuur en grenzen ('Ik ben na jaren therapie heel goed in grenzen stellen!'), en ze had een kring van mensen die haar ondersteunden en bevestiging probeerden te geven. Mensen met dementie worden voortdurend tegengesproken en gecorrigeerd. *Het is geen vrijdag, maar zondag. Je hebt al ontbeten. Je hebt je tanden nog niet gepoetst. Dat herinner je je verkeerd. Ik ben je vrouw, niet je moeder. Ik ben je dochter, niet je vrouw. Je bent trouwens oud, en zij is dood. Het verleden is voorbij.* Hun versie van de realiteit wordt ontkend, maar de realiteit is geen rigide structuur: het is iets onbestendigs, meervoudigs en subjectiefs. Er zijn veel manieren waarop je iets kunt zien.

In haar eigen vertrouwde huis met haar hondje, haar verzorgers, haar dochter die een paar keer per dag langskwam, bezoek van haar kleindochter, kon ze het nog wel een tijdje redden. 'Op een dag waren we oude fotoalbums aan het bekijken en herkende ze oude familieleden en vrienden. Toen begon ik hun gezichten te borduren op de jurk die ik had gemaakt: kleine schetsen van draad.' En zo begon het proces dat de fascinerende gezichten opleverde die ons nu aanstaren. Ik krijg de indruk dat moeder en dochter door deze samenwerking niet alleen samen het verlies en verval hebben ervaren, maar dat het tegelijkertijd ook een ontdekkingstocht is geweest. Het was een aangrijpend avontuur dat pas zou eindigen door het overlijden van haar moeder.

Volgens Raymond Tallis kan deze ziekte in de eerste stadia heel goed door degene die het treft onder woorden worden gebracht. Het kan heel pijnlijk en moeilijk zijn om na het krijgen van de diagnose 'de moed om te zijn' niet te verliezen, maar dat wordt minder moeilijk naarmate mensen beginnen te vergeten. En aan het einde moeten we maar hopen en 'bidden dat de angst is verdwenen', aldus Claudia Wald. Kort nadat William Utermohlen in 1995 zijn diagnose kreeg, maakte hij zijn laatste grote schilderij: *Blue Skies.* Daarop zit de kunstenaar alleen in zijn lege atelier. De muren zijn blauw en geel, de tafel is geel, de lucht is blauw. Het open dakraam dat het beeld doorsnijdt hangt boven hem als een guillotine. De schriele gestalte zit over een tafel gebogen en houdt die vast alsof hij – of de tafel – anders weg zou glijden. Terwijl de 'Conversation Pieces' vol staan met geruststellende, troostrijke spullen, is het hier leeg. Alleen maar een man in een ruimte. Een troosteloos en meedogenloos beeld.

'Hij sloot zichzelf op,' zegt zijn weduwe over die vreselijke periode. 'Hij zat als een zombie voor zich uit te staren. Hij was bang en hij schaamde zich.'

Maar het beroemdste werk van Utermohlen, zijn onthullende zelfportretten, zou hij nog gaan maken, ook al wist hij dat niet (en heeft hij het misschien ook nooit geweten). Toen hij korte tijd werd opgenomen in het National Hospital for Neurology and Neurosurgery in Queen Square in Londen, ontmoette hij de verpleger Ron Isaacs. Die moedigde hem aan om door te gaan met schilderen en om zelfportretten te gaan maken. En dus nam hij zijn kwast weer ter hand. Tekenen en schilderen was zijn manier om zijn innerlijk met de buitenwereld te verbinden; het gaf hem zijn stem, de draad waarmee hij de weg terug uit het labyrint kon vinden. Althans voorlopig...

6

Schaamte

'O, bespot mij niet: ik ben een suffende oude dwaas...
Lach mij niet uit.'

Vrijwel iedereen vindt het pijnlijk om te worden uitgelachen, het mikpunt te zijn van spot. Misschien geldt dat nog meer voor mensen van mijn vaders generatie, voor wie waardigheid zo'n belangrijk onderdeel van de identiteit vormt. Bovendien voelen mannen zich volgens mij vaker en erger gekwetst door verlies van waardigheid dan vrouwen.

Als ik terugdenk aan de eerste fase van mijn vaders dementie en aan hoe dat toen voor hem moet zijn geweest, dan stel ik me iets sluipends voor. Geen verlies (ook al was dat er ook), geen angst (dat ook), of ontkenning (natuurlijk) of een gevoel dat het leven toch doorgaat (ik hoop het) en de troost van gewone momenten. Iets anders. Een gevoel dat je kippenvel en buikpijn bezorgt: deuren die openvliegen, ogen die je in de gaten houden, licht dat plotseling aangaat in het donker en als je je gezicht bedekt sta je in je blootje, je hoort veelbetekenend gelach en scherp inademen. Laag na laag bescherming verdwijnt, de verdediging die in een heel leven is opgebouwd, waardoor er iets weeks en geheims en zeer kwetsbaars wordt blootgelegd, iets wat niemand zou mogen zien, zelfs degenen die het meest van je houden niet, vooral zij niet.

Mijn vader trok soms de dekens over zijn hoofd en lag dan gehuld in zijn eigen warmte in het donker, waar niemand hem kon zien. Het was niet zo dat hij zijn diagnose verborgen hield, maar hij praatte er ook niet over. De onuitgesproken afspraak was dat we het d-woord niet tegen hem zeiden. Zijn vrienden vermeden dat ook.

Jan en Eddy Bell trokken de deur dicht, *klik*, en sloten zich af voor de wereld. Tommy Dunne trok de gordijnen dicht, deed het licht uit en trok de stekker uit de telefoon. Patricia Utermohlen vertelt dat haar man in zijn eentje in zijn atelier zat, bang en vooral 'beschaamd'.

'Schaamte' is een woord dat steeds opnieuw opduikt als het over dementie gaat. Een tijdje geleden sprak ik iemand wiens vader tegen niemand wilde – of kon – vertellen dat hij vroegtijdige dementie had, ook al betekende dat het einde van zijn baan en zijn broodwinning. Ik ken veel echtparen die het aan niemand vertellen, terwijl het vaak overduidelijk is en wordt vermoed of geraden, en ze ook wel beseffen dat andere mensen het weten of vermoeden... Toch blijft het een geheim, iets waar ze zich voor schamen.

Bijna iedereen die op een of andere manier met deze ziekte te maken heeft gekregen, sprak over een gevoel van schaamte. Schaamte kent vele vormen en wordt niet alleen door mensen met dementie gevoeld, maar ook door hun familie. Schaamte vanwege het stigma, vanwege het verlies van kracht en controle, schaamte omdat de identiteit zo wreed wordt onttakeld en er een kwetsbaar zelf overblijft, schaamte omdat de ziekte na verloop van tijd zo fysiek wordt, het lichaam verandert in een slordig, lekkend vat; schaamte door het verlies van waardigheid, het gevoel ergens op te worden betrapt, en omdat alles wat privé is en verborgen zou moeten blijven, opeens zomaar in de openbaarheid komt. Ieder mens speelt in het openbare leven tot op zekere hoogte een bepaalde rol, maar door dementie ontstaat de angst die iedereen weleens in een droom heeft gevoeld: je staat voor een publiek en je bent je tekst vergeten, of je bent spiernaakt, of je zit op de wc terwijl iedereen het ziet. Spiernaakt van lichaam en van geest: die tere, gevoelige kern die we ons hele leven proberen af te schermen van het oordeel van de wereld en – ook niet onbelangrijk – van onszelf.

Als mensen het hebben over de schaamte die dementie veroorzaakt, dan heeft dat vaak vooral te maken met het aftakelende lichaam. Met *viezigheid.* Wat er allemaal over onze lippen komt – obsceniteiten, gemompel, gegil, woeste en onverstaanbare teksten, onsamenhangende hersenspinsels – is nog tot daar aan toe: het zijn vooral de fysieke tekenen van het verlies van controle die het meest verontrustend en vernederend zijn. We leren van jongs af aan dat we alles binnen moeten houden, ons lichaamsafval alleen in afzondering mogen afscheiden. Als dan de grenzen die we ons hele leven uiterst streng hebben bewaakt het opeens begeven, heeft dat zeer ongewenste gevolgen. 'Maak je geen zorgen, dat is gewoon de natuur, het is je lichaam maar,' hoorde ik een keer een verpleegkundige ter geruststelling tegen een patiënt zeggen. Maar een lichaam is niet *alleen maar* een lichaam. Een lichaam is waarin we wonen, en hoe we wonen.

Daarbij komt nog de angst over de vraag wat er is voorgevallen tijdens de periodes die uit het geheugen zijn gewist, en waarvan alleen een vage indruk is achtergebleven, een por tegen de ribben. Er is iets gebeurd. Maar wat? Wat heb ik gedaan, wie heeft iets gezien? Was het heel erg? Stond ik voor schut?

Ik heb een levendige on-herinnering aan een voorval op mijn zestiende. Ik ging op bezoek bij mijn oudere zus, die aan de universiteit van Devon studeerde en daar in een studentenhuis woonde. Ik wilde haar niet teleurstellen, ik wilde indruk maken op haar vrienden, want ik wilde dat ze me aardig vonden. Er was een feestje in haar huis en ik dronk veel te veel goedkope, sterke cider. Ik werd verschrikkelijk dronken. Ik heb geen idee wat ik heb gedaan of gezegd en waar ik ben geweest. Het is een akelig gat in mijn herinnering met alleen een paar vreselijke flitsen: ik hing boven de wc-pot terwijl een van de jongens op wie ik indruk wilde maken mijn plakkerige haar naar achteren hield; ik lag in bed naast mijn zorgzame zus; ik dwaalde door de tuin, bazelend over poëzie of liefde, en ik huilde om een relatie die was stukgelopen. De volgende ochtend voelde ik me afschuwelijk en schaamde ik me kapot. Ik ging met mijn zus naar het strand. We hadden het niet over de vorige avond en ik probeerde te doen alsof er niets aan de hand was. Het was mooi, zonnig weer, ik lag slap en misselijk op een rots en viel in slaap. Toen ik wakker werd, voelde ik me nog steeds verschrikkelijk, maar nu was ik ook nog verbrand, ik had het bloedheet en was zo rood als een kreeft. Het was alsof ik permanent bloosde van schaamte. Ik zag steeds voor me wat er was gebeurd, hoe ik eruit moet hebben gezien toen ik mezelf niet meer in de hand had, hoe bespottelijk ik me had gedragen. Zelfs nu, tientallen jaren later, breekt het koude zweet me nog steeds uit als ik eraan denk.

Het schaamtegevoel is een essentieel onderdeel van de persoonlijkheid en de identiteit: het bevindt zich in het gat tussen de handelingen en de normen van het individu. Mensen zonder schaamtegevoel en dus zonder zelfcensuur gedragen zich waarschijnlijk niet als een fatsoenlijk, sociaal wezen. Maar schaamte, en het gevoel te worden bekeken en beoordeeld, kan ook een verstikkende onbehaaglijkheid tot gevolg hebben.

Het zelf als ander, het zelf dat je in de spiegel ziet, het zelf dat naakt in de wereld staat en het zelf dat overspoeld wordt door schaamte – niet door iets wat wordt gezegd of gedacht of voorgesteld, niet door geheimen die worden verteld, maar schaamte zonder duidelijke aanleiding. Het zelf als object van schaamte. Patricia Utermohlen moest in huis alle spiegels afdekken omdat haar man doodsbang was om zichzelf daarin te zien: hij kon zichzelf niet meer verdragen, hij schaamde zich diep voor zichzelf. In ziekenhuizen en verpleeghuizen zie ik vaak dat mensen met dementie hun handen voor hun gezicht houden en zich in het volle zicht van de wereld uit schaamte proberen te verbergen.

Dementie is genadeloos. Het vernielt niet alleen het gevoel van zelf, maar ook de controle over dat zelf. Mijn vader was niet ijdel, maar hij wilde zich wel altijd netjes in het openbaar vertonen. Hij schoor zich elke ochtend (en keek de rest van de dag waarschijnlijk niet meer in de spiegel), hij poetste zijn schoenen en strikte de veters met een stevige dubbele strik, hij kamde zijn haar, stopte zijn overhemd in zijn broek, en als hij naar zijn werk ging trok hij een pak aan met een keurige stropdas. Zelfs als hij alleen was, liet hij zijn uiterlijk nooit versloffen (zoals ik vaak genoeg doe). Hij zei altijd: 'Een heer is iemand die ook als hij alleen is een botermesje gebruikt' en dan moesten wij altijd vreselijk lachen, want wie heeft het nou over 'een heer' en wie heeft er nou een botermesje? Maar ik denk dat hij dat letterlijk zou hebben gedaan, als hij een botermesje zou hebben gehad, en dat hij zich ook op een onbewoond eiland netjes zou hebben geschoren en zijn schoenen zou hebben gepoetst. Want je moet je stand ophouden – en dan heb ik het niet over oppervlakkige schijn, maar over een gevoel van eigenwaarde. En dat gevoel van eigenwaarde wordt door schaamte bedreigd.

In de eerste jaren van zijn ziekte had mijn vader levendige maar fictieve herinneringen, iets wat vaker voorkomt bij dementie. Het had bijna altijd iets te maken met schaamte en met autorijden, of met het verbod daarop. Hij dacht – meende zich te herinneren – dat hij in zijn auto zat en achterna werd gezeten door politieagenten op motoren; akelige, anonieme wetshandhavers met een helm op, waardoor hun gezicht niet te zien was. Het leek iets uit *Het proces* van Kafka. Ze hielden hem aan, zeiden dat hij gevaarlijk had gereden en namen zijn rijbewijs in (dat toen inderdaad al was ingenomen). In meerdere versies van dit verhaal werd zijn naam doorgegeven aan de krant zodat iedereen over zijn afgang kon lezen – het einde van zijn mannelijke vaardigheid. Hij schreef plechtige brieven naar de gemeente om te proberen zijn naam te zuiveren.

Mensen met dementie moeten meer dan ooit met respect en waardigheid worden behandeld: de scheidslijn tussen kwetsbaar en doodsbang is maar heel dun. Maar vaak gebeurt het tegenovergestelde en worden ze het mikpunt van spot. Toen Rita Hayworth beginnende dementie had, dachten mensen vaak dat ze dronken was en maakten ze haar belachelijk. Net als premier Harold Wilson, president Reagan en Margaret Thatcher, die op latere leeftijd nogal wazig keek en haar handtas vastklemde (ze schijnt nogal van whisky te hebben gehouden). Mensen met dementie worden vaak uitgelachen, want ze doen denken aan acteurs uit een klucht: er kan grote hilariteit ontstaan als mensen kledingstukken clownesk scheef of helemaal niet aanhebben, zich vergissen in de dag of de tijd, iemand aanzien voor een ander, opeens iets obsceens zeggen. Maar zulke grappen gaan ten koste van degenen die ze maken. 'O, bespot mij niet,' zegt koning Lear als zijn patriarchale, zelfverheerlijkende identiteit is ontmanteld en er niets van hem overblijft dan een naakt tweebenig dier, mens onder de mensen. 'Ik ben een suffende oude dwaas.' Ian McKellen trekt als koning Lear al zijn kleren uit en staat voor ons als een oude man, weggezakt in waanzin, dementerend, naakt van ziel en van lichaam.

Dat mijn vader, mijn hoffelijke, trotse vader die elke dag zijn schoenen poetste, zich zorgvuldig schoor, netjes zijn stropdas droeg en zijn handen waste als een chirurg voor een operatie, zich voor zichzelf heeft geschaamd, is een gedachte die ik onverdraaglijk vind.

In de woonkamer van de kleine bungalow van Theresa Clarke in Antrim vraag ik beschroomd aan haar of zij zich weleens schaamt. Ze houdt haar hoofd een beetje scheef en zegt: 'Of ik me schaam?'

'Ja.'

'Nicci,' zegt ze, alsof ze teleurgesteld in me is. En ik beter zou moeten weten. 'Ieder mens moet het positieve in zichzelf vinden. Als we dat niet doen, raken we onszelf kwijt, of we nu dement worden of niet. Je moet goed in jezelf op zoek gaan. Ik heb het gevoel dat ik mijn ware ik ken. Ik schaam me niet omdat ik niet door de mand kan vallen.'

En dat is iets wat niet veel mensen kunnen zeggen.

Schaamte. Vernedering. Ontmaskering. Ik dacht altijd dat schuldgevoel een verheven emotie was – de stem van het geweten diep in je binnenste – terwijl schaamte narcistischer is, een soort oppervlakkige ijdelheid en kinderachtige gêne; een puberale, soms verlammende verlegenheid. Ik dacht dat als je meer zelfvertrouwen kreeg, verstandiger werd (was het maar waar), die schaamte over zou gaan en het diepere, minder egoïstische schuldgevoel het kompas zou worden waarop je vaart. Maar schaamte, die weliswaar te maken heeft met het uiterlijk, is een diep in de mens gewortelde en blijvende emotie.

'Identiteit en schaamte zijn nauw met elkaar verbonden,' zegt Gerard de Vries in Utrecht. 'Je krijgt een ego door zelfbewust te worden, en daar hoort schaamte ook bij.' Dat is niet louter een kwestie van preutsheid of decorum. Een 'essentieel onderdeel van zelfrespect is respect in de ogen van anderen', en de behoefte daaraan is dieper geworteld dan rationaliteit of vrije wil: respect is nauw verbonden met schaamte en 'beide zijn onlosmakelijk verbonden met de eigen identiteit en plaats in de sociale omgeving'. Schaamte is de schaamte voor de ander, het is een schokkende ontdekking dat je bent zoals de ander je ziet. Schaamte is schaamte voor het zelf. Het object ben je zelf.

In *Shame and Necessity* bespreekt de filosoof Bernard Williams wat het betekent als de innerlijke wereld in aanvaring komt met de buitenwereld. De basiservaring van schaamte, schrijft hij, is 'gezien worden in onbetamelijke toestand door de verkeerde mensen in de verkeerde omstandigheden. Het wordt rechtstreeks geassocieerd met naaktheid.' (De wortels van de woorden 'schaamte' en 'genitaliën' zijn in veel talen hetzelfde.) Schaamte heeft te maken met uiterlijk en naaktheid; schuldgevoel meer met het gehoor – dat stemmetje in je binnenste. Er is altijd de blik van de ander, maar het kan ook de imaginaire blik van een imaginaire persoon zijn: de geïnternaliseerde ander, de gerespecteerde, ethische ander. Dan gaat het dus om blootstelling van het zelf aan het zelf. En dat gebeurt op een veel dieper niveau dan egoïsme, het gevoel niet te voldoen aan de verwachtingen van de ander. Het hele wezen kan gekleineerd voelen: 'De ander ziet mij, kijkt dwars door mij heen, zelfs als de schaamte iets oppervlakkigs betreft, bijvoorbeeld in het uiterlijk, en de schaamte komt tot uiting... niet alleen door het verlangen om je te verstoppen, je gezicht te verbergen, maar door te willen verdwijnen.' Verdwijnen, je gezicht bedekken, door de grond willen zakken. *Ik schaamde me dood.*

'De tegenstelling tussen binnen- en buitenkant' die Helen Small beschrijft in haar warme boek waarin ze de ouderdom in brede zin bespreekt, is 'van een andere orde dan alles waar we tot nu toe mee te maken hebben gehad'. Dat wordt vooral heel duidelijk in de eerste stadia van dementie. Het zelf ziet dat het zelf achteruitgaat, is zowel subject als object, tegelijkertijd het publiek met kromme tenen en de acteur die zijn tekst vergeet, wiens vuile broek op zijn enkels ligt, die door de verkeerde deur de verkeerde kamer binnenkomt met een verbaasde en vernederde blik in zijn ogen. Jezelf zien als een vernederde ander, je gezicht in de ruit zien en dan denken dat het van je overleden vader is, of van een schandelijke indringer die geen recht doet aan het zelf waar je zo lang aan hebt gewerkt.

In het Tavistock Centre vertellen psychoanalytici Tim Dartington en Andrew Cooper en Claire Kent, klinisch docent maatschappelijk werk, over 'confabulatie' – 'de schijn ophouden', zoals Andrew Cooper het noemt. Mensen met dementie bedenken vaak uitvluchten, zegt Tim Dartington (wiens vrouw Anne op jonge leeftijd aan dementie overleed en die erg mooi over dementie schreef, de ziekte die haar besloop als een vos, en over haar 'ontrouwe brein'). 'Maar,' gaat hij verder, 'je verraadt jezelf door zo'n uitvlucht steeds te herhalen en iets dan nét verkeerd te zeggen. We willen worden gezien, niet dóórzien, en sommige mensen met dementie besteden ontzettend veel energie aan het voorkomen dat ze worden ontdekt: niet alleen door zich letterlijk te verbergen, maar door stoplappen te bedenken voor de gaten in hun geheugen, verklaringen voor hun verwarringen en fouten.'

Naast de uitvluchten waar Tim Dartington het over heeft, is er nog de strategie van de generalisatie: vragen stellen of opmerkingen maken die zó algemeen zijn dat ze lacunes in kennis niet verraden. Het kan bijvoorbeeld zo zijn dat mensen met dementie niet weten of ze je maanden geleden voor het laatst hebben gezien, of een paar minuten geleden nog, en dat proberen te maskeren door je heel vaag te begroeten. Of dat ze wel weten dat ze jou kennen maar niet precies weten wat de relatie is, en daarachter proberen te komen door naar aanknopingspunten te vissen. Of dat ze zich herinneren dat ze iets moesten doen, maar niet meer weten wat het was. Het is erg vermoeiend om constant te moeten improviseren, signalen proberen op te vangen, te zoeken naar bakens, naar stukjes vaste grond in een moeras van onzekerheid.

Mantelzorgers van mensen met dementie – vooral hun partner of levensgezel, met wie ze een relatie van wederzijdse bevestiging hebben opgebouwd – doen vaak aan deze confabulatie mee. Ze zijn er helemaal aan gewend, spelen het toneelstukje al heel lang mee, als acteur of als publiek. Net zoals Eddy Bell zijn vrouw hielp door hun beider geheim niet te verraden, zo helpen mantelzorgers hun geliefde met hun uitvluchten, maken hun zinnen af, doen mee aan de verhaaltjes die ze vertellen, doen voortdurend angstvallig alsof er niets aan de hand is.

Dat is voor een deel uit mededogen: als schaamte voortkomt uit het besef dat het kwetsbare zelf van de naaste moet worden beschermd, dan wil je hem of haar daar natuurlijk mee helpen. Maar omdat de identiteit van de ander en het eigen ik in relaties in meer of mindere mate aan elkaar zijn verbonden, kan de schaamte ook besmettelijk zijn. Dan is het niet alleen een kwestie van mede-lijden, maar lijden we zelf, want de grens tussen de ene persoon en de ander is soms vaag. Als mensen zich vervolgens terugtrekken, afstand houden, dan is dat misschien niet uit gebrek aan compassie en empathie, maar omdat ze zich bedreigd voelen.

'Dat klopt inderdaad,' zegt Patricia Utermohlen beslist. Ze wil zo open mogelijk zijn en andere mensen laten weten dat ze zich voor dergelijke gevoelens van schaamte niet moeten schamen. 'Ik schaamde me soms ook. Hij poepte op de meest onhandige momenten of plaatsen. Zoals toen we een keer in Kew Gardens waren. Dat was een nachtmerrie. Ik schaamde me dood: daar zat ik in de trein met die stinkende figuur. Of die keer dat we bij vrienden kwamen en hij in zijn broek poepte.' Ze knikt. 'Toch nam ik hem altijd mee. Maar het was soms wel moeilijk.'

Mensen met dementie schamen zich vooral in de eerste stadia van de ziekte. Dat die schaamtegevoelens meestal verdwijnen in de latere stadia, is een van de zachtaardige verliezen te midden van een hoop wrede. Mensen beseffen dan vaak niet meer dat ze een luier dragen, ontlasting laten lopen, kwijlen, onverstaanbare geluiden maken. En als ze het wel beseffen, kan het ze niet schelen. Ze zijn teruggekeerd naar een staat van onschuld, de staat die voorafging aan het besef van identiteit en zelfbewustzijn.

In *Hersenschimmen* van Bernlef, de verdrietigste maar ook verhelderendste roman die ik over deze ziekte heb gelezen, is de verteller, Maarten, zich aanvankelijk wel bewust van deze verschuiving, en is hij voortdurend angstig en hyperalert. Hij ziet dat mensen elkaar blikken toewerpen als hij praat; hij weet wanneer hij iets verkeerds heeft gezegd of gedaan en probeert zich dan op een veilige plek terug te trekken. Hij begrijpt dat het belangrijk is om vast te houden aan de gewone gang van zaken, of, als dat niet lukt, die te imiteren: 'Op de momenten waarop dat niet meer gaat moet ik die gang van zaken imiteren. En als ook dat niet meer mocht gaan, dan pas zal ik het leven zelf moeten verzinnen.' Dat besef van falen raakt hij geleidelijk aan kwijt. Als hij obsceniteiten roept, voelt hij zich daar niet schuldig om. Als hij zichzelf in bad beroert en een erectie krijgt, begrijpt hij de geschokte reactie van zijn verpleegster en zijn vrouw niet. In de spiegel ziet hij 'een oude man met een slap gerimpelde buik vol strontvegen. Ik glimlach opgelucht. Dat ben ik tenminste niet!'

Als het geheugen en de relaties die het zelf altijd bij elkaar heeft gehouden gaan verdwijnen, raakt het individu op drift tussen zichzelf en de ander, tussen tijden en plaatsen, dag en nacht. Dit lijkt voor een buitenstaander misschien heel angstaanjagend, maar de vergetelheid en het wegraken van het verbijsterde, angstige en vernederde zelf kan ook genadig zijn. Jezelf niet meer herkennen, geen paniek of schaamte meer voelen. Je bent in de wereld, zonder je ervan bewust te zijn.

Maar de schaamte waarvan mensen zo genadig zijn verlost, kan des te erger worden voor de naasten. Verzorgers en mantelzorgers, vooral partners, kunnen een gevoel van plaatsvervangende schaamte vaak heel moeilijk of zelfs onmogelijk van zich afzetten. In een relatie die al tientallen jaren duurt, raken de grenzen tussen het zelf en de ander vervaagd en gaan de partners zich met elkaar identificeren. Als de ene partner de stem en het geheugen wordt van de ander, krijgen ze zijn of haar schaamtegevoelens er vaak bij.

Die schaamte gaat verder dan de vernedering en angst om naakt en bevuild te worden aangetroffen: zij wordt existentieel, verspreidt zich door de hele maatschappij, en is een van de redenen waarom we tot nu toe zo moeilijk omgaan met dementie als ziekte. In de mensen die met deze ziekte leven en sterven, herkennen we ons vroegere en toekomstige zelf. En daar willen we ons niet mee identificeren. De afkeer en afschuw die de aanblik van iemand met vergevorderde dementie in ons oproept, komt niet alleen voort uit de ziekte zelf, die in de meest wrede vorm de patiënt onttakelt en vernielt maar toch in leven laat. Het is ook bedreigend omdat we zien dat dit misschien ons voorland is, dat wij ooit ook zo gaan aftakelen. Op een dag ben ik dat. Op een dag moet ik misschien ook een luier om, in bed worden omgedraaid en gewassen, en slinger ik lang bewaarde geheimen de wereld in. Dat is bijna niet te verdragen: we wenden ons af omdat we het niet kunnen aanzien. De maatschappij sluit haar ogen. Dat ben ik niet, dat zijn wij niet, dat zijn zij, de tot schande gemaakte anderen.

Van de manier waarop Jenni Dutton met haar moeder omging in de lange periode van haar dementie – liefhebbend, aanvaardend, flink, zonder zich van haar stuk te laten brengen – kunnen wij als maatschappij nog een hoop leren. Op de een of andere manier vond ze de wijsheid en menselijkheid om zich niet van haar stuk te laten brengen door de verslechterende geest en het haperende lichaam van haar moeder, en niets anders te voelen dan compassie, liefde en vreugde. Ze leek haar moeder zelfs beter te leren kennen en haar nog meer te gaan waarderen. Ze rouwde niet om de moeder die ze had verloren, maar omarmde de vrouw die haar moeder was geworden: 'Maar wat een mens!'

Toch is hartgrondige schaamte – die ons bespiedt door het sleutelgat en zit te grinniken in een hoekje – belangrijk voor de maatschappij als geheel. Het is een soort politieagent die ons emotioneel, psychologisch, sociaal, politiek en moreel op het juiste spoor houdt. De beschaving wordt meer door schaamte dan door schuldgevoel bijeengehouden. Het zorgt ervoor dat mensen zich goed gedragen, dat ze zich aan regels en wetten en beloften houden; politici worden erdoor in het zadel geholpen of vallen uit de gratie, moreel gedrag wordt gestimuleerd doordat we weten dat we anderen in de gaten houden, en anderen ons.

In *De staat* vertelt Plato over de ring van Gyges, een mythisch object dat de eigenaar ervan als hij dat wilde onzichtbaar kon maken (een beetje zoals in Tolkiens *In de ban van de ring*), en stelt hij de vraag hoe we ons zouden gedragen als niemand kon zien wat we deden. Verzorgers van mensen met dementie, vooral als die in de latere stadia van de ziekte verkeren, dragen die ring heel vaak. De enige die kan zien en voelen wat ze doen, zal dat weer vergeten. Niemand merkt er iets van – behalve het toekijkende zelf, het ik dat het ik observeert. Demente mensen worden meestal achter gesloten deuren verzorgd. We weten niet wat zich bij mensen thuis, in ziekenhuizen en verpleegtehuizen allemaal afspeelt, op al die plekken waar mensen niet in staat zijn om te zeggen wat hun wordt aangedaan. De Amerikaanse National Council on Ageing meldde onlangs dat bijna de helft van de mensen met dementie te maken kreeg met verwaarlozing of mishandeling – fysieke en emotionele mishandeling, opsluiting, passieve verwaarlozing, opzettelijke onthouding van levensbehoeften en financiële uitbuiting. Volgens hun naasten worden ze in ziekenhuizen niet altijd respectvol behandeld. Er zijn helaas maar al te vaak meldingen van mishandeling of verwaarlozing in tehuizen. Ik denk dat dat niet eens door kwaadwillenden gebeurt, maar door goedwillende verzorgers: het werk is erg moeilijk en zwaar, wordt slecht betaald en gewaardeerd, niemand ziet wat ze doen, en de verzorgers zijn daar zelf ook niet meer toe in staat. Want als ze dat wel deden, zouden ze het toch niet kunnen verdragen? Schaamte is nuttig.

Mantelzorgers of professionele hulpverleners aan huis verzorgen de dementerende patiënt meestal zonder dat er iemand bij is. Dat is zowel fysiek als emotioneel erg zwaar en kan een hels karwei worden. Er is geen sprake meer van wederkerigheid, er komt steeds minder terug. Degene die hoort wat je zegt, ben je zelf. Degene die ziet wat je doet, ben jij. Als je jezelf niet in de gaten houdt, kan er van alles gebeuren.

Toen mijn vader in het middelste stadium van vergeetachtigheid verkeerde, voelde ik weleens een vreemde, verontrustende verlegenheid als ik alleen met hem was. Het was een beetje alsof ik in een echoput zat en steeds mijn eigen stem hoorde. Ik merkte dat ik soms wat onnatuurlijk tegen hem praatte, alsof ik de rol speelde van iemand die aardig deed tegen een vader met dementie. En dat was ook zo. Omdat mijn vader niet meer reageerde zoals hij vroeger deed, moest ik ook zijn rol invullen, mijn eigen publiek worden. Ik was een dochter en ik speelde een dochter: ik praatte tegen mijn vader en ik praatte tegen mezelf.

Disie Johnson, een vriendin van Pat Utermohlen, die vaak bij onze gesprekken is omdat haar man ook dementie heeft, schreef me een keer voorafgaand aan een van die gesprekken een e-mail die me deed denken aan hoe ik me vroeger ook voelde. 'Als je leeft met iemand die dementie heeft en niet veel meer van het leven begrijpt en grote moeite heeft om de eenvoudigste dingen te doorgronden, dan is dat alsof je voortdurend een rol moet spelen... ik moet doen alsof het volstrekt normaal is om een gesprek te voeren – als ik het nog een gesprek kan noemen – waarbij ik alleen maar vragen stel, of dingen uitleg, of dingen die ik heb gezegd herhaal... Als je te maken hebt met iemand met dementie, is dat soms alsof je de hele tijd op een podium staat, of in elk geval de hele tijd een rol speelt, misschien dat je er daarom ook zo moe van wordt.' Dan zegt ze: ' En intussen zie je in slow motion de desintegratie van een persoonlijkheid.' Toen we elkaar die avond zagen, kwam ze nog even terug op dat gevoel van theatraliteit: 'Wat een zelfbeheersing!' Ze lacht vol zelfspot. 'Wat een vertolking! Ik kijk naar mezelf en vraag: *Hoe doe je het? Hoe reageer je? Doe je het wel goed?* Ik probeer het goed te doen. Ik heb geluk dat hij zo lief is.' Zelf is ze niet lief: ze is nors, droog, fantastisch, theatraal en authentiek; ze speelt zichzelf in het theater van haar leven.

7

Mantelzorg

'Hoe verre licht die kleine kaars.'

Nu treedt de mantelzorger voor het voetlicht – die natuurlijk steeds al zijn of haar rol heeft gespeeld, maar die nog niet is opgemerkt.

Dementie gaat namelijk ook over de mensen die deze zieken verzorgen. En als mensen met dementie de vermiste personen in onze maatschappij zijn, dan geldt dat ook voor hen. In Groot-Brittannië is een op de acht volwassenen mantelzorger (dat zijn 6,5 miljoen mensen), en daarvan is bijna 60 procent vrouw. Zij besparen de economie naar schatting 132 miljard pond per jaar – terwijl de vergoeding waar ze recht op hebben op het moment 62,10 per week is bij een werkweek van 35 uur. Dat is 1,77 pond per uur, en het minimumloon is op dit moment 6,70 per uur). Mantelzorgers worden ondergewaardeerd en zijn vaak onzichtbaar, terwijl de maatschappij zonder hun werk zou instorten.

Dit grote, onzichtbare leger bestaat voor een groot deel uit verzorgers van mensen met dementie: in Groot-Brittannië zijn dat er ongeveer 700.000 (in de VS zijn er 43,5 miljoen mantelzorgers, waarvan 15,7 miljoen voor mensen met dementie zorgen). 60 tot 70 procent van hen is vrouw; hoe langer de zorg duurt, hoe hoger dat percentage wordt – met andere woorden: vrouwelijke mantelzorgers tonen bij deze moeilijke taak vaak meer volharding. 44 procent van de verzorgers heeft zelf een chronische ziekte of handicap, inclusief depressie; veel van hen zijn partners en zijn daarom vaak zelf ook al op leeftijd. In de VS is de gemiddelde leeftijd van een vrouwelijke mantelzorger van iemand met dementie 69,4 jaar. 30 procent van de verzorgers doet dat al tussen de vijf en tien jaar, en 20 procent zelfs langer dan tien jaar. In Groot-Brittannië werd in 2013 naar schatting 150.000 jaar besteed aan de verzorging van mensen met dementie, dat zijn 1340 miljoen uren.

Mijn moeder heeft nooit mijn vaders 'verzorger' hoeven worden. Ze bleef zijn vrouw, woonde bij hem en hield van hem terwijl hij steeds verder achteruitging. In zijn laatste, moeilijkste jaar, zou ze dat ook nooit hebben gekund: ze was in de tachtig, leed aan chronische rugpijn en was vrijwel blind. Daarom deed een hele ploeg professionals de lichamelijke verzorging (optillen, wassen, aan- en uitkleden) die mantelzorgers vaak zo moeilijk vinden. Ze bleef dus voor het belangrijkste deel zijn vrouw, en hij haar man. Daar heeft ze geluk mee gehad.

'Het is dodelijk,' zei een vriendin van me die haar man verzorgt. 'Het is *gruwelijk*.'

Verzorgen. Bezorgd zijn, nooit meer zorgeloos. Zorgelijk. Onder zorgen gebukt gaan.

We spreken het woord 'zorg' zo achteloos uit. 'Verzorger' is een woord dat het beeld oproept van serene zelfopoffering, plichtsbesef en affectie, terwijl er ook veel heftige emoties en allerlei tegenstrijdige gevoelens achter schuilgaan. Zorg verlenen klinkt alsof die zorg een object is dat als geschenk wordt gegeven, iets wat de ene persoon heel genereus en met grote zelfopoffering aan de ander geeft, en dat door de ander wordt ontvangen, zonder dat er sprake is van wederkerigheid. Sommige mensen geven de voorkeur aan de nieuwe, zorgvuldige term 'zorgpartner'.

Het is belangrijk welke woorden we gebruiken. Iemand 'begeleiden' op een reis naar het duister en de vergetelheid: is dat echt mogelijk? De 'geliefde' zijn terwijl die geliefde helemaal geen liefde voelt, alleen vijandigheid, vervreemding, verlatenheid, afkeer en wanhoop?

Dementie is een traag proces, waardoor het punt waarop iemand 'mantelzorger' wordt bijna niet is aan te geven. Neem bijvoorbeeld de vrouw die na vijftig jaar huwelijk opeens allerlei dingen moet doen die haar man altijd deed, besluiten moet nemen die hij altijd nam, opeens de geldzaken moet regelen, en daarnaast ook nog zijn fouten moet verdoezelen. Ze houdt zijn agenda bij, herinnert hem eraan dat hij ergens naartoe moet. Ze houdt hem in de gaten. Ze voorkomt dat hij verdwaalt, zoekt hem op als hij weg is, troost hem als hij bang wordt. Probeert niet ongeduldig te zijn als hij in herhalingen valt – of doet dat wel en voelt zich er vervolgens schuldig over. Ze probeert eraan te denken dat het niet hij, maar zijn ziekte is die tegen haar schreeuwt of onverschillig is en kil. Ze probeert het niet erg te vinden dat alles wat ze doet, dag in dag uit, niet wordt gezien of gewaardeerd: dat niemand dank je wel zegt, niemand zegt dat ze goed werk doet. Ze probeert het niet erg te vinden dat zij dingen opgeeft voor iemand die niet begrijpt dat dat een opoffering voor haar is. Ze probeert vast te houden aan haar eigen ik, maar voelt dat steeds meer uit haar handen glippen en ze vindt het leven oneerlijk. En zo gaat het verder, stukje bij beetje, het verlies wordt steeds iets groter, totdat ze op een dag merkt dat hij zich niet meer kan herinneren wat er die ochtend of de vorige dag is gebeurd; hij kan zich de dingen die ze samen hebben gedaan niet meer herinneren, de herinnering aan hun gezamenlijke verleden verdwijnt en hun relatie is eenrichtingsverkeer geworden. Nu is zij hun beider geheugen, hun stem, hun oordeel, de hoeder van hun verleden, de verteller van hun verhaal, de poortwachter. Dan praat ze heel geduldig tegen hem alsof hij een kind is – of hard en boos, alsof hij een ongehoorzaam kind is; ze helpt hem met eten, ze voert hem alsof hij een baby is; ze wast hem, veegt zijn billen af, ruimt achter hem op en probeert geen walging te voelen van dat lichaam waar ze ooit naar verlangde. Ze doet hem een luier om en slaapt in een ander bed. Hij schreeuwt tegen haar, valt haar aan met nagels waar poepkorsten onder zitten. Hij noemt haar 'mamma'. Hij noemt haar niets meer. Hij kan niets meer zeggen. Hij is een gestalte in een bed. Ze is alleen, alles wat ze samen hebben gedaan is als zand tussen haar vingers weggegleden en de toekomst is vernield.

Op welk punt is zij 'mantelzorger' geworden? Op welk punt noemt het kind dat voor een ouder zorgt zichzelf 'mantelzorger', en hoe verwerkt het de pijnlijke, vervreemdende ervaring om een van de ouders zo hulpeloos mee te maken, zo ontzettend lichamelijk. Er zijn mensen die mantelzorg zwaar vinden, maar wel een voorrecht: Tim Dartington, bijvoorbeeld, die zijn vrouw Anne in haar laatste jaren thuis heeft verzorgd. Hij vertelde me dat wat er met zijn vrouw gebeurde 'mijn hele manier van denken heeft veranderd, me een ander idee heeft gegeven over wie ik was, wat ik deed, over mijn normen en waarden. Het heeft alles veranderd. Ik ben er een beter mens door geworden...' Ronnie Carroll, een goede vriend van William Utermohlen, die hem in zijn laatste, vreselijke jaren trouw bleef en onvermoeibaar voor hem zorgde, vertelt liefdevol over die ervaring in de korte film die over de kunstenaar is gemaakt: 'Die arme Bill was er slecht aan toe. Ik schoor hem. Als hij naar de wc moest, hielp ik hem. Ik maakte eten voor hem – hij at heel goed, vooral als er chocolade-ijs voor toe was... Ik kleedde hem aan en we gingen naar buiten, wandelden langs het kanaal... naar zijn lievelingspub. Daar dronken we dan een paar biertjes, zaten een beetje dom te kletsen en te lachen. Het was magisch. Ik heb nog nooit zó'n hechte band met een man gehad. Ik ben er een ander mens door geworden, dat is een ding dat zeker is.'

Maar er zijn ook mensen die vertellen over de wanhoop, over de uitholling van het eigen ik. Andrew Cooper van het Tavistock Centre vertelt over een patiënte die hij als maatschappelijk werker had en die in een 'onhoudbare' situatie verkeerde en geen beslissingen meer kon nemen. 'Ik had mijn hele leven nog niet zoiets zorgelijks meegemaakt. Het was alsof er een grote leegte was, in haar, en tussen ons. Er was niets waar ik een aanknopingspunt bij had. Ik werd er hopeloos van, wat waarschijnlijk haar hopeloosheid weerspiegelde.' Maar het was zijn werk, en hij kon aan het einde van de dag tenminste naar huis.

'Ze heeft me in bezit genomen en me uitgehold,' schrijft Andrea Gillies in haar schrijnende memoires over haar schoonmoeder, *Keeper*.

Mantelzorg kan vermoeiend zijn, absurd, onthullend, afschuwelijk, verrijkend, of tragisch. Fysiek en emotioneel uitputtend. Mensen vinden zichzelf, raken zichzelf kwijt, geven iets op, krijgen er iets voor terug, ze worden uitgehold of verrijkt, gedragen zich heldhaftig of laf, zijn trots op zichzelf of schamen zich, ze doen nooit genoeg of veel meer dan van hen kan worden verwacht. Verzorger of mantelzorger, er zou een ander woord voor moeten zijn.

Het woord 'belangeloos' wordt vrijwel altijd in lovende zin gebruikt: het vrijwillig opgeven van de eigen wensen en verlangens ten behoeve van de ander. Ik heb het afgelopen jaar een aantal boeken gelezen waarin daar op hartstochtelijke wijze in bijna religieuze termen over wordt gesproken. Genezen is gericht op herstel en wordt in de maatschappij belangrijker gevonden, maar verzorgen is een doel op zich. Een schrijver haalde in dit verband de mythe van Prometheus aan (de Titaan die het vuur van de goden stal en het aan de mensen gaf) en de stoïcijnse Sisyphus (die in de Hades veroordeeld was om tot het einde der tijden een rotsblok tegen een berg op te rollen).

Mantelzorg heeft in utilitaristische zin weinig waarde en moet gezien worden als convenant, als loyaliteit. Daarbij is er misschien maar beperkt sprake van wederkerigheid, en is die soms, in het laatste stadium van dementie, geheel afwezig. Vaak zijn de resultaten van de verzorging dingen die er *niet* zijn: geen doorligwonden, geen ondervoeding, geen valpartijen… De verzorger moet dus voldoening vinden in het werk zelf, onafhankelijk van resultaat en erkenning. Ze zijn de 'hoeder van de psyche' en moeten 'gelovig' zijn. Auteur en hoogleraar verpleegkunde Sally Gadow zegt dat je als je mensen verpleegt deelgenoot wordt van hun kwetsbaarheid en gebrokenheid. In die gezamenlijke gebrokenheid worden handelingen die als vernederend worden gezien (zoals optillen, wassen en voeren) 'uitingen van het convenant'.

Dat veronderstelt pure zelfopoffering: binnentreden in een wereld vol angst, verlies en broosheid en je eigen wereld achterlaten; je eigen *zelf* achterlaten om iemand in nood te helpen. Daarbij wordt veel waarde gehecht aan zelfopoffering en lijden. Er is wel oog en erkenning voor het grote belang van het werk, maar tegelijkertijd weinig begrip voor zaken als autonomie, onafhankelijkheid en individualiteit. Nu zijn woorden als 'autonomie' en 'individualiteit' makkelijk gezegd; ik heb het al mijn hele volwassen leven over mijn individualiteit, mijn zelfstandig handelen, mezelf zijn, maar iets gecompliceerders is nauwelijks denkbaar. We komen afhankelijk ter wereld, afhankelijkheid is ingebakken in de mens. Ons hele leven als mens van vlees en bloed, als een zelf met een lichaam, een belichaamde geest, onderdeel van een rijk en veranderend netwerk van relaties, zijn we kwetsbaar. Misschien zijn we in onze moderne wereld van de eenentwintigste eeuw te zeer gericht op verdedigingsmechanismen en op grenzen. Grenzen moeten altijd worden doorbroken. Voor anderen zorgen en zelf verzorgd worden is onderdeel van de structuur van de maatschappij. Een goed leven is in essentie een leven met goede relaties. We zijn allemaal met elkaar verbonden: politiek, emotioneel, psychologisch. En toch, en toch…

Zelfopoffering kan ook een belemmering zijn voor de relatie tot anderen (want zonder zelf bestaat er geen wederkerige relatie); vooral vrouwen praten soms over zichzelf alsof ze geen stem hebben of geen verlangens voelen. Carol Gilligan, de Amerikaanse ethica, feministe, psychologe en auteur van het klassieke werk *In a Different Voice*, onderzoekt heldenlegendes als de *Ilias* en de *Odyssee* als verhalen over radicale scheiding; het zijn voorbeeldverhalen voor mannen over een individueel drama van afzondering, de droom waar relaties ondergeschikt aan zijn. Terwijl Penelope geduldig thuis zit te wachten, te weven, herinneringen ophaalt en de moed erin houdt. Mannelijkheid, zo redeneert Gilligan, wordt sinds lang gedefinieerd in termen van afzondering en vrouwelijkheid in termen van hechting. Maar hoe ver moet de empathie van vrouwen en van iedereen in verzorgende en 'vrouwelijke' rollen gaan? Zó ver dat ze er zelf aan onderdoor gaan?

Onvoorwaardelijke liefde – het grootste geschenk – kan een verwoestende uitwerking hebben. Veel ouders weten dat; ze zouden zonder aarzeling hun leven opofferen voor hun kind. Toen ik moeder werd (telkens als ik moeder werd), werd ik verpletterd door de hartstochtelijke, zelf-wegcijferende toewijding aan dat nieuwe, roze, brullende wezentje dat totaal van mij afhankelijk was. Ik bood geen enkele weerstand. Ik omschreef het meestal als overweldigende verliefdheid, maar ik voelde me ook altijd boven mezelf uit getild naar een puur en gevaarlijk terrein waar al mijn energie werd besteed aan die kleine, krachtige, eindeloos veeleisende en tirannieke ander. Het moederschap kan het complete zelf helemaal opslokken. Het is heel verleidelijk om daarin verstrikt te raken, omdat de liefde voor je kind zo overweldigend en onweerstaanbaar is. Het is vreselijk moeilijk om jezelf te bevrijden van de tweede plaats, om geen onzichtbare, zelfopofferende, vererende en mythische rol meer te willen spelen, iemand die geen verlangens heeft, niet naar vrijheid (en slaap) verlangt, iemand die zich ook weleens dwaas, onverantwoordelijk en kinderachtig wil gedragen.

Maar in dit allesverslindende liefdesverhaal worden baby's kleuters, ze worden pubers en daarna volwassenen: ze groeien op en gaan uit huis, je laat elkaar meer los. Het aanstormende getij ebt weg. De liefde wordt niet minder, maar de aard van de relatie verandert. Voor iemand die een dementerende verzorgt, kan die stroom in tegengestelde richting gaan, naar hulpeloosheid en verzwakking. Uit huis gaan is dan sterven.

De filosoof Jane English stelt de vraag: 'Wat zijn kinderen aan hun ouders verschuldigd?' En het antwoord dat ze geeft is kort maar krachtig: 'Niets.' Ze vindt dat er met ouderliefde en opoffering geen schuld wordt opgebouwd, maar wel liefde en vriendschap: plichtsgevoel jegens de ouders kan worden misbruikt als 'schadelijke ideologische volmacht tot de vernietiging van dochters'. Het vrouwelijk zelf kan op mysterieuze wijze in het duister verdwijnen, als Persephone in de onderwereld. Als ik aan mijn eigen kinderen denk, ben ik het grotendeels met Jane English eens: ze zijn me niets verschuldigd. Er zijn geen uitstaande schulden, en schuldgevoelens zijn niet op hun plaats. Mijn kinderen moeten zich niet aan mij verplicht voelen. Maar gek genoeg werkt het andersom niet: ik heb zelf wel het gevoel dat ik mijn ouders heel veel verschuldigd ben en ik zou verteerd worden door schuldgevoel als ik ze niet op een of andere manier zou terugbetalen voor alles wat ze voor mij hebben gedaan. Dat is niet alleen uit liefde, maar uit plichtsgevoel, en misschien ook uit een gevoel van zelfrespect. Ik heb een bepaald beeld van de persoon die ik wil zijn.

Maar de geschiedenis barst van ongeziene, tot zwijgen gebrachte vrouwen: tot zwijgen gebracht in naam van de liefde.

'Iedereen snapt dat best wanneer het om kinderen gaat,' zegt Sube Banerjee. 'Als ouder ben je gewend om toegeeflijk te zijn, om bepaalde denkbeelden en voornemens bij te stellen. Maar onze generatie vindt het moeilijk om dezelfde compromissen te sluiten als het om onze ouders gaat. Het is een prettig gevoel als je iets doet wat prettig is voor een ander – als je iemand kunt helpen en kunt zorgen dat hij ergens in slaagt. Het is waar dat de traditionele opvatting van autonomie naar de andere kant is doorgeslagen: je moet nu bepaalde dingen opofferen, zoals succes, en dat kan heel lastig zijn. Het gaat vooral om barmhartigheid,' voegt hij eraan toe. 'En de overheid biedt geen barmhartigheid, kan die niet bieden. Dat is aan ons, en in het proces van verlies en achteruitgang gaat het om geven en nemen.'

Want wat mantelzorgers proberen – en wat nooit helemaal kan lukken – is het evenwicht bewaren tussen het opgeven van het zelf in naam van liefde en plicht enerzijds, en het beschermen van het zelf om te kunnen overleven. Om zowel te geven als het zelf te beschermen, om de persoon die weggaat te begeleiden, maar tegelijkertijd achter te blijven. Om moed, doorzettingsvermogen, compassie, empathie en een lange adem te hebben, maar er niet aan onderdoor te gaan. Als zelfopoffering het ideaal en het doel is, als lijden wordt beschouwd als deugd op zich, dan zullen mantelzorgers – die honderdduizenden mensen in het hele land die ongezien en ondergewaardeerd hun sisyfusarbeid verrichten in naam van plichtsgetrouwheid en liefde, altijd het gevoel houden dat het nooit genoeg is. Ze zullen altijd een schuldgevoel houden – een schuldgevoel omdat ze een mens zijn met eigen verlangens en behoeften. Gezondheid en overlevingsdrang lijken dan ontrouw, ruimte voor jezelf een vorm van verraad.

In 2017 sprak ik met twee vrouwen die, elk op haar eigen manier, veel voor me hebben betekend. De eerste, Mary Jacobus, was ooit mijn mentor. Toen ik bachelorstudent was, was ze nog jong en was ik een beetje bang voor haar (hoewel ze geen angstaanjagende vrouw is, maar vriendelijk en attent), maar wilde ik ook op haar lijken. Ze was – en is nog steeds – aantrekkelijk, teruggetrokken, ongelofelijk slim, gewetensvol, introspectief en vriendelijk: een integere vrouw. Ze was een beetje een pin-upgirl voor de mannelijke studenten; ik weet nog dat ze soms college gaf waarbij ze op de rand van het podium zat, met haar hoge laarzen. (Ik herinner me ook nog heel levendig dat ze in een kleine werkgroep, waarin ik de enige vrouw was, vroeg wie er koffie uit een jampot wilde omdat er niet genoeg bekers waren, en ik – welopgevoed als ik was – mijn vinger opstak. Ze keek me streng aan en zei: 'Nee, ik vroeg het aan de mannen. Niet doen.' Daar kreeg ik een warm gevoel van.)

We hebben altijd contact gehouden. Ik heb haar en haar man opgezocht in Ithaca, in de staat New York, toen haar kinderen nog klein waren. Ze hadden daar een prachtig oud huis, vol boeken, schilderijen en babykleren (ze heeft daar veertig jaar gewoond, maar gaat het huis 'ontmantelen' en verkopen omdat ze kleiner wil gaan wonen, in een appartement. Ik heb haar ook opgezocht toen ze nog in een rijtjeshuis in Cambridge woonde en ze kwam ook een keer bij mij langs met een geurige rozenstruik, die nog steeds bij ons in de tuin staat. Ze is een vriendin van me geworden. Haar man kreeg een paar jaar geleden de diagnose dementie en verkeert nu in het middelste stadium van de ziekte. Ze is zijn belangrijkste verzorger – al is 'verzorger' een woord waar ze ernstige bedenkingen tegen heeft. In haar hele loopbaan heeft ze zich ingezet voor vrouwelijke auteurs en de vrouwelijke stem. Ze is een feministe die opgroeide in de tweede feministische golf en ze is kritisch over de manieren waarop vrouwen zich steeds actief tegen zelfopoffering moeten verzetten: het ideaal van vrouwelijke heiligheid dat zo dodelijk kan zijn. Ze spreekt zorgvuldig over haar eigen ervaringen, zonder rancune of zelfmedelijden: ze is zelf haar scherpzinnigste critica. Ze ervaart aan den lijve wat de situatie waarin ze verkeert betekent, hoe je ermee kunt leven, welke grenzen je moet stellen, en ze denkt erover na. Ze denkt na over hoe je het kunt overleven.

De gewone dagelijkse routine biedt een soort houvast: ze laten de hond uit (een geadopteerde bordercollie waar ze erg aan gehecht zijn); ze maken, met wisselend succes, het kruiswoordraadsel in *The Guardian.* Maar 'het is oneindig moeilijk om aan iets anders te denken of iets anders te doen dan de situatie in Ithaca, en hoe we alles in goede banen moeten leiden... dat slorpt al mijn tijd op, behalve als ik even afstand neem.'

'Het is een tweeledig probleem,' zegt ze als we in het restaurant zitten van het Fitzwilliam Museum in Cambridge. 'Mijn eigen hoofd heeft er ook onder te lijden. Ik ben niet alleen het geheugen. Ik heb ook de zorg en de bezorgdheid.'

Haar echtgenoot is een 'flierefluiter' geworden. 'Hij kent zijn grenzen niet meer. Daarom moet ik hem in de gaten houden.' Omdat hij zich almachtig voelt, vat hij elke vorm van kritiek op als een persoonlijke aanval, 'een heel primitief gevoel'. Zij wordt zijn 'corrector'. Daarnaast wordt ze ook een soort verteller voor hem, die klaarheid brengt in wat verwarrend, mistig en 'aan scherven' is. Dat is een heel moeilijke onderneming, die haar leven uit evenwicht dreigt te brengen. 'Je moet tijd voor jezelf reserveren,' zegt ze. 'Je moet je eigen grenzen bewaken, je eigen geestelijke gezondheid. Als er chaos is, moet je het oplossen. Ertussenuit gaan is een vorm van verdediging. Ik ben daar altijd heel duidelijk in geweest, misschien uit angst om afhankelijk te worden, om machteloos en hulpeloos te zijn.' En ze voegt eraan toe: 'Mantelzorgers hebben de neiging om eindeloos door te gaan.'

Ze volgde een cursus voor mantelzorgers die 'krachtige tools' beloofde te geven. De krachtigste daarvan bleek een heel eenvoudige te zijn: 'Doe elke dag iets voor jezelf.' Ze besloot om elke dag naar de bibliotheek te gaan. Ze volgt een cursus Italiaans en ze gaat door met schrijven, al kan ze daar steeds minder vaak de tijd voor vinden. 'Als ik de deur achter me dichttrek, heb ik soms het gevoel dat ik Reeve overdraag: "Zorg jij nu maar voor hem, Nanny." Dat is geen fijn gevoel. Maar als ik het niet deed, zou ik kopje-onder gaan in die wereld. En dat mag niet gebeuren.'

Haar vader had aan het einde van zijn leven ook dementie. Hij was 'een erg moeilijke man, en werd door de dementie nog moeilijker'. Haar moeder leed erg onder de situatie en 'dumpte' hem uiteindelijk in een tehuis. 'Het was hardvochtig, maar ze was ten einde raad. Ze probeerde haar eigen leven te redden. Ik wil nooit zó wanhopig worden dat ik tot zulke hardvochtigheid gedwongen word.'

Ze handelt dus weloverwogen en zorgvuldig, niet roekeloos of zelfdestructief, ze probeert geduld op te brengen, hoewel dat niet in haar aard ligt, en probeert altijd vriendelijk te blijven ook al is ze zich maar al te goed bewust van haar frustraties en de weinige intimiteit die ze terugkrijgt. Ze zorgt ervoor dat ze wat ze geeft op langere termijn kan volhouden en ze verdeelt haar tijd en energie zo verstandig mogelijk. 'En ik heb hem nog. Ik ben hem niet kwijt, maar ik rouw om het loslaten van het verleden, en van wat nog had gekund. Dat is heel verdrietig. Maar ik weet dat ik verder moet en dat ik de dingen die we samen hadden willen doen nu alleen moet ondernemen.'

Een paar maanden later schreef Mary me een e-mail vanuit Italië, waar ze een maand verbleef voor een *residency* academisch schrijven. Ze had die reis, waarop ze zich erg had verheugd en die al lang geleden was afgesproken, eerst uitgesteld en daarna bijna afgezegd; ze zou eigenlijk samen met haar man gaan, maar toen brak hij zijn heup. Ze durfde hem eigenlijk niet goed alleen te laten, ook al wist ze zeker dat hun zoon goed voor hem zou zorgen. Maar na al dat uitstel, het getwijfel en de bezorgdheid was ze toch gegaan en nu keek ze uit over zee, hoorde ze de golven tegen de rotsen slaan, kon ze schrijven, denken en voelen. Het was als een 'lange stroom van koud water die mijn geestelijke horizon openbrak, me de ruimte en de tijd gaf om na te denken, een intens creatieve ruimte...' schreef ze. 'Ik voel me alsof ik mijn leven en mijn gedachten weer heb teruggekregen.'

Ze is zich er maar al te goed van bewust dat ze haar leven terug heeft gekregen door zich – korte tijd – los te maken van het zijne. Ze weet dat ze iemand is die niet alleen maar de helft van een duo is: ze reist alleen, doet haar eigen dingen, reserveert bepaalde kanten van haar leven voor zichzelf. 'Misschien is dat mijn redding, maar het is ook een probleem.' Want de verzorger van iemand met dementie leeft tussen twee grote gevaren: zich terugtrekken om het zelf te beschermen, of ten onder gaan aan de behoeften van de afhankelijke ander.

Je eigen leven terugkrijgen, al is het maar voor even: verzorgen en er toch niet psychisch aan onderdoor gaan. Hoeveel moet een mens geven? *Alles?* Het hele zelf? Het is altijd te veel en het is nooit genoeg.

De tweede vrouw wil anoniem blijven. Ik kende haar niet voordat ik met haar sprak over haar ervaringen als verzorger van haar man, die dementie heeft, maar toch had ik het gevoel van wel – het leek of ze me al veel had verteld, omdat ik al zo veel had gelezen en herlezen van wat ze in haar lange en rijke academische loopbaan heeft geschreven. Ik hou erg van de manier waarop ze deuren openzet naar ideeën en gedachten die eerst ontoegankelijk leken, verbindingen legt tussen dingen die niets met elkaar te maken leken te hebben, maar onder haar leiding nieuw leven ingeblazen krijgen, en van haar vrije denktrant. Bovendien is ze – net als Mary Jacobus – een vrouw die veel heeft nagedacht over het verstrijken van de tijd, over de dood, over wat het is om vrouw te zijn, een vrouwenstem te hebben, en het zwijgen opgelegd te krijgen.

Ze woont met haar man in een prachtig huis met een grote tuin waar het net voorjaar aan het worden is, de knoppen uitkomen en de kleur terugkeert. Ze is al in de tachtig, maar nog even helder als altijd. We zitten in de keuken, het hart van het huis; overal boeken, papieren, spelletjes en kinderstoelen (ze heeft kleinkinderen), bekers en bloemen en schilderijen: een schat aan huishoudelijke genoegens, aan dingen die je kunt bekijken, lezen, gebruiken. Voorafgaand aan en na afloop van ons gesprek ontmoet ik haar echtgenoot, een magere, enigszins gebogen man met een getekend en nerveus gezicht, een vriendelijke lach en een hoffelijke manier van doen. Hij geeft me een hand, heet me welkom. Ook hij was ooit een eminent academicus en schrijver: hij heeft het grootste deel van zijn leven in zijn hoofd gewoond. Ze zijn meer dan vijftig jaar getrouwd en hebben drie kinderen. Als ik in hun warme en gastvrije huis zit, lijkt het me overduidelijk dat ze samen een goed leven hebben opgebouwd.

Begin 2016 moest hij geopereerd worden aan een aneurysma waar hij zich zorgen over maakte. Achteraf wilde ze natuurlijk dat hij die operatie niet had gehad. Hij was oud, hij was wat trager geworden, maar hij functioneerde goed en was net begonnen aan een nieuw boek. Later vroeg een van de psychiaters die ze spraken of de bloedtoevoer naar de hersenen tijdens de operatie misschien onderbroken geweest was. 'Ik heb niet de behoefte om dat na te vragen,' antwoordde ze.

Wat de oorzaak ook was: de dementie begon plotseling. Toen

hij na de operatie thuiskwam, ging het eerst nog wel, maar al snel raakte hij in de war en begon moeilijker te praten. Daarna werd hij meerdere keren opgenomen in het ziekenhuis met urineweginfecties en kreeg C.difficile, een infectie die meestal in ziekenhuizen wordt opgelopen en die leidt tot misselijkheid en diarree. 'In maart was hij er heel slecht aan toe, zowel geestelijk als fysiek. Hij praatte onsamenhangend. Ik belde de dokter en hij werd met spoed onderzocht: ze ontdekten dat zijn nieren niet goed meer werkten. Hij kreeg een infuus en daarna ging het weer redelijk. Maar hij raakte verzwakt. Toen hij zo achteruit begon te gaan, vroeg hij weleens: "Wat hebben wij voor toekomst?" en "Wat moet er nu van ons worden?" Daaruit bleek dat hij wel aan voelde komen wat er ging gebeuren. Nu kan hij niet meer lezen. Hij kan niet schrijven. Hij kan geen gesprek volgen. Hij kan geen dvd's kijken. Hij kan niet naar de bioscoop. Hij is heel erg beperkt.'

Achteraf weet ze dat er twee of drie jaar voor zijn operatie al signalen waren van zijn cognitieve beperkingen. Hij keek niet meer graag naar films omdat hij ze niet meer goed kon volgen. Toen hij de diagnose kreeg, in maart 2016, kwamen die eerdere problemen aan het licht. 'Ik denk dat hij ze compenseerde op een manier die niemand in de gaten heeft gehad. Hoe kan het anders dat het opeens zo snel ging?' Haar gezicht betrekt. 'En zijn belastingaangifte, wat een ramp!'

Ze spreekt respectvol over haar man, verdrietig en met tederheid. Ze kijkt terug op een lang leven met hem en vertelt over hoe het vroeger was. 'Hij was altijd een rustige, wat stille man. Daar moest je echt doorheen zien te komen om hem te leren kennen. Als hij al heeft geweten wat hem in die jaren mankeerde, dan heeft hij dat niet laten merken. Maar hij was zich er wel van bewust dat er aan zijn lange loopbaan langzaam een einde kwam.'

Toen hij de diagnose kreeg, eerst in het ziekenhuis en daarna thuis, leek dat helemaal niet tot hem door te dringen. Ze gebruikt het woord 'dementie' niet veel (hun Dansles met Dementie is gewoon hun dansles), en tegen hem heeft ze het over 'een ziekte waardoor het moeilijk voor je is om de samenhang tussen alles te zien'. Hij is incontinent, maar schijnt daar geen last van te hebben. 'Hij is gedissocieerd. Hij kan de schaamte van zich afzetten door die dissociatie en dat werkt erg goed. Als ik ergens gefrustreerd over ben, zegt hij: "Ik weet niet waar je het over hebt." Hij heeft die hele kant van zichzelf afgesloten.'

Die dissociatie gaat heel diep. 'Hij is daar altijd al heel goed in geweest, hij leefde vroeger ook al erg in zijn hoofd. Hij heeft zijn hele leven bijna elke dag geschreven. Tegenwoordig gaat hij nooit meer naar zijn schrijfhuisje. Hij kijkt er niet eens naar. Volgens mij doet hij het niet met opzet, maar als hij in de tuin is, kijkt hij nooit naar links, waar het schrijfhuisje staat. Hij loopt er gewoon voorbij. Dat deel van zijn leven heeft hij afgesloten en hij praat er nooit meer over. Nooit.'

's Ochtends komt de thuiszorg hem helpen met douchen en aankleden, en 's avonds met wassen en uitkleden. De rest doet zij. 'Een van onze vrienden komt hem voorlezen, maar dan valt hij meestal in slaap. Muziek is alles voor hem: hij luistert de hele dag naar cd's: strijkkwartetten van Schubert, Beethoven en Bach. Vooral kamermuziek. Als de ene cd afgelopen is, begint hij aan de volgende. De kleinkinderen zijn fantastisch: die van twee kan contact met hem maken, die directheid werkt bij hem nog. Hij is beleefd, hij kan zich in gezelschap goed gedragen. Hij praat nog wel wat, maar je moet hem steeds aanmoedigen. En hij kan nog lachen. Maar soms moet hij het gevoel hebben dat hij verdwaald is. Dan zegt hij verbijsterd: "Ik weet niet wat er gebeurt, ik weet niet wat dit allemaal is." Iemand van de thuiszorg vroeg een keer aan hem: "Gaat het goed?" en toen zei hij: "Nee."'

Terwijl we daar in haar keuken achter een beker koffie zaten en het buiten zonniger werd, praatte ze alleen over haar man en nooit over zichzelf, deze vrouw die na vijftig jaar huwelijk zijn verzorger is geworden. Ik vraag aan haar hoe ze het zelf redt.

'Ik slaap niet veel,' zegt ze zacht. 'Hij stoot me 's nachts vaak aan. We slapen nog steeds in hetzelfde bed, dat hebben we altijd gedaan. Het moeilijkste is dat ik geen lichamelijk verlangen meer voel, geen intimiteit, want nu heb ik een andere functie gekregen. Ik maak hem schoon, ik kook eten, ik regel alles. We waren altijd gelijkwaardige partners.' (Het is pijnlijk om haar de verleden tijd te horen gebruiken: de dingen waarover ze praat zijn voorgoed voorbij.) 'We vonden het huiselijk leven altijd heel belangrijk. En het is ook altijd heel evenwichtig en eerlijk verdeeld geweest tussen ons. Vroeger reisden we samen de wereld rond, bezochten andere universiteiten, soms als de hoofdgast, soms als partner. Ik denk vaak aan alles wat we nooit meer samen kunnen doen: naar het theater, naar concerten, op vakantie.'

Net als Mary Jacobus weet ze dat het goed voor haar is om de dingen te blijven doen die ze fijn vindt. Hoewel ze vaak uitnodigingen afslaat, doet ze wel dingen die ze het belangrijkste vindt. (Ze heeft net iets 'heftigs' gedaan, namelijk twee kaartjes besteld voor de opera.) Maar ze betwijfelt of ze ooit nog een boek zal schrijven.

Haar schoondochter zei onlangs: 'Wat als het andersom was geweest?' Het antwoord: 'Dan zou ik in een tehuis zijn gegaan. Wat ik voor hem doe, zou hem nooit gelukt zijn. Daar denk ik weleens over na.'

Ze weet dat er een moment kan komen waarop ze dit niet meer kan volhouden en haar man naar een verpleeghuis zal moeten. 'Mensen zeggen weleens tegen me dat hij het daar misschien best prettig zal vinden en dat we het ook leuker zullen vinden om daar samen te zijn, omdat het dan niet vierentwintig uur per dag is.' Ze vertelt dat hij een tijdje geleden een ernstige attaque kreeg. Ze dacht dat hij dood zou gaan. De ambulance bracht hem met blauwe zwaailichten naar het ziekenhuis. Daar moest hij een week blijven en 'ik voelde hoe het was om een ander leven te leiden', namelijk het leven zoals het vroeger was. 'Ik kon opstaan wanneer ik wilde. Er waren geen verzorgers in huis. Ik dacht: god, die hele wereld is er nog steeds. Ik ging naar twee lezingen, naar een concert. Het was alsof Mefistofeles zei: "De hele wereld is van jou. Je hoeft alleen maar je hand ernaar uit te steken." En toen kwam de morele reactie: kan ik dat wel doen? Dat schuldgevoel is er altijd.'

Ik vroeg haar of ze het gevoel heeft dat ze hem is kwijtgeraakt. Daar denkt ze even over na. 'Wel in de zin dat ik meer op zijn moeder ga lijken – en daar kon hij het bepaald niet goed mee vinden! Hij probeerde haar altijd te ontwijken. Nu zit ik hem altijd op de huid. Ik laat hem dingen doen die hij niet wil. Mijn eigen moeder had aan het einde van haar leven ook dementie. Ik werd altijd erg geraakt als haar vrienden zeiden dat ze niet meer dezelfde vrouw was. Dan dacht ik: nee! Ze is nog steeds mijn moeder! Nog steeds dezelfde persoon! Een groot deel van haar geheugen was verdampt of vertekend, en op een bepaalde manier gaven ze zichzelf hiermee toestemming om haar af te schrijven. Maar het was niet waar. Ze was er nog. Ergens.'

Haar echtgenoot is er ook nog en zal er altijd zijn. 'Je persoonlijkheid blijft bestaan, in je *gestel*, in jezelf, hoe incoherent en warrig je ook bent geworden.'

We moeten verdriet kunnen dragen: we moeten ons er niet van afkeren, maar het ook niet absorberen of overnemen. We moeten het dragen. Verdriet is een zwaar ding.

'Ik ben de wanhoop voorbij,' zegt Disie Johnson, die in haar eentje voor haar man zorgt. 'En ik ben echt wanhopig geweest. Ik heb uit alle macht geprobeerd om de persoon die hij was vast te houden. Maar dat doe ik niet meer. Ik heb geaccepteerd wie hij nu is geworden. Ik heb een bepaald niveau van acceptatie, ook al vind ik het de laatste tijd niet prettig meer om bij hem te zijn. Die acceptatie is in zekere zin een nederlaag. Eigenlijk heeft de ziekte gewonnen.' Maar haar man is 'heel gelukkig. Ik denk dat ik mazzel heb gehad. Hij verkeert in absolute gelukzaligheid! Ik schijn hem dolgelukkig te maken.' Disie voelt zich helemaal omsingeld door de ziekte: haar 'bijna-moeder' heeft vergevorderde dementie en zit in een verpleeghuis. Haar broer en 'grootste vriend' heeft beginnende dementie. Hij is nog geen zeventig, maar ligt in bed, met zijn ogen dicht, kan zich niet bewegen, een levende dode. Ze praat openhartig en met lef over haar gevoelens. Ze wil het goede doen, en ze wil overleven.

Zowel haar man als zij is eerder getrouwd geweest; dit tweede huwelijk was, na hun rampzalige eerste huwelijken, 'ongelofelijk goed en gelukkig'. Hij was econoom, ecoloog, een getalenteerd amateurschilder, knap, geestig, slim, extravert, vol gespreksstof en energie. 'Kort nadat we elkaar hadden leren kennen zijn we getrouwd, we adoreerden elkaar en we waren...' Ze aarzelt, want ze wil niet zelfingenomen zijn. 'Ik geloof dat we een tijdje een soort gouden koppel waren.'

Hij kreeg de diagnose toen hij drieënzeventig was, ze woonden destijds in Italië. Hun wereld – met al hun toekomstplannen –

stortte in. 'Als hij had geweten wat er van hem zou worden, dan zou hij...' Ze haalt haar hand langs haar keel. 'In het begin zei hij soms: "Er is iets mis, er is iets heel erg mis." Maar nu heeft hij er geen idee meer van hoe ernstig het is. Geen flauw idee van zijn dementie. Als hij er een televisieprogramma over ziet, zegt hij: "Ach die arme stakkers." Als er soms iemand komt om voor hem te zorgen, heeft hij geen idee waarom. Hij maakt zich er weleens zorgen over dat ik zo veel beslissingen moet nemen. Dan zegt hij: "Kan ik je ergens mee helpen, lieverd?" Of hij zegt: "Laat mij die tas maar dragen." Of: "Mag ik ook mee, schat?" Hij is altijd best afhankelijk van mij geweest – ik denk dat vrouwen hem nogal hebben verwend – en nu is hij totáál afhankelijk. Hij zegt: "Je zorgt zo goed voor me, dat is vast heel saai..." Ik denk dat hij helemaal niet meer weet wie hij vroeger was. Hij vindt het heerlijk om naar bed te gaan: als hij in bed stapt, zegt hij: "Dit is de hemel." Hij zegt dat hij negentig jaar wil worden.'

Vroeger praatten ze veel met elkaar, haar man was 'iemand met een heel rijke taal', maar nu praat hij alleen nog in clichés of hij zegt helemaal niets. 'Een beetje kletsen is er niet meer bij. Dat is haast nog het moeilijkste: dat dat helemaal voorbij is. Het blijft altijd stil. Godzijdank is er muziek, en Radio 4.' Ze wonen in een klein appartement in Londen met een dakterras dat ze vol heeft gezet met planten en bloemen, en waar ze uitzicht hebben op de rode Londense dubbeldekkers en een paar bomen, die nu net in blad komen. Daar zit hij vaak, hij luistert naar Monteverdi, zij leest hem poëzie voor, en hij is tevreden. Hij krijgt drie uur per week thuiszorg vergoed, de rest moeten ze zelf betalen. 'Ik ga zo vaak mogelijk weg. Ik moet wel. *Ik moet wel.* Of ik schreeuw? Natuurlijk schreeuw ik! Dan lacht hij alleen maar heel lief naar me en zegt: "Kom even bij me zitten, liefste van me." Hij vindt het niet fijn als ik thuis ben en dan niet bij hem zit. Dat is heel benauwend. Maar we lachen soms nog wel: om zijn geheugen, of als ik naar hem sta te schreeuwen, om alles eigenlijk. En dan denk ik: was het maar zo grappig als jij denkt.'

Ze kijkt me met een felle blik aan. 'Eerlijk gezegd ben ik jalóérs,' zegt ze. 'Ik ben jaloers op mijn vrienden, leeftijdgenoten, die gewoon kunnen gaan en staan waar ze willen. Ik leid geen normaal leven, er is niets normaals achter het pantser van normaalheid. Geen van mijn vrienden weet precies wat zich daarachter afspeelt. Mensen zoals wij zijn buitengesloten van het gewone leven. Logisch dat we daar wrok over koesteren. Verveling is de tijd voorbij voelen gaan, de tijd doden, zegt Heidegger. Hoe kun je dat nu willen? Wat voor leven is dat?'

Ze lacht bitter en neemt een slok wijn. 'Het probleem is dat hij zo ontzettend gelukkig is – "Ik ben de gelukkigste mens ter wereld", zegt hij – maar dat ik, tja, dat ik me intussen zo ellendig voel.' Ze zet haar glas neer. Ze heeft een prachtig, sterk gezicht; ik kan wel zien dat zij een gouden koppel waren, met de wereld aan hun voeten. 'Ik voel me ellendig, uitgeput en wanhopig. We leven helemaal langs elkaar heen.'

Disie is een lieve, geweldige vrouw. Ze zet haar schouders eronder en is vastbesloten om het tot een goed einde te brengen. Tegelijkertijd kent ze haar eigen grenzen, ze lacht om zichzelf en om haar tekortkomingen, en doet voor hoe ingehouden woedend ze soms kan doen als ze haar geduld verliest (ze lacht nooit om haar man en doet hem nooit na). '"Schat, je moet opstaan… Kom je er zo uit, schat? Kijk, hier is een kop thee… Schat, zou je er niet eens uit komen?… Trek even een andere broek aan, schat… Je moet een andere broek aandoen… Hij ligt onder de wastafel… Schat, je hebt nog geen andere broek aangetrokken…"

En zo gaat dat *godsamme* dus anderhalf uur door...' Ze wil niet helemaal opgeslokt worden door haar taak van mantelzorger. 'Ik zet mijn hersens aan het werk,' zegt ze. 'Dat is heel belangrijk.' Ze volgt een operacursus, taallessen, schilderles van Pat Utermohlen, ze spreekt af met vrienden. Als ze thuis is heeft ze bepaalde gewoonten: ze maakt iets lekkers voor de lunch of voor het avondeten, ze zorgt dat het gezellig is in hun appartement, ze leest haar man gedichten voor en hoort dan haar eigen stem weerklinken in de stilte die ze zo verafschuwt. Ze probeert verdriet, woede en angst op afstand te houden, maar ze geeft toe dat ze zich soms geïsoleerd en moedeloos voelt. Het beangstigt haar soms dat ze zo flegmatiek kan zijn, ze is bang om hem nog meer te verliezen, de man van wie ze zo veel heeft gehouden, en nog steeds houdt. Maar dat gaat natuurlijk toch een keer gebeuren.

'Ik weet niet meer of ik ooit tegen Bill heb geschreeuwd,' zegt Patricia Utermohlen zacht. Het blijft even stil. Dan zegt ze: 'Ik wil me dat ook niet herinneren.'

Het is belangrijk om te praten over zaken als haatgevoelens of moordneigingen,' zegt Andrew Balfour, CEO van het Tavistock Centre for Couples Relationships, waar echtparen waarvan de een ziek is ondersteuning krijgen. Als mensen dat niet onder ogen zien, kunnen ze erdoor meegesleept worden of uit de relatie stappen. Mensen hebben een strategie nodig, een verdedigingsmechanisme.' Hij doelt op de containment-theorie, die meestal wordt gebruikt bij kinderen, zonder te willen impliceren dat mensen met dementie kinds zijn. Hij verafschuwt de 'mierzoete' infantilisering van zwakke ouderen, maar zegt dat ze net als kinderen met een bepaalde containment (het opvangen van de gevoelens) moeten worden benaderd. 'En de container van iemand met dementie, heeft zelf ook containment nodig – het is het baboesjkaprincipe. Mantelzorgers hebben steun nodig als ze emotioneel beschikbaar willen blijven. Als er bijvoorbeeld de hele tijd tegen jou wordt geschreeuwd, dan heb je hulp nodig om daarmee te leren omgaan.' Hij denkt dat je dat niet alleen kunt en dat het van essentieel belang is dat er erkenning is voor het werk van de mantelzorger: maar al te vaak blijft dat 'onzichtbaar en onopgemerkt'.

Elk verhaal is weer anders. Als ik een lezing houd voor de Suffolk Family Carers, ontmoet ik een man die voor zijn geestelijk zieke dochter en voor zijn demente vrouw zorgt. Hij is van de vroege ochtend tot de late avond druk in de weer met alles wat er in huis moet gebeuren. Hij heeft ontslag genomen om deze belangrijke taak te verrichten, waardoor hun inkomen enorm is gekelderd. Hij is bijna al zijn vrienden kwijtgeraakt, en als hij erover nadenkt moet hij toegeven dat hij eenzaam en verdrietig is. Maar hij is heel nuchter. Hij doet gewoon zijn plicht. Hij weet zelf niet dat hij een held is.

Ik ontmoet een vrouw wier echtgenoot haar probeert te slaan. Ze weet dat dat door zijn ziekte komt. Voordat hij ziek werd, was hij heel zachtaardig, en misschien is hij dat nog steeds wel.

Ik ontmoet een vrouw die voor haar dementerende moeder zorgt, en ook voor haar dochter, die aan ernstige epileptische aanvallen lijdt. Deze vrouw draagt een felroze gebreide muts en een roze sjaal en ze heeft de koppige, dappere vrolijkheid die ik ook bij andere mantelzorgers heb gezien.

Ik ontmoet mannen en vrouwen die oud en niet sterk zijn, maar elke dag hun partner optillen, dus in feite lichamelijk zwaar werk verrichten.

Ik ontmoet kinderen die een ouder met dementie in huis hebben genomen, waardoor hun leven op zijn kop staat.

Kinderen die voor een ouder zorgen die nooit goed voor hen heeft gezorgd, hen in sommige gevallen zelfs heeft mishandeld, en dan is het alsof ze daarmee op een of andere manier de orde en het fatsoen in hun wereld willen herstellen.

Kleinkinderen die veel tijd besteden aan mantelzorg, en zich zorgen maken over hun school of studie.

Mantelzorgers die zelf bijna nooit meer buiten komen: het huis is een gevangenis geworden waar ze samen hun straf uitzitten.

Mantelzorgers die soms haat voelen voor degene die ze verzorgen, en die daarom ook zichzelf haten.

Mantelzorgers (en dit geldt vrijwel voor iedereen die ik heb gesproken) die zich schuldig voelen omdat ze hun geduld verliezen en driftig worden, of omdat ze soms hulp van buitenaf aannemen, of omdat ze soms iets voor zichzelf gaan doen: korte momenten van egoïsme. 'Egoïsme' klinkt heel negatief, maar het kan synoniem zijn voor 'gezond'.

Ik ontmoet mantelzorgers die geestig, optimistisch en vriendelijk zijn en geen wrok koesteren, die hun taak beschouwen als een moeilijk voorrecht, iets wat hun is gegeven, maar die desondanks depressief, ziek, boos, chaotisch, afgemat, gevangen, diepbedroefd en aan het einde van hun Latijn zijn, die voelen dat ze niet verder kunnen, maar het toch doen. En blijven doen. Zo zijn er honderdduizenden: het zijn geen heiligen, maar gewone mensen die worstelen in eenzaamheid.

Het interview dat me het meest van mijn stuk bracht was dat met Tommy en Joyce Dunne in hun keurige bungalow. Het begon als een verhaal over hoop na een catastrofe, over een man die wanhoop en angst had overwonnen en die nu een goed, zinvol bestaan leidt en anderen met dezelfde ziekte probeert te helpen. Over een vrouw die hem altijd loyaal is blijven steunen en haar baan heeft opgezegd om hem te kunnen bijstaan, een verhaal over trouw, moed, doorzettingsvermogen en optimisme. Dat verhaal is het ook, maar er gaat een ander, veel gecompliceerder verhaal achter schuil.

Ik zit al een tijdje met ze te praten, vooral over Tommy's ervaringen, waarbij Joyce hem helpt met het vertellen van zijn verhaal. Wat er dan gebeurt komt misschien doordat ze opnieuw het gevoel heeft dat ze aan de zijlijn staat, dat het niet over haar gaat. Ze vertellen over het toneelstuk over dementie dat Tommy heeft geschreven en waar ze allebei aan meedoen. Het klinkt allemaal heel lollig. Ze lachen, maken grapjes, en dan zegt Joyce opeens, zomaar vanuit het niets: 'Maar we leven niet meer echt als man en vrouw.'

Ik kijk haar aan, met stomheid geslagen.

'Nee,' gaat ze verder. 'Tommy kijkt niet meer naar me om. En ik loop op eieren. Bij het minste of geringste begint hij tegen me te schreeuwen.'

Ze glimlacht nog steeds. Tommy ook, hij lijkt helemaal niet van zijn stuk gebracht door wat ze zegt. Het dringt opeens tot me door dat ze al de hele tijd naast elkaar op de bank zitten, maar elkaar niet aankijken, niet aanraken, niet tegen elkaar praten. Alles is op mij gericht. Als ik teruglees wat ze hebben gezegd, valt het me op dat Tommy nooit 'je' of 'jou' zegt tegen zijn vrouw, en het ook niet over 'wij' of 'ons' heeft. Hij zegt 'ik' en 'zij'. Persoonlijke voornaamwoorden, voorzetsels en voegwoorden zijn vaak veelzeggend, ze vertellen meer dan de 'inhoudswoorden' omdat we ze onbewust gebruiken.

Door wat Joyce vertelt, komt het toneelstuk dat ze voor me opvoeren in een heel ander licht te staan: het is geen gezellige film van Richard Curtis, eerder een stuk van Pinter of Beckett: een scène over bittere eenzaamheid.

'Dat is waar,' zegt Tommy kalm. 'Ik kan het niet meer voelen.' Hij zegt het alsof hij het over een vreemde heeft, iemand waar hij zelf niet verantwoordelijk voor is.

'En dat is heel verdrietig,' zegt Joyce. 'Echt heel erg verdrietig.'

'Het is alsof alle emoties weg zijn,' gaat Tommy onverstoorbaar verder, alsof zij niets heeft gezegd. 'Ik snap niet waarom ze wil dat ik zeg dat ze er leuk uitziet. Waar slaat het op. Ik snap het op zich wel, maar ik voel het niet meer. Dat gevoel is weg.'

Ik moet denken aan professor Martin Rossor, klinisch neuroloog en nationaal directeur dementieonderzoek, die ik sprak in zijn gezellige kamer in Queen Square, en die me vertelde over mensen met dementie die hun empathische gevoelens verliezen, geen verdriet meer kunnen voelen, niet om anderen maar ook niet om henzelf. Ik herinner me ook dat hij vertelde dat het verlies van empathie misschien duidt op het verlies van het zelf. Maar ik zwijg, want wat had ik moeten zeggen?

'Als ik zou zeggen: "Ik hou van je", dan doe ik dat alleen omdat ik dat moet.' Tommy kijkt Joyce nog steeds niet aan. 'Vroeger was ze de zon in mijn leven. Ik weet nog wel dat ik dat vroeger wel zo voelde... dat ik me erop verheugde om haar weer te zien als ik naar huis ging.'

Joyce knikt. 'Hij is niet meer in me geïnteresseerd. Hij vraagt nooit: *Hoe was je dag? Heb je nog iemand gesproken? Wil je een kopje thee?* En het is de moeite niet waard om iets tegen hem te zeggen. Soms ga ik de kamer uit en tel ik tot tien voordat ik weer binnenkom.'

'Maar als ze ergens naartoe gaat' – hij zegt nog steeds geen 'jij' tegen Joyce, ook niet nu ze over haar diepste verdriet vertelt – 'dan is het alsof ze maar een paar minuten weg is geweest in plaats van uren. Ik ben elk gevoel voor tijd kwijt.'

Ik kom met een of andere dooddoener, dat het een groot verdriet is, dat de ziekte hun een flinke klap heeft toebedeeld.

'Ik rouw elke dag om de persoon die ik was,' zegt Tommy. 'En ik mis de Tommy van vroeger. Soms word ik wakker en dan herken ik Joyce niet meer. Dat is heel beangstigend. Net als wanneer ik in de spiegel kijk en ik denk dat ik mijn vader zie.'

'Hij laat niet merken hoe het werkelijk zit,' zegt Joyce. 'Hij is heel hartelijk naar andere mensen, omhelst ze, zegt dat ze er goed uitzien.'

Dat is waar: toen ze me van het station kwamen halen, omhelsde Tommy me en gaf me een arm. Ik vond hem heel innemend.

'Ja, we duwen degene die ons het meest nabij is juist van ons af.' Tommy zegt het met een glimlach, hij stemt in met alles wat Joyce zegt.

'Hij zit in een Twitter-groepje,' zegt Joyce. 'Daar is hij echt een ander mens! Hij vindt het heerlijk, dan doet hij heel energiek.' Ze trekt een geanimeerd gezicht en doet haar handen expressief omhoog.

Ik vraag Joyce of dat haar boos maakt.

'Boos? Nou en of! Ook al weet ik wel dat het door zijn ziekte komt. Maar dat kan ik niet laten merken, want dan gooit hij iets naar mijn hoofd.' Tommy knikt vriendelijk. 'Ik hou van Tommy, maar ik ben niet meer verliefd op hem. Hij heeft me steeds verder van zich af geduwd.'

Een tijdje geleden heeft ze hem overgehaald om met haar in relatietherapie te gaan, maar dat vond hij vreselijk. 'Ik moest de hele tijd de waarheid horen. Mijn fouten. Weten hoe iets moet en het echt doen zijn twee verschillende dingen. Ik kan in een boek lezen hoe je een vliegtuig moet besturen, maar ik zou het niet kunnen doen.'

Hun twee kinderen zijn een grote steun: haar dochter zegt dat ze haar eigen leven moet leiden en haar zoon dat ze zich niet door Tommy moet laten koeioneren. 'Want dat doet hij. En dat komt doordat hij zo veel kwijtraakt.'

'Als ze er niet is, mis ik haar,' zegt Tommy.

'Het is alsof ik in de rouw ben,' zegt Joyce.

'Het is een lang afscheid.'

'Maar ik kan niet depressief worden. Dat kan gewoon niet. Ik moet doorgaan.'

'Soms huil ik,' zegt Tommy.

'Ik heb jou nog nooit zien huilen!'

'Toch doe ik het wel. Als ik alleen ben. Als ze er is, voel ik me veilig.'

'Ik mis heel veel. Werk. Dingen die ik vroeger deed. Al onze plannen. Intimiteit, een kus of een knuffel. Als ik hem een knuffel probeer te geven, dan draait hij zijn hoofd opzij, hij wil dat het snel voorbij is. Hij kan niet verdragen dat ik huil. Dat heeft hij nooit gekund. Ik moet alles opkroppen. Soms denk ik wel eens dat hij nooit voor mij zou opkomen. Dat is heel hard. Heel verschrikkelijk, zoals hij onze relatie op losse schroeven zet, terwijl die altijd zo sterk en goed is geweest.'

'Ik sta op een roltrap. Hij gaat heel langzaam, maar wel naar beneden.'

'Ik denk dat er geen hoop meer is,' zegt Joyce, somber, maar zonder tranen.

'Dementie laat hoop verdwijnen.'

'Maar ik ben wel trots op mezelf,' zegt Joyce. 'Heel erg trots. Niemand zou dit van Tommy accepteren. En als het andersom was geweest, dan was Tommy hier niet meer.'

'Klopt. Als zij mij dit had aangedaan, dan zat ik met mijn handen in het haar.'

'Ik ga echt door een hel.'

Tommy kijkt me met een hartelijke blik aan. 'Dat snap ik wel. Als je naar een film kijkt, dan wil je toch een happy end?'

Ik vertrek ontdaan door het interview en door de wreedheid van een ziekte die de dingen wegneemt die juist zo kostbaar zijn: niet alleen mogelijkheden, capaciteiten en herinneringen, maar ook liefde. Aan het begin van ons gesprek liet Tommy een paar concentrische cirkels zien, met de wereld als de buitenste cirkel en de *ik* in het midden. Het was alsof bij Tommy alleen die middelste cirkel nog intact was, en alles wat hem met andere mensen verbond kapot was gegaan. Wat een eenzaamheid voor hem, en voor zijn vrouw.

(Het is geen happy end, maar de volgende dag stuurde Tommy me deze e-mail:

> Ik vond het een fijn gesprek, maar het belangrijkste wat ik ervan meeneem is dat ik me niet door de dementie op de kop laat zitten, dus waarom zou ik dan wel mijn liefde voor Joyce erdoor verliezen? Ik ga heel erg mijn best doen om de liefde terug te krijgen die we hadden, of misschien nog hebben. Want als je een vuur aanwakkert dat bijna uit is, dan kun je het weer aan de gang krijgen. Dus wacht nog maar even met de laatste regels van dat hoofdstuk.

Een paar maanden later schreef hij me opnieuw:

> Het was heel moeilijk om elke dag het beest dementie in bedwang te houden, maar Joyce was fantastisch. Ze heeft op een of andere manier geleerd om zich aan te passen… en te accepteren dat op slechte dagen de dementie praat en dingen doet, niet Tommy, en dat ze me kalm kan krijgen door het maar te laten gebeuren en er niet tegenin te gaan. Ze begrijpt nu dat die dingen niet tegen haar gericht zijn en niet bedoeld zijn om haar te kwetsen. We lachen en knuffelen veel, dus we zijn veel gelukkiger dan voordat we jou spraken. En we beseffen dat we als we niet zo ons best hadden gedaan iets moois hadden verloren.

Joyce schreef me ook en herhaalde wat Tommy had gezegd:

> Het is nog steeds moeilijk om te merken dat Tommy niet meer kan wat hij vroeger kon, maar we zijn nu veel gelukkiger. Ik mis de oude Tommy nog steeds en ik zou er alles voor overhebben om hem terug te krijgen, maar ik weet dat dat niet kan. We proberen te genieten van de tijd die we nog hebben en ik vind het fijn om met hem mee naar zijn groepen te gaan, want ik weet dat ik alleen echt van onze tijd samen kan genieten als ik me ook in zijn wereld verdiep. Er zijn soms wat slechte dagen, dan wint de dementie het, maar de mooie dagen maken alles goed. Het belangrijkste is om nooit op te geven. Als ik 's ochtends wakker word, hoop ik dat Tommy er nog is en mij nog herkent.

In deze gelaten tekst is er één fragment dat me erg opvalt: '… als ik me ook in zijn wereld verdiep.' Dat is het eeuwige dilemma van de mantelzorger: in hoeverre je moet vasthouden aan de oude wereld, het onafhankelijke zelf, en hoeveel je daarvan op moet geven om barmhartig en loyaal te zijn, een relatie levend te houden, voor iemand te zorgen.

'Dus wacht nog maar even met de laatste regels van dat hoofdstuk,' schreef Tommy in zijn vorige e-mail. En dat doe ik, vol bewondering en in gespannen afwachting.

8

Kunst als verbindingsmiddel

'En hand in hand, aan het eind van het strand,
dansten ze in 't licht van de maan.'

Mijn vader was dol op dansen; als jongeman was hij een soepele, lichtvoetige danser en ook toen hij ouder was had hij geen enkele moeite met al die ingewikkelde pasjes en gleed hij moeiteloos over de dansvloer. Op het feest in Zweden voor de vijftigste verjaardag van Sean danste mijn vader zelfs nog monter de tango. Trots op zijn lenigheid zwierde hij met zijn verbaasde danspartners door de oude boerenschuur. Hij was ook dol op zingen en soms nam hij plaats achter de piano die wij een paar jaar terug hadden aangeschaft en speelde hij improviserend wat stukjes jazz en ragtime, terwijl het puntje van zijn tong in opgetogen concentratie uit zijn mond hing. Hij hield van schilderen, meestal landschappen en stillevens in waterverf, maar hij maakte ook weleens snelle houtskoolschetsen. Zelfs tijdens zijn laatste vakantie met ons in Zweden ging hij naar buiten met zijn verfpalet en tekenblok om over het meer en de bomen uit te kijken. Af en toe doopte hij zijn kwast in de verf en dan zette hij een streek op het dikke papier. Hij las ook graag verhalen en gedichten voor, die hij theatraal declameerde, jongensachtig in zijn ongegeneerd enthousiasme. In bepaalde opzichten was hij verlegen en bescheiden, maar in zijn creativiteit bruiste hij van het zelfvertrouwen – alsof de levensstroom nergens door gehinderd werd, zoals je ademhaalt zonder na te denken.

In zijn laatste verschrikkelijke maanden stond er vaak muziek op in zijn kamertje beneden. Daar lazen we hem ook gedichten voor: elke keer dezelfde, gedichten die hij ons lang geleden zelf had voorgelezen. 'The Owl and the Pussycat', fragmenten uit de versjes van Ogden Nash waar hij altijd zo om had moeten lachen, 'The Highwayman', 'I Wandered Lonely as a Cloud', 'If' – al die gouwe ouwetjes. Een keer ging ik met Sean en de vier kinderen naar zijn kamer en lazen we met z'n allen – eigenlijk was het eerder ongelijkmatig scanderen – de regels van 'Sea Fever' op: 'Ik moet weer op zee gaan, en in 't verschiet' – en toen viel hij, de man die niet meer praten kon, ons bij… We droegen de rest van het gedicht voor, bogen ons met een lach en betraande wangen naar hem toe; hij herinnerde zich nog precies het einde van elke regel, de rijmende woorden, de zinsneden en stukjes over vrijheid, vriendschap en dood: 'in 't verschiet… anders verlang ik niet', 'jagende wolken… kronk'lende kolken', '… en een glas in 't vooronder'. In die verwarde, verknoopte, vertroebelde geest waar alles gebarricadeerd leek, hekken rond de brokstukken waren neergezet zodat er niets meer in of uit kon, met het woelen van de wereld achter hem, bleek de herinnering aan woorden die hij lang geleden mooi had gevonden toch nog zachtjes door te klinken. Zulke momenten waren een geschenk – voor hem en voor ons, wonderbare ogenblikken waarin we gemeenschappelijke grond vonden.

Ik weet niet of het nu fijn of treurig was. Ik zou het liefst willen janken. Maar ik weet ook dat kunst de magische eigenschap bezit om iemand te vinden die hopeloos verdwaald is. Het is een gouden draad die zich door de verwoeste beschaving slingert, door de puinhopen, de chaos en de versplinterde betekenissen. In het duister gloort licht en spreekt er een stem. *Ik ben hier. Ik ben hier. Ik ben hier altijd geweest.*

Een paar maanden geleden hoorde ik iemand op de radio zeggen dat het schrijven van verhalen wonden sneller helpt genezen. Verrast zette ik het geluid harder. Bij een aantal vrijwilligers werden sneetjes in hun huid aangebracht; de ene helft moest daarna een verhaal schrijven over iets naars in hun leven, de andere helft over een doodgewone gebeurtenis. De wonden van de eerste groep bleken opvallend sneller te genezen. Een gedachte of gevoel wordt opgenomen door de huid. Onze geest, die de baas is over ons lichaam, zit in ons lichaam en ís ons lichaam; de twee zijn onlosmakelijk verbonden. Woorden en zelfexpressie kunnen leed en verdriet concreet verminderen. Kunst kan een medicijn zijn, voor lichaam en geest.

Toen bij William Utermohlen dementie werd geconstateerd, trok hij zich, eenzaam en angstig, terug in zijn almaar slinkende wereld. Maar op een dag pakte hij toch weer zijn kwasten op en in de daaropvolgende jaren maakte hij verbluffende zelfportretten, een uniek logboek van identiteitsverlies: de *ik* die de verdwijnende *ik* observeert. Het zijn kunstzinnige, medische, psychologische documenten. Ze illustreren zijn strijd tot behoud van zijn identiteit als kunstenaar én als mens, en bieden een uitzonderlijk inkijkje in de binnenwereld van de kunstenaar en de buitenwereld die hem gadeslaat. Utermohlen heeft zichzelf altijd via zijn kunst uitgedrukt, en met deze zelfportretten maakte hij weer contact met de wereld, en de wereld met hem.

Bij de Wellcome Foundation leidt Seb Crutch – neuropsycholoog en een van de behandelend artsen van William Utermohlen – een project dat 'Created out of Mind' heet. Hij wil onze ideeën bijstellen over hoe het is om te leven met dementie en laten zien dat de aandoening een heel scala van symptomen met zich meebrengt, die niet per se allemaal verontrustend of zorgwekkend zijn. Hij is bezig met onderzoek in welke opzichten de levenskwaliteit van dementiepatiënten door kunst kan worden verbeterd. Niet kunst als tijdverdrijf, maar kunst als manier om de alledaagse creativiteit te ontsluiten, zodat mensen onderdeel kunnen blijven van het complexe wereldse communicatienetwerk.

In het ontmoetingscentrum van de stichting, hoog boven de drukte van de Londense Euston Road, vertelt Seb Crutch geestdriftig over de onderbelichte kanten van de ziekte. 'We willen geïnspiréérd worden door mensen met dementie,' zegt hij. 'Naast de angst, het verdriet en de somberheid kan er ook sprake zijn van verwondering, interesse, onzekerheid. Wij richten ons op het idee dat de ervaring ook iets waardevols kan opleveren.'

Mensen denken vaak, zegt hij, dat we 'blij zouden moeten worden van kunst. Mis! Zo kan muziek de stemming versterken waarin we verkeren, dus ook ons verdriet versterken. Het helpt ons in contact te komen met ons wezenlijke zelf.' En hij voegt eraan toe: 'Kunst is het middel, niet het doel.' Het gaat om samenwerking, betrokkenheid, verinnerlijkte kennis, alledaagse creativiteit, de osmose tussen jezelf en de ander, in het hier en nu leven. Muziek, woorden, beelden zijn in staat je naar een andere plaats te vervoeren, als een soort vliegend tapijt.

Ik spreek met Alex Coulter van South-West Arts. Zij had zitting in een overkoepelende parlementaire commissie die onderzocht wat voor effect de schone kunsten hebben op gezondheid en welzijn. Ze vertelt dat we dankzij kunst meer inzicht in onszelf en de wereld krijgen. Na twee jaar van bewijs vergaren, rondetafelgesprekken en discussies met cliënten, medewerkers in de zorg en de maatschappelijke dienstverlening, met kunstenaars en kunstinstellingen, wetenschappers, beleidsmakers en parlementariërs van alle partijen, zowel uit het Hogerhuis als het Lagerhuis, bleek klip-en-klaar dat we door allerlei kunstvormen gezonder blijven, sneller herstellen van aandoeningen en over het algemeen een langer en beter leven hebben. Kunst kan helpen bij ernstige medische of maatschappelijke problemen, zoals ouder worden, chronische aandoeningen, eenzaamheid en geestelijk welzijn; bovendien kun je met kunst geld besparen op de zorg. Alex vertelt over een experiment van violist Neil Valentine: een vrouw die in het ziekenhuis lag was zo verward dat het personeel haar op geen enkele manier kon kalmeren. Neil begon toen heel zacht viool voor haar te spelen, steeds opnieuw, en langzaamaan kwam ze tot bedaren. Er gebeurde iets: dankzij de muziek was ze in staat rust in zichzelf te vinden.

Logisch ook dat gehoorverlies voor dementiepatiënten een extra complicerende factor is, want dan zijn ze afgesneden van de wereld en trekken ze zich in zichzelf terug. Zoals Alex Coulter zegt: ‘Waar we het meest behoefte aan hebben is verbinding.’

Veel mensen die ik heb gesproken tijdens mijn onderzoek voor dit boek – mensen met dementie en hun naasten – beaamden dat kunst een heilzaam effect kan hebben op het verdriet, de angst, frustratie en verwarring die met dementie gepaard gaan. Ze spraken er in haast religieuze bewoordingen over: 'verlossing vinden' in muziek, als een stroom levend water in de woestijn. William Utermohlen bleef tot het bittere einde schilderen, schiep vormen en betekenissen om het vormloze en betekenisloze op afstand te houden. Leegte en doodsangst klopten op zijn deur, maar hij schilderde stug door. De man van Disie Johnson luistert naar muziek en ze leest hem gedichten voor. De moeder van schilderes Jenni Dutton was zowel muze als medewerkster en raadgeefster voor haar dochters huiveringwekkende portretreeks 'Dementia Darnings'. Theresa Clarke schrijft gedichten, zij het niet meer zo veel als vroeger. De vader van Rebecca Myers danste met haar moeder, nam haar in zijn armen en voerde haar dansend terug naar hun verkeringstijd. We leven in ons lichaam en ons lichaam heeft een geheugen; het reageert.

Ik ga naar een danscursus in Sheffield voor dementiepatiënten, waar de docente linten uitdeelt die de mensen tegenover elkaar in de kring vasthouden. Terwijl we zwieren door het zaaltje zwaaien we met onze kleurige repen stof en brengen mensen samen, maken patronen, koppelen vreemden aan elkaar – een zichtbaar geheugensteuntje van waar we mee bezig zijn, namelijk verbinden.

Een paar weken later sta ik in een grote danszaal in Londen hand in hand met een piepkleine vrouw uit Jamaica en een grote man uit Birmingham. En opnieuw dansen we. Geleidelijk aan schudden we onze gêne af en grinniken, lachen naar elkaar. De dementie heeft hen beroofd van hun verbale vermogens – maar er zijn veel verschillende talen, veel verschillende vormen van verinnerlijkte kennis en communicatie. De kleine vrouw kan fantastisch dansen; de muziek stroomt door haar heen. Ze heeft vast haar hele leven gedanst. Ik probeer haar na te doen, wat van haar lichtvoetigheid en elegantie te pikken. Ze doet me de passen voor, alsof ze mijn lerares is; haar voeten maken ingewikkelde bewegingen op de houten dansvloer. Hier zijn we bijeen, we delen kortstondig dezelfde ruimte, waardoor de scheidslijnen wegvallen. De zorgverlener is niet langer de zorgverlener; de dementiepatiënt is niet langer iemand die belemmerd is in zijn vermogens; ik ben niet de toeschouwer. We zijn gelijken, die op elkaar reageren en zich door de muziek verbonden voelen.

Op een zondag in juni zit ik in een kerk in Essex en kijk ik even naar de moeder van mijn vriendin Julia. Die is in de negentig en lijdt aan dementie. Er zijn dagen dat het slecht gaat, dat ze chaotisch en bang is, maar op zondag vindt ze vertroosting, zelfs vervoering in het zingen van de gezangen die ze als klein meisje ook al zong. De muziek zit ingesleten in haar geheugen, als groeven in een plaat, en hoewel ze niet meer in staat is tot het formuleren van hele zinnen, kan ze 'Blijf mij nabij' nog met zuivere stem woord voor woord zingen. Haar hele gezicht licht op en ze ziet er weer jong, enthousiast, onbezorgd uit. Julia denkt dat op deze momenten de gefragmenteerde hersenen van haar moeder weer één worden, 'zoals een bloem zich opricht als hij water krijgt'. Mensen met dementie, zegt ze, moeten ondergedompeld worden in kunst.

Een vriend stuurt me een YouTube-filmpje door van de 'Song-a-minute Man'. De man heeft alzheimer en hij herinnert zich nog weinig, maar de liedjes die hij zijn leven lang heeft gezongen zijn diep in zijn brein verankerd. Hij zit met zijn zoon in de auto en ze zingen uit volle borst de liedteksten. Hij heeft een mooie, zuivere, volle stem en een stralende lach. De twee zitten uitbundig te ginnegappen, te zingen, en proberen elkaar de loef af te steken. Ze gaan helemaal op in het moment. Dementie is nergens te bekennen. (Zoals Tommy Dunne zegt: 'Ik laat me niet klein krijgen door de dementie.')

Er zijn meer van dergelijke succesvolle projecten: 'Music in Mind' van het kamerorkest Manchester Camerata, 'Music for a While', geïnitieerd door Arts and Health South West in samenwerking met het symfonieorkest van Bournemouth, 'Music for Life' van Wigmore Hall, de projecten 'A Choir in Every Home' en 'Singing for the Brain'; verder wordt er in steeds meer ziekenhuizen en verpleeghuizen dansles gegeven en zijn er kunstgaleries en musea die bijeenkomsten voor dementiepatiënten organiseren, waar ze worden aangemoedigd over de tentoongestelde kunstwerken te praten.

Ik woon zo'n maandelijkse bijeenkomst in de Londense Royal Academy bij, gestoeld op het New Yorkse voorbeeld 'Meet me at MOMA', waarbij twee praktiserende kunstenaars samen met dementiepatiënten die hun leven lang kunstliefhebbers zijn geweest, een specifiek kunstwerk bespreken. We zitten voor een raadselachtig doek dat, zo horen we achteraf, van John Singer Sargent is. Er heerst een sfeer van rust, geduld en, bovenal, tijd. Er zijn geen verkeerde reacties, want er zijn zo veel verschillende manieren van kijken. Mensen met dementie worden voortdurend tegengesproken en verbeterd, maar in deze warme democratische omgeving wordt iedereen gestimuleerd om te zien, te denken, te voelen, zich te herinneren en eigen impressies onder woorden te brengen. In het begin praten ze traag en bedachtzaam. Ze beschrijven het schilderij – drie vrouwen, gekleed in het wit, in een geometrische ommuurde tuin, met aan het einde van het pad een mysterieus standbeeld waar het oog naartoe wordt getrokken; aan de andere kant van de muur verrijst een dicht, donker bos. Eén man denkt dat we naar een harem kijken; een ander ziet een tuin ergens in Zuid-Europa (dat klopt, het is Italië). Er staat een man op die wijst met bevende wandelstok. 'Daar,' zegt hij. 'Daar wordt het oog naartoe getrokken. Via dat punt.' De stok trilt onzeker.

'Goed en slecht,' zegt een andere man. 'Aan het einde van de dood; hij heeft het niet zo goed gedaan als men van hem verwachtte.'

Zijn vrouw, die voor hem zorgt, komt zachtjes tussenbeide: 'Hij refereert aan de Amerikaanse kunstcriticus Bernard Berenson,' zegt ze.

'Misschien regent het,' zegt iemand die naar het bos achter de muur kijkt, dat wel wat weg heeft van een donkere wolk. 'Het gaat straks regenen.'

'Het ziet eruit als de kont van een paard,' zegt iemand anders, waar hartelijk om gelachen wordt. Hij grijnst blij.

'De bomen isoleren het middengedeelte van het schilderij.' De man met de stok wijst opnieuw. 'Die stukjes aan de rand hebben geen doel. Ook die vrouwen hebben eigenlijk geen doel.' Hij lijkt zich kwaad te maken.

Ik moet denken aan wat Andrew Balfour me een keer vertelde, namelijk over een experiment dat hij met zijn dementiepatiënten had uitgevoerd. Hij liet foto's zien en vroeg hun om te beschrijven wat ze zagen. Er was een controlegroep van mensen zonder cognitieve beperking. Op een van de foto's stond een jonge, vioolspelende Yehudi Menuhin. 'Mensen met dementie zeiden dingen als: "Hij is doof... hij is stokdoof... er zitten tranen in zijn viool." Die mensen zagen verborgen leed in de jongen en zijn instrument. Erg aangrijpend.'

(Aan het einde van de bijeenkomst in de Royal Academy zegt een van de kunstenaars die de discussie leidden dat critici het vaak hebben over 'de leegte' in het werk van Sargent Singer, dus de man met de stok had toch gelijk.)

'De vrouwen stappen allemaal boos op,' merkt een andere deelnemer op. 'Ze zeggen: we hebben er schoon genoeg van.'

Ze verzinnen verhaaltjes en zoeken naar aanwijzingen. Ze hebben het over verdwijnpunt en lijnperspectief en ik leer hoe ik moet ik kijken.

'Er is een lijn waardoor je wordt afgesneden,' zegt iemand en ik zie dat dat klopt; het oog wordt tegengehouden. 'Nu kunnen de vrouwen niet bij het standbeeld komen, en dat standbeeld is heel waardevol. Er staat iets in de weg.'

Heeft hij het over het schilderij of over zichzelf? Iedereen gaat op zoek naar tekens, en iedereen luistert naar elkaar en reageert op wat de ander te zeggen heeft. Er is duidelijk sprake van taal die terugkeert, denkbeelden die andere denkbeelden uitlokken. Ze worden met respect en aandacht gehoord en bevestigd.

Die bevestiging is van wezenlijk belang. De mens is een sociaal wezen en kan niet zonder de dialoog; we hebben allemaal behoefte aan erkenning. Wij – gezond, rijk, gelukkig, jong en vitaal – leven in een wereld die overloopt van betekenis en het is aan ons om die eruit te halen, zoals een dirigent klanken ontlokt aan zijn orkest. We zijn met elkaar verbonden door een fijnmazig communicatienetwerk. Dat betekent het om mens te zijn; we moeten onze tegenstellingen overbruggen om elkaar te vinden. Communicatie is als een touw dat over de kloof tussen jezelf en de ander wordt geworpen. En wanneer de traditionele taal ons in de steek laat, kan de kunst ons redden: door te zingen, te dansen, te schilderen kun je een stempel drukken, een stempel dat zegt *Ik ben er nog*. Om weer liefdevol te worden aangeraakt (in plaats van dat er hardhandig met je wordt rondgesold), om weer muziek te horen of gedichten uit je jeugd, om deel uit te maken van de grootse levensstroom.

Ik herinner me nog de Zweedse grootvader van Sean, die ik één keer heb ontmoet, kort voor zijn overlijden. Hij had dementie en kon bijna niet meer praten. Maar hij kon nog wel pianospelen, zijn vingers gleden moeiteloos over de toetsen. Spiergeheugen; de herinnering die nog in zijn vingertoppen zat; de muziek die uit hem vloeide. Ik herinner me de bejaarde vrouw die ongeveer de kamer in moest worden gedragen waar haar zussen en broers op haar wachtten: ze was zo mager als een vogeltje in de winter en op sterven na dood, maar toen haar zussen en broers de liedjes uit hun jeugd begonnen te zingen, leefde ze als bij toverslag op; haar gezicht werd zachter en jonger, haar ogen begonnen te stralen en er verscheen een lach op haar gezicht. Toen begon ze te zingen.

In de film *Alive Inside*, over een muziekproject in een groot verpleegtehuis in de VS, wordt familie en verzorgers gevraagd naar de lievelingsmuziek van de dementiepatiënt, en dan wordt die muziek vervolgens opgezet. Een oude man met vergevorderde dementie zit onderuitgezakt in een rolstoel. Hij kwijlt, zijn ogen zijn halfdicht en je kunt niet zien of hij wakker is of slaapt. Een paar keer per dag wordt er gepureerd eten in zijn mond geschoven. We zien foto's van toen hij jong was; een sterke, knappe man. Hij was gek op Louis Armstrong; zijn dochter haalt herinneringen op aan hoe hij haar dansend en zingend naar school bracht en rondzwaaide om elke lantaarnpaal die hij tegenkwam. Iemand zet een koptelefoon op zijn hoofd en plotseling stroomt de muziek uit zijn gouden jaren bij hem binnen. Hij richt zijn oude hoofd op. Zijn wazige ogen gaan open en hij kijkt alert. Zijn tandeloze mond splijt zich in een gelukzalige grijns. Hij begint zittend te dansen, heen en weer te wiegen. En dan opent hij zijn mond – de man die niet meer kan praten – en begint te zingen. De muziek heeft hem bereikt, heeft hem gevonden, heeft zijn hart verwarmd en hem weer tot leven gewekt.

Het is een soort wonder – maar wel een wonder dat elke dag plaatsvindt, in verzorgingstehuizen, buurtcentra en ziekenhuizen, overal waar vriendelijke, fantasierijke mensen beseffen dat creativiteit geen extraatje is maar een noodzakelijke levensbehoefte. Oliver Sacks schreef dat 'het doel van de reguliere geneeskunde is... om het lichaam beter te maken'. Medisch ingrijpen is duur, vaak alleen voor de korte termijn en kan in sommige gevallen als een sloopkogel de tere structuur van een leven kapotmaken. Maar in de kunst draait het om de geest, om de individuele persoonlijkheid. Kunst is een levenselixer dat iemand met dementie een mens laat zijn en geen object.

Als ik het was, als het mij overkomt, dan wil ik de knipsels van Matisse en de vioolpartita's van Bach. Ik wil Lucinda Williams die met haar gruizige stem 'Are You Alright?' zingt, een nummer waarvan ik altijd moet huilen. Leonard Cohen, Bob Dylan, Mozart. Kate en Anna McGarrigles 'Heart Like a Wheel', keer op keer, en hun 'Swimming Song'. Ik wil de muziek waar ik naar luisterde toen ik jong was en de liedjes waar mijn kinderen naar luisterden toen ze klein waren en die wij met elkaar zongen tijdens lange autoritten. Ik wil de muziek waar ik lang geleden op danste, en ik wil weer dansen als een jonge meid. En ik wil dat Sean me gedichten voorleest van Louis McNeice en

Elizabeth Bishop – 'de kunst van het verliezen valt te leren'. Shakespeare ('Vrees niet meer de hitte van de zon'). Koldersversjes. Woorden en muziek die me zullen zoeken en vinden, waar ik ook ben.

9

Thuis

'Je kunt terug naar huis… zolang je maar weet dat je huis op een plek staat waar je nog nooit bent geweest.'

Niet lang na onze ontmoeting kwam de schrijfster die anoniem wenste te blijven tot de conclusie dat het voor haar ondoenlijk was nog langer thuis voor haar man te zorgen.

De neergang naar hulpeloosheid is grillig en onvoorspelbaar; je denkt dat je je op een rechte weg bevindt die afkoerst op een bekende bestemming, maar dan blijkt het ineens een smal kronkelpad langs een ravijn te zijn, vol hobbels, scherpe bochten en duizelingwekkende vergezichten. Er komt steevast een dag waarop iets wat lukte niet meer lukt en een onoverkomelijk probleem wordt. De dagelijkse routine biedt niet langer houvast; de dagen verliezen hun vertrouwde vorm, worden onbeheersbaar en overvallen je met nare verrassingen. Mensen met dementie kunnen verwarder of angstiger worden, bozer of onrustiger. Verraden door hun lichaam en in de steek gelaten door hun geheugen. Op een gegeven moment hebben ze meer zorg nodig dan de mantelzorger kan geven – er komt in ieder geval altijd een punt dat de koek op is.

Maar het besluit dat het tijd is voor een verpleeghuis is vaak lastig en verdrietig, en wordt meestal aan de omgeving uitgelegd als 'bittere noodzaak' of als een 'jammerlijke nederlaag'. *Ik kon niet anders... ik had geen keus...* Zelfs als het overduidelijk voor iedereen de juiste beslissing is, blijft het gevoel bestaan van gefaald te hebben, de strijd te hebben verloren. Er komt een einde aan iets: een huwelijk, autonomie, deel uitmaken van de samenleving. Als we jong zijn gaan we het huis uit, beginnen een eigen leven, zetten zelf een huishouden op. En als we oud zijn, gaan we soms opnieuw het huis uit – maar nu markeert het een einde, een afscheid. Hoe positief de verandering ook kan uitpakken, het blijft het einde van een bepaalde levensfase. We gaan de drempel over en de deur valt dicht. Van wat ooit ons thuis was.

Thuis is iets vanzelfsprekends totdat het er niet meer is. Het is niet zomaar een huis van steen, een dak, comfort, een sleutel van de voordeur, een plek om uit te rusten, maaltijden te koken en je vrienden te ontvangen. Een huis is een eerste levensbehoefte: een diepgeworteld menselijk verlangen naar ergens thuishoren en thuis zijn. Zoals sommige biologen aannemen dat een vogelnest in feite een verlengstuk is van het vogelbrein, dat niet gebruikmaakt van elektrische signalen maar van stukjes en beetjes uit de omgeving, zo reikt de mens verder dan de grenzen van het eigen lichaam. Van een huis een thuis maken is een manier om het zelf in de buitenwereld voort te zetten en tegelijkertijd een manier om een veilige binnenwereld te creëren die het kwetsbare zelf als een deken omhult.

Mijn eerste huwelijk liep op de klippen toen mijn twee oudste kinderen nog maar twee en nog geen jaar oud waren, en daarom bestaan hun vroege jeugdherinneringen voornamelijk uit heen en weer gesleept worden tussen twee huizen, met hun teddybeer en knuffelpanda als gezelschap. De huizen waren onmiskenbaar beide hun thuis, maar indertijd besefte ik al – en dat is me later ook door hen bevestigd toen het ergste achter de rug was – dat ze jarenlang last hadden van heimwee, in welk huis ze ook waren, altijd vervuld van verlangen. Elke keer dat we op reis waren, in een huurhuis of een hotel, pakte mijn dochter haar koffer uit en legde systematisch haar spullen in de kast en zette haar boeken op de plank, ook al bleven we maar één nachtje (op die manier zijn we op reis een heleboel dingen kwijtgeraakt). Soms wilde ze tijdens wandelingen per se alle takjes die ze tegenkwam meenemen (op die manier werd een wandeltocht door de zomerse Zweedse bossen een trage, moeizame aangelegenheid). Van elke plek wilde ze een thuis maken, met behulp van troostrijke spullen. Dat doet ze nog steeds. Ik trouwens ook. Opruimen, plantjes neerzetten, de koelkast vullen, de tafel dekken, kaarsen aansteken, de gordijnen dichttrekken: het zijn niet zomaar huiselijke karweitjes maar vooral manieren om me geborgen te voelen in mijn eigen wereld, door spullen om me heen te verzamelen, als een vogel die zijn nest maakt.

Bijna twintig jaar geleden, toen ik bezig was met een artikel voor *The Observer*, verbleef ik een dag en een nacht in een verpleeghuis voor ouderen, van wie de meesten dement waren. Het was een schone, goedgeorganiseerde instelling; de bewoners werden vriendelijk en met empathie benaderd. Er viel niets op aan te merken. Maar toen ik die avond in mijn smalle bed lag, werd ik overmand door de benauwende gedachte dat ik hier op een goede dag zou kunnen eindigen: in een huis ver weg van huis.

Gerard de Vries heeft een aantal criteria opgesteld die voor hem een teken zijn dat zijn leven ten einde is. Een van die criteria, zo beweert hij met klem, is naar een verpleeghuis moeten. Het tehuis waar zijn schoonmoeder woont is prachtig: als ik haar met Pauline bezoek, heb ik het idee in een boetiekhotel te zijn. Het is een oud gebouw in het historische stadshart, met een park voor de deur, een restaurant dat ook open is voor de buurt, grote ramen waardoor het licht naar binnen stroomt. Er heerst een frisse, schone en opgeruimde sfeer. Hier geen urinelucht of mensen die onverzorgd en angstig door de smerige gangen dwalen. Er is genoeg personeel en er worden allerlei activiteiten georganiseerd. Alle cliënten (ik neem automatisch het jargon over, de bewoners heten hier cliënten) zien er tiptop uit, het haar zorgvuldig gekapt. Overal bloemen en schilderijen. Dit is geen particulier tehuis maar een door de overheid gefinancierde instelling. Wie een pensioen heeft, moet een deel van zijn maandinkomen afdragen; wie geen pensioen heeft, krijgt de kosten vergoed door de zorgverzekeringswet, dus iedereen met de indicatie 'dementie' kan hier terecht.

Ik zit naast Paulines moeder aan een tafel in een van de gemeenschappelijke ruimtes. Ze ruikt lekker, naar het parfum dat Pauline voor haar meebrengt en waarvan ze ook zorgt dat ze het opdoet. Er loopt een vrouw voorbij met een babypop in een kinderwagentje. Verderop zit een man die ooit een beroemd musicus was onderuitgezakt in een stoel; in een stellingkast staan cd's met zijn muziek. Paulines moeder frunnikt aan de knoopjes van haar blauwe ajour truitje en glimlacht, maar het is een lach tegen niets en niemand; Pauline heeft haar hand vast en glimlacht ook. Als we opstappen is ze zichtbaar aangedaan. 'Ik voel me schuldig om de toestand van mijn moeder,' zegt ze. 'Die is haar onwaardig. Ze is alles kwijt wat ze ooit was. Ze woont in dit mooie tehuis. Maar elke keer dat ik wegga, laat ik haar alleen achter. Ik voel me schuldig: ik heb haar in dit huis gestopt hoewel ik wist dat ze zo niet wil leven. Ze is volkomen afhankelijk en ik voel me de hele tijd schuldig. En in sommige opzichten is het helemaal niet fijn dat ze om de hoek woont, want nu kan ik geen afstand nemen van dat allesoverheersende gevoel. En daar komt nog bij,' zegt ze, angstvallig eerlijk als altijd, 'dat het een opluchting zal zijn om op een dag verlost te zijn van dat schuldgevoel dat ik haar hier achterlaat, in dit schitterende huis, in deze vreselijke situatie.'

Eén letter kan een groot verschil maken. 'Thuis' is een woordje dat het middelpunt van je bestaan aanduidt, de plek waarvandaan je vertrekt, de plek 'in het hart van de werkelijkheid'. Een 'tehuis' betekent meestal geen geborgenheid maar verwijdering en vervreemding. Thuis is intiem en persoonlijk; een tehuis, hoezeer men ook probeert er iets gezelligs van te maken, is zakelijk en georganiseerd. Thuis is waar je de baas bent over je eigen leven; een tehuis is waar je leven deels of geheel voor je is uitgestippeld, en niet altijd volgens je eigen wensen. Thuis is waar je woont en een tehuis is doorgaans de plek waar je naartoe gaat om te sterven. Voor sommigen is het een laatste toevluchtsoord; voor anderen een wachtkamer waar je niet wil zijn maar waar je ook niet uit wil vertrekken. Waar een voor een de namen worden afgeroepen.

'*Show me the way to go home, I'm tired and I want to go to bed.*' We zijn in Oxfordshire, in een zorgwooncentrum voor mensen met dementie, en zitten in een kring te zingen. Een jonge vrouw met een gitaar en een prachtige bos rood haar begeleidt ons. Ik zit naast een levenslustige vrouw met een heldere stem. Haar opgezette handen tikken het ritme; de man ertegenover in zijn rolstoel ziet er wat versuft uit maar hij zingt geluidloos de woorden mee. De meesten zijn aan het zingen, al zitten sommigen er ook zwijgend bij. Ik neem elk gezicht in me op en vraag me af wat ze nu denken, of wat ze voelen. '*Wherever I may roam, on land or sea or foam,*' zingen we. De vrouw naast me steekt haar hand uit en geeft me een klopje op mijn arm, alsof ik getroost moet worden. '... *You can always hear me singing this song: show me the way to go home.*'

Maar wat is 'thuis' voor hen? En zijn ze nu thuis? Of staat hun huis elders, in het verleden en is het voorgoed weg? Waar is het huis van Jan Bell, die denkt dat ze het huishouden bestiert van het tehuis waar ze is opgenomen, die sherry in bad drinkt en andermans poppen in haar kledingkast opsluit? Waar staat het huis van de vrouw die in haar verpleegbed ligt en de hele tijd smeekt om naar huis te worden gebracht? Of van de vrouw die steeds wegloopt omdat ze naar huis wil? Wat was thuis voor mijn vader, toen hij beneden in zijn ziekenhuisbed lag, met de voedertafel voor zijn raam, en zei dat het tijd werd om naar huis te gaan? Thuis is waar ze je taal spreken: en met 'taal' bedoel ik niet alleen woorden maar datgene wat je binnenkant met de buitenwereld verbindt. Als alle taal wegvalt, is nergens meer vertrouwd.

Het bouwen van een huis en het idee van leven op aarde zijn nauw verbonden (het Nederlandse *bouwen* en het Engelse *being* hebben dezelfde stam). Zonder een huis ben je 'dakloos' en verdwaald, een niet-bestaand wezen, een '*non-being*'. Emigratie betekent niet alleen het water oversteken om tussen onbekenden te gaan wonen maar ook 'de wereld van zijn kernbetekenis beroven en – in het uiterste geval – jezelf overleveren aan het onwerkelijke, dat tevens het absurde is'.

In zijn film, *Human Flow*, volgt de Chinese kunstenaar Ai Weiwei de migratie van 65 miljoen mensen zonder huis. Het is een grootse visualisering van volkeren op de vlucht, die over bergwegen en door woestijnen trekken, opeengepakt in sloepen de Middellandse Zee oversteken, die in greppels slapen, onder bruggen, in tentenkampen omheind door hoge afrasteringen, een ontstellende massaverplaatsing van mensen op zoek naar een huis, en het enige wat ze bij zich hebben is wat ze kunnen dragen. Ze zijn op drift; ze willen wanhopig graag dat er een einde aan hun zoektocht komt. Zoals de diepbetreurde filosoof van de gastvrijheid, John Berger, ooit schreef: thuis is niet zozeer een onderkomen als wel een emotie en een identiteit, het 'niet-vertelde verhaal van een leven dat geleefd wordt'. Het wordt in stand gehouden door gewoontes – grapjes, meningen, bezigheden, gebaren, 'het ruwe materiaal van de herhaling waarmee een thuis wordt gecreeerd', terwijl de herinneringen 'de specie zijn die het geïmproviseerde huis bijeenhouden'. Binnen worden tastbare souvenirs uitgestald. 'Thuis wordt de terugkeer naar de plek waar afstand nog niet telde.' En Hisham Matar, in zijn aangrijpende memoires over zijn vader, ervaart bij het betreden van zijn ouderlijk huis ook zo'n middelpuntzoekende kracht, 'de simpele, onmiskenbare overtuiging dat de hele wereld voor me openlag. Maar was dat geen vreemde gedachte, nu ik eindelijk thuis was? Of is dat wat het eigenlijk betekent om thuis te zijn: thuis als vertrekpunt, de plek waarvanuit je de wereld in trekt?'

Waardoor wordt een huis een thuis? Waardoor wordt een bewoner lid van een nieuwe familie en hoe wordt een zorginstelling een warme, uitnodigende plek? De afgelopen jaren heb ik verscheidene verzorgingshuizen bezocht, in Engeland en in het buitenland, en elke keer dat ik er binnenga bekruipt me direct een deprimerend gevoel, een soort gedempte mismoedigheid. Groot, gemiddeld, klein: moderne gebouwen of gerenoveerde oude panden. Lange gangen. Uitgekiende verlichting. Bij elkaar passend, makkelijk schoon te maken meubilair, meestal in de kleur beige of rood. Tilapparaten en trapliften. Aan de muren foto's van de bewoners in hun jongere jaren. Uitvergrote foto's van bloemen en vredige waterpartijen. Soms ruikt het er naar urine of erger; meestal is het er schoon. Ik heb recitals en danslessen bijgewoond, ik heb de *hokey-cokey* en de twist weer gedanst, *like we did last summer*. Ik heb gepraat met bewoners en medewerkers, en heb in eetzalen, recreatieruimtes en slaapkamers gezeten. Het personeel wordt slecht betaald, doorgaans het minimumloon of op basis van een nulurencontract, en hun belangrijke werk krijgt zelden de erkenning die het verdient. De meesten zijn aardig en begripvol voor hun kwetsbare clientèle, doen vaak meer dan wat er bij hun taakomschrijving hoort, en sommigen lijken hun werk oprecht leuk te vinden en te genieten van het gezelschap van de bewoners.

Maar ik ben alleen in tehuizen geweest die me hadden uitgenodigd en zich op mijn komst hadden voorbereid – gereed voor inspectie. 'Thuis' mag dan een ander woord voor veiligheid en geborgenheid zijn, er gaat vaak ook leed en ellende achter de voordeur schuil. Agressie en geweld vinden meestal binnenshuis plaats, niet door onbekenden op straat. Binnenskamers, achter gesloten deuren, tegen weerloze mensen. Mishandeling gedijt in huiselijke omgeving, in afgesloten kamertjes.

In de Verenigde Staten schijnen er jaarlijks ruim twee miljoen gevallen van ouderenmishandeling plaats te vinden; een op de tien ouderen daar krijgt dus met een vorm van huiselijk geweld te maken. En dat betreft vooral dementerenden. Daar komt nog bij dat ouderenmishandeling waarschijnlijk de minst gemelde vorm van geweld is.

Hetzelfde sombere verhaal in het Verenigd Koninkrijk, waar het zorgstelsel onder hoge druk staat en volgens deskundigen binnenkort gaat bezwijken: thuiszorgmedewerkers krijgen een armzalig loontje om een armzalig beetje tijd door te brengen bij kwetsbare ouderen thuis. De afgelopen drie jaar zijn er 23.000 aangiftes van mishandeling in de thuiszorg gedaan – wat betekent dat het er meer moeten zijn, want de meeste mensen die mishandeld worden kunnen het niet doorvertellen (wat deels ook de reden is dat ze mishandeld worden). Veel zorginstellingen zijn onderbemand en draaien op een onmogelijk krap budget; die tienduizenden aangiftes van geweld omvatten verwaarlozing, lichamelijk, geestelijk en seksueel geweld.

Overal ter wereld, in arme en rijke landen, slijten honderdduizenden kwetsbare groepen ouderen hun laatste dagen in angst en paniek, in eenzaamheid en verdriet.

Ook waar er geen sprake is van openlijk geweld komt het geregeld voor dat mensen als object worden behandeld, er wordt óver ze gesproken maar niet mét ze gesproken. Ze zijn hun autonomie kwijt. Hoewel men in de huizen die ik bezocht wist dat ik er als schrijver, journalist en toeziend oog kwam, was ik toch af en toe ook getuige van sloom, onverschillig personeel. Ze schenen de angst niet op te merken of deden agitatie af als aanstellerij – alsof het ondeugende kinderen waren. Ik denk dat ze gewoon niet meer merken dat die mensen depressief zijn of geen doel meer hebben in het leven (voor veel mensen staat ouderdom gelijk aan depressie) of dat ze eenzaam zijn. Zoals Atul Gawande schrijft: 'We zitten opgescheept met instellingen die aan allerlei maatschappelijke doelen beantwoorden… maar nooit aan het doel dat het belangrijkst is voor de bewoners zelf: hoe zorg je ervoor dat het leven nog de moeite waard is als je zwak en broos bent en niet meer voor jezelf kunt opkomen.' De volwassen kinderen kiezen vaak een tehuis dat veiligheid hoog in het vaandel heeft. Maar voor de bewoners zelf zijn vaak andere dingen belangrijker: zelfredzaamheid, bijvoorbeeld, of gezelligheid, of simpelweg plezíér. Ik weet alles van de verplichte gezondheids- en veiligheidsregels, de noodzakelijke bureaucratie van de professionele zorg – maar waarom kunnen mensen die dat willen niet samen eten klaarmaken, kippen houden in de tuin, honden, katten of andere huisdieren hebben, zo veel mogelijk de regie over hun eigen leven behouden, met een zinvolle dagbesteding? Veiligheid is maar een klein onderdeeltje van wat een huis een thuis maakt.

De tijden van mijn grootmoeder die in een tehuis zat met een donkere hal die stonk naar de ammoniaklucht van urine gemaskeerd door luchtverfrisser en waar de bewoners hun dagen half slapend doorbrachten in een stoel aan de rand van de woonkamer en af en toe getrakteerd werden op een zogenaamd gezellige, geestdodende activiteit (bingo, legpuzzels…) zijn al lang voorbij. In steeds meer moderne verzorgingstehuizen mogen de bewoners een huisdier hebben – waarom ook niet? Een glaasje alcohol bij het eten – waarom ook niet? Komen en gaan wanneer ze willen, want dat hebben ze tenslotte hun leven lang gedaan. Je hebt tehuizen die naast een school of universiteitsfaculteit liggen; waar jonge mensen vrijwilligerswerk doen, waar de bewoners medezeggenschap hebben en meebeslissen over het aannemen van personeel. Huizen waar de bewoners zo veel mogelijk baas over hun eigen leven blijven. Waarschijnlijk (ik weet het niet zeker) zijn er meer zorgcentra waar het goed gaat dan waar het niet goed gaat. Er zijn een paar afschrikwekkende voorbeelden, maar ook genoeg fantastische huizen waar het warm en gezellig is en waar de bewoners helemaal op kunnen bloeien.

De dichteres Sarah Hesketh heeft in 2013 twintig weken doorgebracht in een zorgwooncentrum voor dementerenden, als onderdeel van een artist-in-residenceproject. De mannen en vrouwen in het Lady Elsie Finney House in Preston hadden allemaal vergevorderde dementie; sommigen lagen op sterven. Het was, zegt ze, 'een surrealistische omgeving'. Er hingen 'gekke dingen aan de muur' – stickers van patrijspoorten met zeemeeuwen erboven; hartvormige posters; een geraamte met een bril op. Bewoners werden soms opgesloten op hun kamer. De meeste medewerkers, zegt ze, 'waren geweldig' en een aantal vertelde openhartig hoe moeilijk ze hun werk vonden en hoe ondankbaar het vaak ook was. Aan het einde van haar eerste dag voelde ze zich bang en triest: 'Dat trieste gevoel bleef, maar bang ben ik daarna niet meer geweest.' In het Elsie Finney House hadden de meeste bewoners geen besef van waar ze precies waren. Ze bedachten er allerlei verklaringen voor: een vrouw dacht dat ze weer op school zat en dat het personeel de docenten waren. (Ik moet denken aan Jan Bell die vrolijk denkt dat ze het huis bestiert waar ze woont.) Volgens Sarah Hesketh had ze in de negen maanden dat ze er kwam nooit iemand in de tuin gezien, en had ze het gevoel zich aan de rand van de samenleving te bevinden. Ziekenhuizen staan vaak midden in het leven ('die worden bezocht door zangkoren en ministers') maar 'verpleeghuizen staan aan de rand', zodat er vaak een gevoel heerst van 'eenzaamheid, van weggemoffeld worden, uit het zicht'. Mensen kunnen door de ouderdom naar de rand van de maatschappij worden gedreven; dementie verdrijft ze eerst uit het zicht, daarna uit het hoofd. Het zijn vermiste personen.

Ik bezoek een pas geopend zorgwooncentrum in Berkshire, waar zo'n zestig vrouwen en mannen met dementie wonen. Het centrum bestaat uit een aantal ronde gebouwen waar aan alle kanten het licht binnenstroomt. Zodra ik de frisse, schone, lichte ruimte vol met bloemen betreed, maakt een grote opluchting zich van me meester. Het geheel is met enorm veel zorg en inventiviteit ontworpen. Elke kamer heeft een nummer op de voordeur en ernaast zit een nisje met objecten en foto's die de bewoner zelf heeft uitgekozen. En de achterdeur komt uit op een binnenplein. Er zijn gezellige zitkamers, een bioscoop, een echte winkel; er is een ontspanningsruimte, hoekjes met luie stoelen. Kasten met boeken en interessante kunstvoorwerpen; foto's en puzzels. Het is alsof er een thuis wordt gecreëerd door een thuis na te bootsen. Door de ronde vorm van het gebouw zijn er geen doodlopende gangen: mensen kunnen er rondlopen zonder dat ze verdwalen of plotseling niet meer verder kunnen. Er is een grote tuin en een tuiniersclubje. Er is een speeltuin waar kleinkinderen, onder toezicht van hun grootouders, kunnen spelen. En het valt me op hoe het personeel met de bewoners omgaat: ze worden aangeraakt en geknuffeld. Doorgaans worden ouderen alleen nog aangeraakt als ze worden gewassen of gevoerd, en dan meestal nog met plastic handschoenen aan. De bewoners mogen mede bepalen wie er komen werken. 's Nachts draagt het personeel een pyjama, zodat iemand die wakker wordt weet dat het nog geen tijd is om op te staan. En, uiterst belangrijk, familie en vrienden zijn altijd welkom en mogen ook blijven logeren als ze willen. Vanzelfsprekend raken de bewoners nog steeds soms in paniek of hebben ze heimwee; soms verlangen ze naar hun oude huis, soms gaat het om iets existentiëlers: verlangen naar hun kindertijd, hun ouders, het geborgen en hoopvolle gevoel van vroeger, toen het leven nog voor hen lag. 'Je probeert je te verplaatsen in hun wereld,' zegt de manager. 'Je moet op de kleine dingen letten, je moet de bewoners in hun waarde laten. Respect en autonomie zijn belangrijk. Je moet elke bewoner apart leren kennen.'

Ik maak kennis met een man van negenennegentig die zijn overleden vrouw nog erg mist, maar in het tehuis is hij minder eenzaam. Hij heeft nieuwe vrienden gemaakt (jonkies van in de tachtig). Ik dans met een vrouw met felblauwe ogen en een onafgebroken glimlach op haar smalle gezicht die me vertelt dat ze een 'mieters' leven heeft nu ze niet meer thuis woont, waar de tijd zo traag ging. Een tehuis is niet altijd thuis, maar de zorg kan wel zorgzaam zijn – menslievendheid in uitvoering – en in veel tehuizen is het personeel erg vriendelijk en ondernemend. De mens dient in elke fase een doel in zijn leven te hebben en een rol om te spelen, en ik vind het bemoedigend om te zien hoe dapper en optimistisch mensen nog kunnen zijn ondanks hun eenzaamheid, zwakke gezondheid en zware verliezen. Een tehuis kan een thuis worden. Of bijna.

Mary Jacobus zegt dat hulpverleners tegenwoordig wordt geleerd om 'nooit nooit te zeggen'. En Raymond Tallis houdt stug vol dat hij zelfs graag naar een tehuis zou gaan mocht hij gaan dementeren. 'Ik wil echt graag naar een tehuis. Ik wil tegen Terry [zijn vrouw] zeggen: "Ik wil niet dat je na zevenenveertig jaar samen alleen nog een herinnering hebt aan de laatste drie helse jaren. Dat je me herinnert als een afgetakeld lichaam dat rare capriolen uithaalt."' Hij gniffelt. 'Misschien moet ik haar maar zo'n contract laten tekenen.'

Als we het over verpleeghuizen hebben, zien we vaak een soort armenhuis voor ons, een kazerne voor machtelozen. Het zit al in de taal vervat: we hebben het over mensen naar een tehuis 'sturen', alsof het een kostschool of gevangenis is; we 'stoppen' mensen in een tehuis, alsof ze een voorwerp zijn. Hun wereld wordt almaar kleiner: van een huis of flat naar een enkele kamer, waar nog maar een handjevol spullen staat en de rest achtergelaten is, of verkocht, of doorgegeven; foto's aan de muur als herinnering aan hoe het leven ooit was. Dan alleen nog een stoel bij het raam. Een bed...

Voor Rebecca Myers en haar familie was het een 'afschuwelijk' besluit om haar moeder in een tehuis te plaatsen, al kon het echt niet anders. Ze gingen allemaal vaak bij haar op bezoek en tot aan haar dood is Rebecca's vader elke dag langs geweest en is hij altijd van haar blijven houden. Maar 'hij heeft iemand ontmoet', zegt Rebecca. Een vrouw die werkte in het tehuis waar haar moeder was opgenomen. Haar vader begon een relatie met haar. 'En mama woonde er toen nog, ze leefde nog.' Ze kijkt me onderzoekend aan; er klinkt geen woede of wrok in haar stem. 'Het was erg moeilijk. Ik zag hoe eenzaam hij was. En ik zag hem opbloeien, hij had natuurlijk nog verdriet, maar hij begon ook weer te lachen. Dus ik ben die vrouw dankbaar.'

Het is de omgekeerde situatie van die uit de film *Away from Her*, waarin Julie Christie een vrouw met vroegtijdige dementie speelt die in een verzorgingstehuis wordt opgenomen. Haar man moet lijdzaam toezien hoe ze daar een romantische relatie krijgt met een medebewoner. Is dat ontrouw? Natuurlijk niet. Natuurlijk wel. Zoals Rebecca zegt, het is erg moeilijk.

Maggie East moet huilen als ze het heeft over haar geliefde man Denis die naar een tehuis moest. 'Ik zei "dat kan ik niet", maar ik liet hem daar achter.'

Denis East was een begenadigd violist, die heeft gespeeld in het symfonieorkest van de BBC, het Boyd Neel Orchestra en het Yehudi Menuhin Bath Festival Orchestra. Daarnaast gaf hij ook les aan het Trinity College of Music. Toen hij in de vijftig was, richtte hij het Denis East Quartet op, en later vormde hij met een aantal van zijn studenten een nieuw kwartet. Nadat hij in het tehuis was opgenomen, zijn zij als trio doorgegaan.

Hij was een stuk ouder dan Maggie en hun verhouding en huwelijk leidde tot een breuk in de familie. Ze praat met verdriet en trots over hem terwijl ze me foto's laat zien van Denis als knappe, ernstige jongeman, met donker haar en een viool in zijn handen. Zijn hele leven stond in het teken van muziek. Hij was een soort wonderkind en kreeg op zijn vijftiende een beurs om aan het Royal College of Music te studeren. En muziek heeft ook letterlijk zijn leven gered: toen hij begin twintig was, wist hij als Japans krijgsgevangene aan dwangarbeid te ontkomen door op besloten concerten te spelen. (Ze laat me een verfomfaaid programma zien voor een recital in de gevangenis van Changi – en daar staat zijn naam: Denis East die Chopin, Paganini en Bach speelt.) Toen hij last kreeg van vreselijke zweren moesten zijn handen eigenlijk geamputeerd worden, maar de chirurg ontdekte dat Denis violist was en besloot zijn handen te sparen. Hij was altijd een 'forse, lange man' geweest maar bij zijn terugkeer woog hij nog maar vijfenveertig kilo. Zijn leven lang bleef hij angst houden om ergens opgesloten te zitten – om weer een gevangene te zijn – en elke keer dat zijn vriend George Wall met de prachtige stem ter sprake kwam barstte hij in huilen uit.

Denis East stond onder zijn vrienden bekend als 'de geheugenman'. Hij onthield niet alleen zijn eigen partij maar de partijen van het hele orkest. In het kamp schreef hij uit zijn blote hoofd complete partituren uit. En toen zijn eigen geheugen hem in de steek liet, werd hij boos, bang en gefrustreerd, beukte schreeuwend met zijn hoofd tegen de muur. (Ze laat me nog een foto zien van haar man, ook weer met zijn viool, maar nu is zijn haar zilvergrijs. En een andere foto, waarop hij een rode trui draagt en een glas met beide handen vasthoudt, alsof hij bang is dat het zal vallen; op zijn gezicht die bekende uitdrukking van gespannen angst.) Maggie werkte destijds als lerares op een basisschool en George, hun Deense dog-labradorkruising paste op Denis en hield zijn baasje nog een tijdlang in het gareel: 'Elke ochtend maakte Denis met George een wandeling, kocht ham in de dorpswinkel, legde die thuis in de koelkast, ging met George naar zijn studeerkamer boven om daar tot twaalf uur viool te spelen. Dan legde George zijn kop op Denis' arm die de strijkstok vasthield, het teken dat het lunchtijd was. Ham voor George, boterhammen voor Denis.'

Maar toen ging hun trouwe hond dood (net zoals de hond van Theresa Clarke; zij raakte na zijn dood ook verward) en liep de boel in het honderd. Denis begon te verdwalen. Hij 'zwierf uren en uren rond'. In de geheugenpoli, waarvan hij wist dat hij er niet zomaar uit kon, klom hij over een hoge muur 'net als uit de gevangenis. Een oude bang man die naar huis wilde.' Maar 'thuis' had een andere betekenis gekregen – het was niet alleen meer Maggie en het verbouwde kerkje in Suffolk waar ze woonden, maar ook zijn jeugd. 'Hij moest en zou zijn overleden ouders zien, die in Londen hadden gewoond, op Mora Road 48. Ik heb hem er een keertje mee naartoe genomen maar hij herkende de plek niet meer. Hij wilde de hele tijd terug naar Londen lopen, over de A134, naar het huis uit zijn kinderjaren – maar in werkelijkheid waren zijn ouders, toen Denis broodmager, getraumatiseerd en zwaar aangeslagen uit die verschrikkelijke oorlog terugkwam, helemaal niet zo blij om hem te zien. Ze hadden het bericht gekregen dat hij was omgekomen en toen hij als een geestverschijning op hun stoep stond zei zijn vader alleen maar: 'Ik weet niet wat je moeder hiervan zal vinden.' Volgens Maggie was hij daar nooit meer overheen gekomen. Toch verlangde hij terug naar zijn jeugd, in het veilige Cricklewood, voordat de wereld in barbarij uiteenviel.

(Claire Kent, van het Tavistock Centre, vertelt dat mensen met dementie vaak terug willen naar het huis uit hun jeugd – wanneer ze moe zijn, wanneer ze angstig of verward zijn, verlangen ze terug naar die geborgenheid. Vooral 's nachts gaan ze op zoek. Maar op zoek naar wat? Ze zijn ergens naar op zoek, maar wat precies? Ze zijn iets kwijt: zichzelf?')

Denis East was vaak onrustig en kon ook behoorlijk agressief worden. Soms moest Maggie hem opsluiten voor zijn eigen veiligheid (haar stem stokt wanneer ze me dit vertelt). Op een dag ontsnapte hij en legde het verkeer op de A134 lam. 'Denis zwalkte over de weg. Er waren zo'n zes mensen die hem probeerden tegen te houden maar hij duwde ze weg; hij probeerde zelfs zijn verzorger voor het aanstormende verkeer te duwen. Ik wist hem over te halen zich met de auto naar Mora Road te laten brengen – maar in plaats daarvan reed ik met hem naar huis. Ik vergrendelde alle deuren en hij zei: "Besef je dat we hier opgesloten zitten? Gevangen?" We zaten samen gevangen. Een van de buren kwam langs en vroeg me: "Wat ga je nu doen, Maggie?"'

Ze kijkt me aan. 'Dus nam ik hem mee naar de psychiatrische

afdeling van een ziekenhuis en liet hem daar achter. Ik liet hem achter.' De tranen lopen over haar wangen. 'Ik zag hem bergafwaarts gaan. Hij had geen luier nodig, maar die kreeg hij daar toch om. Het was vernederend.' Daarna werd hij in een gesloten afdeling van een verpleeghuis ondergebracht, maar daar viel hij een oude vrouw aan en mocht hij niet meer blijven. Daarna opnieuw een korte periode in het ziekenhuis en vervolgens naar een ander verpleeghuis, waar hij drie jaar heeft gezeten. En hij wilde aldoor naar huis, welk huis dat inmiddels ook was, maar hij kon niet weg. Hij liep maar heen en weer in de tuin en op een dag viel hij. Hij kon niet meer lopen, laat staan ontsnappen of naar huis gaan, terug naar de tijd dat alles veilig was, waar hij een viool onder zijn kin had en de muziek door hem heen stroomde.

Hij hield van Bach en Beethoven, en was bezeten van Beethovens Opus 131: op het laatst was de partituur een 'beduimeld vod' omdat hij er elke dag aan zat te wriemelen. Hij was gek op het vioolconcert van Mendelssohn dat hij nog steeds speelde – of probeerde te spelen – toen hij in het tehuis zat. Hun gemeenschappelijke droom was altijd om het oude kerkje dat ze hadden gekocht te verbouwen tot een kleine concertzaal – dat heeft Maggie inmiddels ook gedaan, ter nagedachtenis aan Denis. Om de verbouwing te bekostigen heeft ze zijn kostbare viool laten veilen. Nu zit ze in het prachtige huis waar ze ooit samen woonden; in de tuin staan oude grafzerken die ze onderhoudt, al zijn de namen van de doden weggesleten of met mos overwoekerd. Verdrietig haalt ze herinneringen op aan haar echtgenoot: de man die zo graag naar huis wilde.

William Utermohlen ging in 2004 naar het Princess Louise-verpleeghuis. Hij schilderde en tekende niet meer. Hij was incontinent. Hoewel hij er op zijn zelfportretten uitziet als een kleine man, was hij in werkelijkheid 1 meter 85. Hij viel de hele tijd en op een gegeven moment lukte het Pat niet meer om hem overeind te hijsen. Ze kon de zorg niet meer aan. 'Ik voelde me een onmens toen ik hem liet gaan. Een wreed onmens,' zegt ze, pijnlijk eerlijk. Op foto's van hem in het tehuis staat hij weggedrukt tussen de andere bewoners, maar het gevoel van eenzaamheid druipt van zijn gezicht. Hij is lang, langer dan de rest, en krom. Hij lacht op geen enkele foto. Hij ziet er intriest uit, eenzaam tot op het bot.

Jan Bell, die jarenlang gewelddadig en verward was, is nu tevreden in het huis waar ze woont. Daar heerst rust en regelmaat, heeft ze het gevoel vaste grond onder haar voeten te hebben.

En Jenni Dutton zegt: 'Voor mij was een verzorgingstehuis helemaal geen moeilijke beslissing.' Haar moeder raakte steeds verwarder, dus was het tijd. 'Er werd daar veel muziek gedraaid, reggae – mama was dol op reggae – en Ella Fitzgerald, maar geen Vera Lynn en liedjes uit de oorlog, die meestal worden gedraaid. Soms kwam ik binnen en dan waren ze allemaal aan het dansen. Ik werd onderdeel van de afdeling. Ik zorgde voor de bewoners; ik babbelde met ze. Het was gewoon heel gezellig. Ze leerden me hoe ik met de situatie moest omgaan. Je moet er positief in staan. Ik had geen gezin meer om voor te zorgen dus ik had mijn handen vrij. Ik kon komen en gaan wanneer ik wilde; soms om acht of negen uur 's avonds. Het personeel daar was echt geweldig, super gewoon! Het was een thuis en ik was lid van de familie.' Ze kijkt me slinks aan. 'Ik ben geen engel. Ik haalde er zelf ook veel voldoening uit.'

Jenni Duttons verhaal over de zorg voor haar moeder is doorweven met dit besef van wederkerigheid. Er wordt vaak gezegd dat wij ons in de wereld van mensen met dementie moeten verplaatsen, en dat is een nuttig advies – maar we moeten niet vergeten dat we ook iets van hen kunnen leren. Ook als de dementie vergevorderd is, kan er nog sprake zijn van wederkerigheid. Die mensen zijn vaak langer op aarde dan wij en hebben de mooiste verhalen, de meeste kennis. Hun geheugen laat hen misschien in de steek, maar hun waarde als mens is niet verloren. Er is niets plichtmatigs of heroïsch aan Jenni's relaas over haar moeders laatste jaren. Ze kijkt er met veel plezier op terug en ze had het gevoel dat ze zowel een geschenk had gegeven als gekregen. Samen werkten ze aan het project 'Darnings' waarbij de moeder doodstil voor de dochter poseerde die met draad haar beeltenis vastlegde of eerlijk zei wanneer iets niet goed gelukt was. En tijdens haar moeders jaren in het verzorgingstehuis bleef Jenni betrokken. Ook toen haar moeder, broodmager, uitsluitend nog op bed lag, teer als een vogeltje in de winter, zat Jenni naast haar, hun handen verstrengeld, en keek hoe het licht op haar moeders gezicht viel. Soms maakte ze foto's. Ze laat me enkele zien: haar moeders hoofd op het kussen, haar ogen dicht; het lijkt of ze dood is. Het is zo meedogenloos teder en intiem dat ik er bijna niet naar kan kijken. Dat merkt Jenni: 'Soms vroeg ik me af of ik dit wel kon doen.' Ik kijk naar de 'Darnings' die aan de muren om ons heen hangen; hetzelfde gezicht dat ouder wordt en ten slotte desintegreert tot het gezicht van een geest. 'Oude mensen zien er vaak treurig uit,' zegt Jenni, die mijn gedachten leest. 'Hun spieren verslappen en zakken uit. Wij projecteren van alles op ze.'

Ze was tot het einde bij haar moeder: dochter, verzorger, kunstzuster, verslaglegger van een leven dat langzaam uitdoofde.

'Van meet af aan wist ik dat ik nergens spijt van wilde hebben – dat was ook in mijn eigen belang.' En Jenni zorgde ervoor dat het tehuis voor haar moeder tijdelijk als een thuis voelde.

Het verlangen om naar huis te gaan zit diep in ons verankerd: het is de plek waar we thuishoren. Odysseus is jaren bezig om terug te keren naar het eiland waar zijn vrouw, Penelope, op hem wacht en een kleed weeft dat ze elke nacht weer uithaalt, en waar zijn stokoude hond zijn kop zal optillen en hem als enige zal herkennen. Leopold Bloom probeert in *Ulysses*, James Joyce' versie van de mythe, door het labyrintische, gevaarlijke Dublin zijn weg naar huis te vinden. Dorothy uit *The Wizard of Oz* reist over gele klinkerwegen door een betoverd landschap met als doel terug te keren naar Kansas, om er ten slotte achter te komen dat het 'oost west, thuis best' is. En in zijn *Four Quartets* onderzoekt T.S. Eliot het thema van tijd, plaats en identiteit: 'We zullen doorgaan met zoeken/ En aan het einde van onze lange zoektocht/ komen we aan vanwaar we vertrokken/ en kennen die plaats voor de eerste maal.'

Wanneer mensen in een tehuis naar huis willen zal dat meestal zijn omdat ze zich niet meer thuis voelen in hun leven. Ze zijn de weg kwijt en hebben last van een 'verzengend' heimwee naar de plek van 'geestelijke veiligheid'. Dit besef van ontbreken veroorzaakt gevoelens van 'verlating en angst', als een klein kind dat ontdekt dat zijn moeder er niet meer is. Het schijnt dat mannen met heimwee doorgaans naar hun ouderlijk huis verlangen en naar de vertroosting van de vrouw die hen heeft gebaard (al die soldaten die om hun moeder roepen als ze het leven laten). Maar vrouwen die zelf moeder zijn schijnen terug te verlangen naar de tijd dat hun eigen kinderen werden geboren.

Mijn vader was dol op zijn huis. Hoewel hij in zijn dementieperiode de levendigste herinneringen had aan de tijd dat hij zorgeloos en vrij was en in vreemde oorden bivakkeerde (geëvacueerd tijdens de oorlog, als jongeman in Finland, als militair gelegerd in Egypte, zijn spannende studententijd) was hij diep vanbinnen een huismus. Mijn rusteloze moeder was juist avontuurlijk ingesteld en ging er graag op uit, maar mijn vader was altijd blij als hij weer veilig thuis was. Bovenal was hij gek op zijn tuin: zaaien, wieden, snoeien, fikkies stoken, insecten en wilde bloemen determineren, kijken naar de bruine vogeltjes in het struikgewas, zijn handen vuil maken. Als we ergens een vakantiehuis huurden, maakte hij altijd een composthoop op het terrein. In veel van mijn jeugdherinneringen zie ik hem door het raam in de tuin spitten of geboeid naar iets turen wat ik niet kan zien. Zijn tuin was het hart van zijn huis.

Toen de dementie intrad, werd de vertrouwde omgeving van zijn huis steeds belangrijker: alles op zijn eigen plek, alles bekend, het patroon van de dag een geruststellende herhaling, de wandklok die het uur aangaf, de bloemen en de planten buiten die de seizoenen markeerden. Enkele jaren voor de dood van mijn vader verhuisden mijn ouders van het huis waar ze dertig jaar hadden gewoond naar het centrum, op loopafstand van de winkels en de dokter. De verhuizing zelf was een enorm gedoe – wekenlang, maandenlang spullen uitzoeken die ze in de loop van hun leven hadden vergaard. Zoals de meeste mensen van hun generatie waren ze spaarzaam en gooiden ze zelden iets weg. Mijn vader had zo'n tachtig tot negentig stropdassen, waarvan het merendeel verschoten en gerafeld was. Mijn moeder had de inlegzooltjes van oude schoenen bewaard (op haar begrafenis hoorde ik dat een van mijn tantes tientallen afgeknipte zomen had bewaard van de broeken die te lang voor haar korte benen waren) en tupperwarebakjes zonder deksel. In de kelder stonden dozen met glazen, op zolder lagen opgerolde, door de motten aangevreten kleedjes, gebutste koektrommels die herinneringen naar boven brachten aan havermoutkoekjes en gembercake, stapels brieven en kranten en twintig jaar oude rekeningen en sierplantencatalogi van jaren terug. Gebarsten servies, borden die ze op hun huwelijksreis in Frankrijk hadden gekocht, geborduurde etuis die we als kinderen op school hadden gemaakt, foto's van mensen wier namen ze niet meer wisten. We vonden een kaart die mijn vader aan mijn moeder had geschreven: 'Voor Pat, een klein woordje dat thuis betekent.'

Op zolder vond mijn zusje een blik met daarin een filmrol. Die liet ze overzetten op een dvd en de kerst daarop, toen mijn ouders tussen de verhuizing in beurtelings bij ons logeerden, kwamen we met de hele familie samen om naar de film te kijken. We hadden geen idee wat erop stond. Na wat lichtflitsen en sputterend geluid verdwenen de schokkerige strepen en zagen we een zwart-witbeeld van een Engels kerkje. Voor de ingang stonden mannen in pak en vrouwen in kuitlange jurken en met hoedjes op. De kerkdeuren gingen open en over het gangpad kwam een paartje aanschrijden, hij in jacquet en zij in een trouwjurk met een tulen sleep. Een stralend paar, zo jong en zo onschuldig. Mijn moeder had haar hand tussen mijn vaders arm geschoven, een lach op hun gezicht. Ze lachten naar elkaar en ze lachten naar ons, wij die onder aan de ladder van jaren op hen wachten. Ze liepen vanuit het verleden naar ons toe, stralend van hoop voor de toekomst. We ontvingen ze met pijn in ons hart.

Mijn vader had al vergevorderde dementie toen hij enkele weken het huis uit moest voor een behandeling aan zijn zwerende onderbenen. (Konden we de tijd maar terugdraaien.) Een maand later kwam hij terug, maar hij keerde niet meer terug naar huis. Hij keerde niet meer terug naar zijn oude ik.

10

De latere stadia

'Ik ben al deze woorden, al deze vreemden, dit stof van woorden, zonder grond om neer te komen, zonder hemel om te verwaaien...'

Achteraf gezien was ik merkwaardig berustend tijdens mijn vaders lange neergang; ik was er althans niet helemaal bij met mijn hoofd. Het was een heel geleidelijk, sluipend proces van amper waarneembare, zich opstapelende subtiele veranderingen, een soort geestelijk Annemaria Koekoek, alleen weet je niet dat je dat spelletje aan het spelen bent. En ik had het druk, moest voor vier kinderen zorgen, werkte hard, blabla; de uitvluchten die we verzinnen. Pas later, tijdens die traumatische laatste maanden, werd het me duidelijk hoe erg hij aan het aftakelen was. *Dus dat was er aan de hand; dus hier was hij op weg naartoe.* Ik wil hem vragen hoe het voelde; ik wil zijn hand vasthouden en zeggen dat we allemaal bij hem zijn en dat alles goed zal komen (wat natuurlijk niet waar is, het was al niet goed meer). Of gewoon lekker bij elkaar in de tuin zitten in de schemering.

Er kwam een moment dat mijn vader niet alleen lééfde met dementie, maar er ook aan doodging. En het was geen vage grens die hij langzaam overstak, het was een plotse, niet te negeren scheuring – als iemand die eerst in slow motion in het water valt en dan opeens als een baksteen naar de bodem zinkt, zonder dat iets hem nog tegenhoudt. Om een kort verhaal nog korter te maken: hij ging het ziekenhuis in voor een routinebehandeling, weliswaar zeer noodzakelijk, en bleef er om allerlei redenen vijf weken liggen. In die periode (en ik krimp weer ineen als ik dit opschrijf) was hij vaak erg eenzaam. Het ziekenhuis hanteerde een strenge bezoekregeling en daar kwam ook nog een uitbraak van het norovirus bij, zodat er dagenlang geen bezoek naar binnen mocht (dat wil zeggen, geen familie en mantelzorgers). De verpleegkundigen deden hun werk, maar de meeste patiënten op de algemene afdeling hadden dementie en behoefte aan intensieve zorg, die het drukbezette personeel niet kon bieden. De artsen deden hun werk. Mijn vader, een uiterst beleefde man, lag stilletjes in zijn bed. Hij at niet, hij dronk niet, hij liep niet, praatte niet en lachte niet tegen het lachende gezicht van een dierbare. Niemand hield zijn hand vast of las hem gedichten voor. Als hem werd gevraagd hoe het ging, zei hij vast vriendelijk: 'Heel goed, dank u' (tot de dag dat hij de woorden voor een antwoord niet meer kon vinden).

Het was februari 2014, een periode van noodweer en overstromingen. De rivier naast het huis van mijn ouders zwol aan tot monsterachtige proporties en zette de wegen en weilanden onder water. Er zwommen zwanen op het cricketveld. Toen ik op een keer van het ziekenhuis terug naar huis reed, zag ik een man op de brug staan, omringd door politie, die uit alle macht probeerde te voorkomen dat hij sprong, en vlak onder hem het kolkende water. De lucht had de kleur van een bloeduitstorting. Alles voelde woest.

Mijn vader kwam uiteindelijk thuis uit het ziekenhuis: vel over been, hulpeloos, kon nauwelijks nog lopen of praten. Hij is nooit meer op de slaapverdieping geweest, heeft nooit meer door de tuin gewandeld of met mijn moeder gedanst, hij kruidde de saus niet meer, hij plaagde zijn kleinkinderen niet meer en zei nooit meer met een glas rode wijn in zijn hand: 'Op je gezondheid.' Ik ben een werkende, hoogopgeleide vrouw van middelbare leeftijd; ik ben schrijver en journalist. Ik kom uit een artsenfamilie (mijn vader, mijn broer, mijn ene dochter, mijn ene neef, een zwager…). Ik ben ongeduldig, redelijk assertief en ik zie er geen been in om tegen de regels in te gaan – Sean zou zeggen dat ik daar zelfs van geniet. Ik heb de neiging om, ten goede en ten kwade, meestal ten kwade, ergens vol in te gaan wanneer ik geconfronteerd word met onrecht of als mijn bloed ergens van begint te koken. Impulsief handelen gaat me veel makkelijker af dan rustig afwachten: ik bijt niet op mijn tong, ik tel niet tot tien en ik maak slapende honden wél wakker. Waarom was ik dan zo lang naïef en legde ik me zo snel bij de situatie neer? Dat begrijp ik nog steeds niet.

In december 2014 lanceerde ik samen met mijn goede vriendin Julia Jones een campagne, vernoemd naar mijn vader. John's Campaign stoelt op een heel eenvoudig principe: dat de verzorgers van mensen met dementie evenveel recht hebben om hen in het ziekenhuis bij te staan als ouders van zieke kinderen; dat dementerenden sowieso het recht hebben op begeleiding. Je kunt het je nu niet meer voorstellen, maar nog niet zo lang geleden mochten ouders niet bij hun kinderen zijn; en binnenkort kun je het je vast ook niet meer voorstellen dat in een groot aantal ziekenhuizen verzorgers alleen tijdens de strenge bezoekuren naar binnen mochten.

John's Campaign, opgericht in het Verenigd Koninkrijk, is overal toepasbaar, want elk ziekenhuis, waar dan ook, is een gevaarlijke plek voor zwakke, verwarde ouderen. In de meeste landen is het zorgstelsel gebaseerd op heroïsch ingrijpen: we verwijderen een tumor, we laten een hart weer kloppen, we maken een gebroken been weer heel... Ziekenhuizen zijn gesloten, gemedicaliseerde instellingen vol deskundigen, apparaten, regels. Maar met de huidige vergrijzing werkt dit model niet meer, omdat oudere patiënten vaak maandenlang met een heel scala aan aandoeningen in het ziekenhuis liggen. En een patiënt is ook een mens, met zijn emoties en onzekerheden; een infectie kan genezen worden, maar een leven verziekt. We hebben allemaal een lichaam met een geest en leven op een wereld die is verbonden door een dicht web van saamhorigheid en erkenning.

Mensen zijn sociale wezens; we hebben behoefte aan sociale interactie, niet alleen voor ons plezier, maar als essentiële noodzaak. Zonder menselijk contact kunnen we niet leven. Stop iemand een paar weken in een isolatiecel en hij begint tekenen van geestelijke verwarring te vertonen. In een artikel in *The New Yorker* vraagt Atul Gawande zich af of de eenzame opsluiting van tienduizenden gevangenen in de VS niet neerkomt op een vorm van marteling. Hij citeert uit het werk van Harry Harlow, docent psychologie aan de universiteit van Wisconsin, die onderzoek heeft gedaan naar pasgeboren resusaapjes. In die invloedrijke studie, die veel stof deed opwaaien, onderzocht hij wat het effect op deze aapjes was wanneer zij gescheiden werden van hun moeder. In een latere studie bekeek hij het effect van complete afzondering.

> De onderzoekers ontdekten dat deze proefdieren, wanneer ze werden losgelaten in een groep gewone apen, 'doorgaans in een toestand van emotionele shock geraken, die wordt gekenmerkt door ... autistisch gedrag als de armen om zich heen slaan en heen en weer wiegen'. Harlow constateerde dat: 'Een van deze zes aapjes, die allemaal drie maanden in afzondering leefden, wilde na zijn vrijlating niet meer eten en stierf vijf dagen later.' De meeste apen pasten zich na verloop van tijd weer aan aan het leven in de groep, maar niet als ze voor een langere periode geïsoleerd waren geweest. 'Na twaalf maanden in isolatie waren de dieren in sociaal opzicht een hoopje ellende,' schreef Harlow. Ze trokken zich permanent terug, leefden als verschoppelingen – en ze werden regelmatig mishandeld door de andere apen, alsof ze het uitlokten.

Het gaat hier natuurlijk om jonge apen, niet om volwassen mensen. Maar Gawande is van mening dat wat er in de Amerikaanse extra beveiligde inrichtingen plaatsvindt eigenlijk een vergelijkbaar experiment is, maar dan op volwassen mensen, en we weten inmiddels genoeg om te erkennen dat eenzame opsluiting een wrede, en wreed effectieve, martelmethode is. Veel mensen worden gek in hun eentje.

In gevangenissen in Groot-Brittannië, waar lang en streng gestraft wordt en de gevangenispopulatie aan het vergrijzen is, worden de bevindingen van dit experiment bevestigd. Penitentiaire inrichtingen fungeren als tehuizen voor ouderen en zwakkeren.

Door uiteenlopende factoren, waaronder leefstijl, beschikbaarheid van drugs en langdurige sociale isolatie, verouderen gevangenen veel sneller dan de rest van de bevolking – ze liggen ongeveer vijftien jaar voor op hun leeftijdgenoten en zijn op hun vijfenzestigste oud en afgeschreven. Cognitieve aandoeningen treden eerder op en worden vaak niet herkend en niet behandeld. Dementie tiert er welig.

In ziekenhuizen kunnen patiënten ook sociaal geïsoleerd raken en dat kan gevaarlijk zijn voor mensen die toch al de greep op de wereld aan het verliezen zijn. Als je mensen met dementie een paar weken in een ziekenhuis stopt, om zes uur wekt met eten dat ze niet lekker vinden, een naam geeft die ze niet herkennen (of 'schat' of 'mop' of 'wij' noemt) of helemaal niet tegen ze praat, alleen met een rammelend wagentje langs ze loopt, pillen in hun mond schuift, ze in een rolstoel door een eindeloze blinde gang duwt, tourniquets om hun armen bindt, naalden in hun huid steekt, aan hun bed staat met een paar andere onbekenden in witte jassen of groene kielen die met een zorgelijk gezicht dingen opschrijven, als je alles wat hun vertrouwd is afneemt, hun dagelijkse routine ondermijnt, hen voor het gemak maar een luier omdoet, dierbaren en mantelzorgers die hen begrijpen en hun taal spreken bij hen weghoudt... dan zullen ze lijden. Niet alleen lijden, maar ook geleidelijk achteruitgaan en vaak niet meer de oude worden. In Groot-Brittannië komt een op de drie dementiepatiënten die in het ziekenhuis belanden niet meer thuis.

In de weken na de lancering van onze campagne ontvingen we ontelbare berichtjes van mantelzorgers die zeiden: dat is ons ook overkomen, met mijn vader, mijn moeder, man, vrouw, partner, vriend. De verhalen die we toegestuurd kregen van over de hele wereld zijn variaties op hetzelfde thema: echtgenoten of ouders die door een ziekenhuisverblijf de vernieling in waren geholpen. Een vrouw van vierentachtig moest elke keer per taxi naar het ziekenhuis om haar man te bezoeken, want er was dagelijks maar twee uur voor het bezoek ingeruimd, en met kerst mocht ze niet blijven voor het diner; de zoon die probeerde te voorkomen dat zijn verzwakte moeder in het ziekenhuis werd opgenomen omdat zijn demente vader daar was doodgegaan; de patiënt die in zes weken dertig kilo afviel; de dochter wier vader veertien weken in het ziekenhuis lag ('vier kale muren en een wastafel') waarna de 'stekker' uit zijn leven werd getrokken. Deze hartverscheurende taferelen vinden plaats in ziekenhuizen die bedoeld zijn om mensenlevens te redden. In bijna alle gevallen zijn de artsen en het verpleegkundig personeel aardige, slimme, gedreven mensen die zich het vuur uit de sloffen rennen. Maar ze kunnen de dementiepatiënt simpelweg niet geven wat hij nodig heeft, namelijk de vertrouwde band met de buitenwereld. We kregen heel veel boze, schuldbewuste, machteloze, trieste verhalen te lezen, die gelukkig werden gecompenseerd door bemoedigende en optimistische verhalen met wijze raad. En de verhalen blijven binnenstromen.

In het Tavistock Centre vertelde Claire Kent over de existentiële eenzaamheid van mensen die in het ziekenhuis zijn opgenomen: 'Het is alsof je in je eentje in het donker ligt,' zei ze. 'Het voelt misschien wel een beetje als doodgaan, iets wat je ook alleen moet doen.' Alle dingen die een mens verbinden met het leven dat hij liefheeft gaan kapot en breken.

We begonnen de campagne aan de keukentafel. Twee dames van middelbare leeftijd die zeiden: *Het kan ook anders.* Mijn vader was nog maar enkele weken dood, we hadden hem net begraven. Julia's moeder June is in de negentig, heeft dementie en is vaak warrig, boos en bang; Julia is altijd vastbesloten dat ze meegaat naar het ziekenhuis mocht haar moeder daar worden opgenomen. Ik kan me de eerste maanden van onze campagne niet meer zo goed voor de geest halen. Ik was nog te overstuur en te verdwaasd. (Ik weet nog vaag dat ik geïnterviewd werd in het tv-programma *Woman's Hour* over *Huis van herinneringen*, mijn net verschenen roman over een hoogbejaarde vrouw die terugkijkt op haar leven. Ik kan me herinneren dat ik heel gejaagd sprak, met een gespannen, geëmotioneerde stem; alles was nog te vers, te beladen met betekenis.)

Kort na de dood van mijn vader zei ik tegen iemand (liever gezegd, tegen talloze mensen, die ik aanklampte als de getergde Oude Zeeman van Coleridge) dat we hem nu in ere konden herstellen; en ons hem herinneren als de man die hij was vóórdat hij door de ziekte geveld werd. Later zag ik pas in dat ik hem letterlijk probeerde te herstellen, op allerlei manieren. Door de ziekenhuiscultuur te veranderen, zodat kwetsbare ouderen niet langer verstoken van hun dierbaren hoefden te zijn, hoopte ik hem te helpen. Ik wilde een reddende engel zijn; ik wilde iets goedmaken. Ik sliep bijna niet, vergat te eten, borrelde over van de energie, op het bezetene af. Ik had geen oor voor de gevoelens van mijn geliefde broer en zussen. Ik schreef een vlammend betoog voor *The Observer* (de krant waar ik jarenlang voor had gewerkt en die het hart van de campagne werd. Zonder hun hulp hadden we het niet gered). Ik schoof aan in het discussieprogramma van Andrew Marr en balde mijn vuisten, terwijl David Cameron, destijds nog premier, toekeek. Ik trad op in radioprogramma's, waar ik al na één vraag in een emotionele tirade ontstak. Ik praatte en ik schreef over de verborgen tragedies die zich overal in ziekenhuizen afspelen. We gingen op bezoek bij de Alzheimer Society, waar ik onze campagne vergeleek met een raket in vrije baan. Ik voelde me ook als een raket, die werd voortgestuwd door verlies en hoop. Ik ging overal op de fiets naartoe, in de stromende regen, als een masochist, om mezelf te straffen. We gingen naar het Lagerhuis om met ministers te praten. We hebben in ontelbare vergaderkamers gezeten, waar vriendelijke mannen en vrouwen luisterden en ons soms hulp toezegden. Wanneer ik de stukken teruglees die ik tijdens de eerste maanden schreef zie ik vooral de woorden 'medemenselijkheid', 'barmhartigheid', 'moreel fatsoen', 'verlies', 'tragedie' en 'hoop'.

Gelukkig had ik in die roerige tijden de pragmatische, vastberaden Julia aan mijn zijde. En gelukkig kregen wij op onze beurt steun van mantelzorgers, verpleegkundigen, artsen, organisatoren, medewerkers van liefdadigheidsinstellingen, managers, doeners en denkers die ons de weg wezen, ons bij de juiste mensen introduceerden, ons adviseerden, stimuleerden en soms met ons meededen. 'Wees aardig, want iedereen die je ontmoet is bezig met een zware strijd.' In de loop van dat jaar werd ik me opnieuw bewust van het enorme gevecht dat we leveren en van de menselijke vriendelijkheid die als een ondergrondse rivier onder het luidruchtige rumoer van het openbare leven stroomt. En toch duurt het lang voordat er daadwerkelijk iets verandert – ook als het voor ieders bestwil is. In gedachten zag ik een deur, waar de professionals binnen aan stonden te rukken en de mantelzorgers van buitenaf tegenaan duwden. Licht die deur uit zijn hengsels. Laat ons erin. 'Ons' en 'wij' zijn de cruciale woorden. Te veel mensen strijden en lijden in hun eentje.

In het eerste jaar ontdekten we iets wat we al hadden kunnen weten: er is geen toversleutel die op alle deuren past. We hadden gerekend op verzet van ziekenhuizen en deskundigen, en hadden onze argumenten al klaar: er zijn geen extra kosten voor de ziekenhuizen, of het moet zijn voor een gemakkelijke stoel naast het bed of gratis parkeren voor mantelzorgers. En de voordelen zijn enorm. Een prettige omgeving voor personeel en patiënt: we zien het al wel op kinderafdelingen en in andere landen. Mantelzorgers moeten af en toe pauze nemen: dat is hun goed recht; ze kunnen grote behoefte hebben aan even rust en uitblazen. Het is niet de bedoeling dat ze zich verplicht voelen te allen tijde voor hun naasten te zorgen. En wanneer de mantelzorgers tijdelijk wegvallen moeten verpleegkundigen weer meer tijd aan de patienten besteden. In werkelijkheid stuitten we echter op verrassend weinig verzet, we kregen juist veel hulp en bemoediging. We merkten dat er heel veel onvermoeibare mensen zijn, in groepsverband of alleen, die dezelfde doelen als wij nastreven. Kordate oudere verpleegkundigen die ons steunden en voorbeelden lieten zien van hoe het ook kan: plekken waar kwetsbare ouderen met respect en empathie worden behandeld. Maar helaas malen de oude molens traag en duurt het lang voordat er eindelijk iets verandert.

Bij Carers UK kreeg ik van de directeur een papiertje waarop ze een uitspraak van de antropoloog Margaret Mead had geschreven: ‘Twijfel er nooit aan dat een klein groepje nadenkende, betrokken mensen de wereld kan veranderen; sterker nog, zij zijn de enigen die dat kunnen.’ Inmiddels hebben in Engeland alle afdelingen voor spoedopnames zich al bij onze campagne aangesloten en hangen daar onze John’s Campaign-posters op de deuren, met de mededeling dat mantelzorgers en begeleiders altijd welkom zijn. Je hebt speciale pasjes voor mantelzorgers. We doen mee met het nationale onderzoek naar de huidige zorg voor dementiepatiënten. We werken samen met Age UK om de campagne landelijke bekendheid te geven. We houden lezingen op congressen, maken folders, hebben zitting in commissies. We reizen naar het buitenland en nemen deel aan het internationale debat over ziekenhuisbeleid en terminale zorg. Maar onze campagne is een druppel op een gloeiende plaat – of misschien is het een Trojaans paard. We worden niet betaald, we hebben geen personeel in dienst (al bellen er weleens mensen die mijn secretaresse willen spreken!) en we hebben evenmin een bureaucratische structuur. We zijn geen bedrijf en ook geen organisatie; we zijn een piepkleine beweging die deel uitmaakt van een grote wereldwijde beweging die zich inzet voor verandering.

Gelukkig heeft er in het denken over dementie al een belangrijke omslag plaatsgevonden. Vroeger (en dat is niet eens zo lang geleden) was dementie een nauwelijks onderkende aandoening. Andrew Balfour vertelde me dat hij aan het begin van zijn loopbaan als arts 'ontzet' was over de manier waarop dementerenden werden behandeld. 'Het was vreselijk. Niet dat mensen expres gemeen of wreed waren, maar in die tijd bestond dementie gewoon niet. Als jongeman had ik er zelfs nog nooit van gehoord!' In ziekenhuizen 'werd er geen belang gehecht aan betekenis of aan het idee dat mededelingen van mensen iets betekenen. Het voelde als een vroegtijdige uitsluiting van significantie die een bevestiging van de ziekte is: een sociale dood van significantie.' Hij herinnert zich dat veel ziekenhuizen op 'een gekkenhuis' leken. Sommige psychiatrische patiënten verbleven het grootste deel van hun volwassen leven in het ziekenhuis en als ze daar nog eens dementie bovenop kregen, waren ze helemaal 'opgeborgen'.

Hij vertelt over een voorval dat hem de ogen opende. Een patiënte van hem, een oude vrouw, liep de hele tijd te schreeuwen. Iedereen op de afdeling vond haar 'bijzonder irritant, bijzonder vervelend'. 'Ik zei tegen haar: "Volgens mij bent u erg boos" en ze antwoordde: "Ik ben bang, verward en ver van huis."'

Bang, verward en ver van huis: ik denk aan alle mannen en vrouwen die schreeuwend in hun ziekenhuisbed liggen, doodsbang jammeren maar niet meer de woorden hebben om te zeggen waar ze bang voor zijn. Ze willen wel, maar ze kunnen niet meer zeggen wat ze willen, wat ze verlangen, wat ze hopen, wat ze nodig hebben. We verstaan hun taal niet. Misschien moeten we aandachtiger luisteren om die te leren.

Vijftien maanden na de dood van mijn vader waren Sean en ik met mijn moeder in Noord-Frankrijk. Het was onze eerste avond; we hadden de auto uitgeladen en de koelkast bevoorraad, en daarna waren we naar een kleine, flauw verlichte brasserie gegaan. Mijn moeder had een bordje slakken met knoflook voor zich. Ze babbelde over onze dag maar opeens hield ze op met praten; er verscheen een peinzende uitdrukking op haar gezicht. Ze trok met haar mond en viel tegen me aan, met haar hoofd achterover. Haar ogen draaiden weg en haar hele lichaam zakte ineen: een dood gewicht – en wij dachten ook dat ze dood was. Ze leek geen adem meer te halen.

In de ambulance kwam ze even bij kennis en ik beloofde haar dat ik haar niet in de steek zou laten. Toen we bij het ziekenhuis kwamen, holde ik achter het ambulancepersoneel aan naar de spoedeisende hulp. Maar de schuifdeuren gingen dicht en ik kon er meer niet in. Ik timmerde op de deuren en riep in mijn gebrekkige Frans om hulp. Als ze doodging, moest ik aan haar zijde zijn. Ik voelde de paniek prikken in mijn borst. Eindelijk deed iemand de deuren open en bracht me naar haar bed, waar een tengere gestalte nauwelijks zichtbaar onder de lakens lag, bevestigd aan infusen en slangetjes. Haar ogen waren dicht maar ze haalde wel adem, ondiep en met grote tussenpozen. Even later kwam een verpleegster die zei dat ik de volgende ochtend maar terug moest komen; ik zei dat ik per se wilde blijven. Een wat oudere verpleegster werd erbij gehaald en die zei ook dat ik weg moest; ik weigerde. Er kwam een arts en die zei dat dat nu eenmaal de regels waren; ik kon later terugkomen. '*Non*,' zei ik. Hoewel ik toen al mijn campagne voor vrije toegang voor mantelzorgers had gelanceerd, vond ik het toch moeilijk om voet bij stuk te houden, en misschien had het ook geen zin. Ik was bezig met het gevecht dat ik maanden terug zonder veel verzet had verloren. Maar belofte maakt schuld. Ik voelde mijn emoties als een oerkreet naar boven komen. Ik kon gewoon niet weg (omdat ik toen wél weg was gegaan).

Er volgde een Frans schouderophalen, een intens misprijzende blik. Ik zag mezelf door zijn ogen: een verfomfaaide, opgefokte, buitenlandse vrouw met een afgebroken voortand en wallen onder haar ogen. Ik bleef de hele nacht op een kruk zitten, dommelde af en toe in en werd dan weer met een ruk wakker, terwijl ik luisterde naar de ademhaling van mijn moeder. En ik er voor haar was.

Tijdens mijn campagne heb ik veel geleerd: acroniemen en de werking van het ambtelijk apparaat, de dienstregeling van treinen naar bestemmingen die ik anders nooit zou hebben bezocht, hoe je onderzoeken, voedingsinformatie, cijfers over uitdroging en valpartijen in het ziekenhuis en verblijfsduur moet interpreteren.

Maar ik heb vooral geleerd hoe eenzaam het is om alleen *ik* te zijn; hoe opbeurend en vertroostend het is om bij een *wij* te horen. In mijn eentje kan ik weinig uitrichten, samen kunnen we een heleboel voor elkaar krijgen.

En ik heb geleerd wat ik natuurlijk al wist maar niet goed besefte, dat ik de klok niet kan terugdraaien en mijn vader niet terug kan krijgen, hem niet ongeschonden terug naar huis kan halen. Maar anderen kunnen we wel redden, zoals we willen dat iemand ons komt redden als het onze tijd is.

11

Ziekenhuizen

In een ziekenhuis wordt de tijd op allerlei manieren gemeten. Je hebt wandklokken, zakhorloges die de verpleegkundigen bij zich dragen, de apparatuur aan het hoofdeinde van het bed en de bewakingsmonitor die de hartslag registreert. Talloze meetmethodes die de minuten en de uren bijhouden; de dag wordt ingedeeld aan de hand van een strikt, ingewikkeld tijdschema. In de vroege ochtend gaan de lichten sputterend aan, door de eindeloze gangen rammelen de karretjes; ontbijt, toiletbezoek, bloedprikken, medicijnen, temperaturen, therapie, afdelingsronde, lunch, bezoektijd, menukaarten ronddelen en invullen, ontslagformulieren, koffie (slap, met melk), thee (vaak lauw), toast, controles, misschien nog een keer bezoektijd, avondeten (heel vroeg), medicijnen, wc, de plafondverlichting knippert, apparaten piepen, en ook als het in de kamers donker is en de mensen slapen of proberen te slapen, gaan de afdelingsrondes door, stemmen op de gang, een spoedgeval ergens, tikkende voetstappen op het linoleum, de hele nacht door, die eigenlijk nooit komt en tegelijk eeuwig lijkt te duren.

In een ziekenhuis is de tijd alomtegenwoordig, onontkoombaar, een bureaucratie waarover de patiënten weinig of geen zeggenschap hebben. Maar de tijd wordt ook iets onwerkelijks, iets mechanisch. Het is nooit helemaal donker en nooit helemaal rustig en stil. Het dag-en-nachtritme is verstoord. De ochtend gaat ongemerkt over in de middag, in de avond, in de nacht. Het is een beetje te vergelijken met een overstap op een luchthaven, waar het leven even stilstaat, en waar je overal zou kunnen zijn, op welk tijdstip, met wie dan ook. Een lichaam in een bed. Een object dat behandeld wordt. Wachten in de kleine uurtjes, wachten in de dode tijd, altijd maar wachten.

De tijd kan een tiran zijn; tijdloosheid een kwelling. Mensen met dementie verblijven vaak wekenlang in het ziekenhuis, soms zelfs maanden. Mijn vader lag er vijf weken, in zijn bed, met zijn witte haar op het kussen, een uitgebluste oude man die altijd hartelijk tegen de verpleegkundigen lachte. Zijn mentale kalender was gewist, de dagen en seizoenen waren weg, hij dreef alleen nog op de amorfe zee van tijd. Tiktak. De tijd is bijna op, luidt de klok.

Op de geriatrische modelafdeling van Nottingham University Hospital, gerund door klinisch geriater Rowan Harwood, hangen overal grote klokken. Zijn innovatieve werk wat betreft passende en respectvolle zorg voor ouderen met dementie is een bron van inspiratie voor mij. De klokken daar geven niet alleen de tijd aan maar ook de datum. Ik wou dat mijn vader hier had kunnen verblijven. Het is er licht en ruim, pas geverfd en smetteloos schoon. Elke kamer is in een andere kleur geschilderd. Naast elk bed staan foto's. Alles is duidelijk aangegeven en gemarkeerd. Er zijn ruimtes voor activiteiten, gemeenschappelijke maaltijden, therapeutische behandelingen. Mantelzorgers zijn er welkom en worden gezien als deel van het ondersteuningsteam. Op deze ordelijke, plezierige afdeling worden onrust, apathie en zelfs agressie als pogingen tot communicatie gezien.

Op de universiteit van Sussex worden studenten medicijnen en verpleegkunde gekoppeld aan iemand met dementie en diens familie zodat ze een globaal idee krijgen hoe het is om oud te zijn, en tegelijk ontwikkelen de studenten inzicht in een ziekte waarmee ze later in hun loopbaan ongetwijfeld te maken krijgen. De patiënten worden hun begeleiders. 'Het is onze taak,' zegt Sube Banerjee, 'een generatie te kweken die er een iets minder grote puinhoop van maakt dan de onze.'

Ik heb overal in het land ziekenhuizen bezocht; kon ik ze hier maar allemaal opnoemen plus de mensen die er werken, een voor een hun namen afroepen, als blijk van erkentelijkheid. Er worden lessen in kunst gegeven, er zijn muziekoptredens, je hebt vrijwilligers die het haar van patiënten kappen, hun teennagels lakken, handmassages geven, door fotoalbums bladeren, thee ronddelen. Aan elk voeteneinde ligt een informatieboekje over de dementiepatiënt, waarin persoonlijke zaken genoteerd kunnen worden (hoe hij aangesproken wil worden, wie zijn naaste familie is, wat voor eten hij lekker vindt, wat zijn interesses zijn, wat voor werk hij vroeger deed, waar hij als kind heeft gewoond, alles wat hem maakt tot wie hij is). Er zijn liefdadigheidsorganisaties die met honden en andere dieren naar de afdeling komen. Die snoezelkussens maken: gebreide gepersonaliseerde handwarmers en dekentjes die mensen met dementie prettig vinden om vast te houden en om aan te frunniken. Er zijn logeerkamers voor verzorgers die een nachtje willen blijven. Kamers voor mensen die op sterven liggen. (De meeste mensen willen niet in het ziekenhuis doodgaan en toch doen de meeste dat.)

Een verpleegkundige vertelde me over een man met dementie

die nooit bezoek kreeg en in het ziekenhuis tachtig werd. Ook op zijn verjaardag kwam er niemand langs. De verpleegsters vroegen wat hij het liefst wilde hebben en hij zei dat hij als jongen de zelfgebakken *treacle tart* van zijn moeder zo lekker vond. In een bakkerij vlak bij het ziekenhuis kochten ze zo'n taart voor hem, zetten er kaarsjes op en iedereen – verplegend personeel en de andere patiënten – kwamen samen om 'Happy Birthday' voor hem te zingen. Hij moest huilen; iedereen moest huilen; ik moest ook bijna huilen toen ik het verhaal hoorde. Dit soort kleine, persoonlijke gebaren versterken het gemeenschapsgevoel en maken iemands leven een klein beetje draaglijker.

Ik breng de dag door met Jo, die bij een overkoepelende gezondheidsorganisatie werkt en daar dementiezorg onder haar hoede heeft. Ik ontmoet ook haar collega's Lucy en Aishlene. Jo was een van de eersten die contact met ons opnamen over John's Campaign, en dankzij haar doorzettingsvermogen is ons idee dat mantelzorgers altijd welkom zijn bij heel veel ziekenhuizen in praktijk gebracht. Met haar humor en bescheidenheid is ze de heldin van alle mensen die met dementie te kampen hebben. In de uren dat ik met hen doorbreng, op hun kantoor, op hun huisbezoeken, kom ik meer te weten over wat hun werk precies inhoudt. Het is zowel simpel als uiterst zwaar en gecompliceerd.

Rowan Harwood – de geriater uit Nottingham – wees me een keer goedmoedig terecht: 'Het gaat om meer dan alleen aardig zijn', maar toch had ik die ene positieve dag juist het gevoel dat het daar wél om draaide. Niet dat aardig zijn zo makkelijk is; het is niet simpelweg een vriendelijk gezicht opzetten. Je moet voortdurend alert zijn op de persoonlijke behoeften van mensen; je moet een creatieve fantasie hebben maar ook genoeg inzicht en gezond verstand om de unieke persoon achter de patiënt met dementie te ontdekken. ‘Hoop’ is het sleutelwoord (dat onderschrijft ook Sube Banerjee). Ze geloven dat hun patiënten, ondanks hun verwarde, chaotische gedrag, nog steeds te doorgronden zijn, dat ze misschien agressief, passief of onsamenhangend kunnen overkomen, maar dat er nog altijd een onvervreemdbare ‘zelf’ aanwezig is. Jo en haar team zijn ervan overtuigd dat ze van alle patiënten uiteindelijk de code kunnen kraken en hen door de schijnbaar ondoordringbare kluwen van verwarring en angst kunnen bereiken. Iedereen is een individu, met een lange geschiedenis, een netwerk van relaties, unieke verlangens en behoeften. Jo noemt haar team ook wel gekscherend ‘rechercheurs’: ze gaan op zoek naar de loopbaan, de familie, de hobby’s, passies, lievelingsgerechten van de dementerenden; alles wat hen terug kan halen. Dat kan soms wonderbaarlijke resultaten opleveren – alsof iemand terugkeert uit het schimmenrijk.

‘We staan aan de kant van de patiënt,’ zegt Jo. ‘Je moet leren begrijpen wat ze je proberen duidelijk te maken. Niemand kan zeggen dat onze patiënten niet communiceren. En of ze communiceren! Misschien niet altijd met woorden, maar ze kunnen met voorwerpen smijten, water over het verplegend personeel gooien, schreeuwen. Ze zijn hun persoonlijkheid niet kwijt, enkel het vermogen om verbaal te communiceren. Ze hebben nog altijd hun gevoelens, hun verhalen. Ze zijn er nog. Het probleem is alleen dat ze die niet meer kunnen formuleren, maar ze kunnen ze ook niet verbergen.’ Dat gevoel van verbergen en tegelijk open zijn is wat het zo’n complex ziektebeeld maakt, en daarom is het werk van Jo en haar team ook zo lastig, ‘Maar ook heel leuk,’ voegt Jo eraan toe. ‘Ze zijn interessanter dan de meeste patiënten en je moet er ook de lol van kunnen inzien; ze zijn anders dan anders en daar moet je van houden.'

Samen met Aishlene maak ik de ronde over de afdelingen. We praten met patiënten, pakken hun hand, bekijken hun foto's, ontmoeten hun familie. Aishlene deelt geprinte afbeeldingen uit. Van een cricketploeg. Bloemen. Een bekend gezicht. Een man is fan van reggae, dus zet ze reggaemuziek op; hij wiegt heen en weer in zijn stoel, schuifelt met zijn voeten over de grond.

Dan gaan we helemaal naar boven, waar zich het hoofdkwartier van hun recherchewerk bevindt. In het kleine vertrek staan een paar bureaus met computers. De kasten puilen uit van de knuffelvarkens, knijpballen, geursteentjes, pluchen beesten en snoezelkussens. Water voor thee staat op. Onafgebroken rinkelt de telefoon – familie die vraagt om advies of geruststelling wil. Ze vertellen verhalen over hun patiënten en ik ben verrast door hun vertedering. Ze lijken oprecht te genieten van hun eigenaardigheden en lastige gedrag. Zelfs hun grove taal en agressie beschouwen ze als symptomen die je met vindingrijkheid en fantasie kunt temperen.

De verhalen die ze vertellen zijn optimistisch: een man die aldoor gespannen en onrustig was en dankzij de prentenboeken van vroeger kalmeerde; het echtpaar dat zo verknocht was aan elkaar dat ze samen in het ziekenhuis werden opgenomen toen hij nog maar korte tijd te leven had; een ander stel dat een dag na elkaar overleed, de man lag naast zijn vrouw toen ze haar laatste adem uitblies en kort erna stierf hij in hetzelfde bed. De zwaar depressieve patiënt die zich in het ziekenhuis een gevangene voelde, waarop de verpleegkundigen hem met een warme deken in een rolstoel zetten en naar buiten reden. ('Je had zijn gezicht moeten zien; stomverwonderd over de frisse lucht!')

De angstige vrouw die altijd aan het jammeren was. Volgens haar familie was dat normaal en was ze altijd zo geweest. 'Maar het is niet normaal dat je altijd gespannen bent. Ze probeerde ons iets duidelijk te maken. Uiteindelijk ontdekten we dat de vrouw artritis had en dat ze gek werd van de onbedwingbare pijn. We gaven haar pijnstillende pleisters en nu staat ze in de gang te kegelen.'

Of de man met de zeventien kleinkinderen op wie hij zo dol was. Hij bloeide helemaal op toen hij babypoppen kreeg om voor te zorgen.

De vrouw met de rode bril, waarvan één glas ontbrak, die vloekte als een bootwerker en die van niemand iets wilde aannemen, zwaaiend met haar knuffel als een zweep.

De vrouw die niemand ooit naakt had gezien, zelfs haar man niet, met wie ze drie kinderen had. 'Ze wilde niet onder de douche, en we begrepen toen pas waarom. Ze zou op z'n minst geen mannelijke verpleger moeten krijgen.'

De geagiteerde man die erg van rekenen hield. 'We gaven hem sommen, die wij expres verkeerd hadden gemaakt, zodat hij die kon nakijken en verbeteren.' De vrouw – broodmager en heftig psychotisch – die dacht dat Tony Blair haar wilde vermoorden. Ze zat de hele tijd op de verpleegsterspost onder de tafel. 'Ze was diepgelovig, daarom gingen we met haar naar de ziekenhuiskapel waar ze een openbaring kreeg: "God zij geprezen, en waar ben ik eigenlijk?"'

Mensen met dementie doen altijd iets anders dan je verwacht. 'Je moet buiten de vaste kaders denken. Niet in hokjes. Dan zul je merken hoeveel verschil dat maakt. Om iemand te zien lachen van wie steeds werd gezegd dat hij nooit meer lachte. Om naar boven te halen wat er diep vanbinnen nog zit.'

Kijk, daar gaan ze, de gang door met een fotoalbum, een fles wijn, een dierentuin aan knuffelbeesten en snoezelkussens, hoopvol en vastberaden. De rechercheurs.

'Dementie is afschuwelijk als het niet goed wordt behandeld,' zegt Jo. 'Maar zo hoeft het niet te zijn.'

Ik verliet het ziekenhuis met een ontroerd maar tegelijk ook merkwaardig leeg gevoel, alsof er onder de opgewekte lichtheid een sombere duisternis schuilging. Optimistisch blijven met zo veel verdriet en verwarring om je heen is vermoeiend en vooral een kwestie van wilskracht en doorzettingsvermogen: nooit opgeven.

Hun persoonlijkheid is niet weg, zegt Jo. Ze zijn er nog.

Een ziekenhuis kan heel goed een plek zijn waar kwetsbare, verwarde, angstige patiënten zich geborgen en veilig voelen, waar ze worden beschermd als mens, gekoesterd als mens. Waar ze zo veel mogelijk de persoon kunnen zijn die ze waren voordat ze werden opgenomen. Maar helaas is dat niet de praktijk. In de meeste ziekenhuizen is de patiënt een nummer, een object.

Hoe lief en behulpzaam de verpleegkundigen ook zijn, hoe kundig en scherpzinnig de artsen, de behoefte van het individu gaat verloren in de immense, ingewikkelde machine die de gezondheidszorg is. Regels die ooit om goede redenen zijn bedacht, worden sta-in-de-wegs; effectief management kan verworden tot een roestig, traag werkend apparaat. Het personeel zit noodgedwongen achter computerschermen formulieren in te vullen en hokjes af te vinken. Er zijn medicijnen, operaties, maaltijden, diëten en apparaten naast elk bed; er zijn noodtoestanden die snel medisch ingrijpen vereisen – en ondertussen gaat, op talloze afdelingen, de langzame mentale crisis van jezelf verliezen geruisloos, onzichtbaar, gestaag door. Levende mannen en vrouwen worden stervende mannen en vrouwen. Iet-wiet-waai-weg.

Dementie is niet alleen een lichamelijke aandoening maar ook een psychologische en een sociale, aldus Sube Banerjee. 'Dementie is niet in het bestaande systeem onder te brengen. We moeten meer gelaagd denken. Er moet een cultuuromslag plaatsvinden. We moeten zien uit te vinden wat het beste werkt; dat is onze taak, van iedereen. En het ideale tijdstip daarvoor is altijd nu.'

Ziekenhuizen zijn van oudsher instellingen waar mensen beter gemaakt worden. Maar sommige mensen worden nooit meer beter. Er kan wel voor ze gezorgd worden, niet alleen in fysiek opzicht maar ook – en vooral – in geestelijk opzicht. In veel landen komt men tot het besef dat een ziekenhuis niet de juiste plek is voor mensen met dementie. En men probeert uit alle macht daar iets aan te doen (John's Campaign levert daar ook een bijdrage aan). Maar de molens malen traag en er zullen zich nog heel wat tragedies voltrekken voordat de omslag overal gerealiseerd is.

12

Op weg naar het einde

'We hebben kunst om niet aan de waarheid te sterven.'

Op een druk kruispunt dicht bij ons huis in Noord-Londen zag ik vaak een sjofel geklede oude man staan. Hij had eetgerei in zijn hand (meestal een vork, geloof ik) waarmee hij soms geestdriftig, soms rustig stond te zwaaien terwijl het verkeer langs hem denderde.

Hij zag er niet ongelukkig uit, maar hij was wel een eenzame figuur, zich niet bewust van de mensen die aan hem voorbijtrokken. Hij ging op in zijn eigen wereld. Ik nam – terecht – aan dat hij dement was. En op een dag was hij verdwenen. Later las ik in de rouwadvertenties in de krant dat hij psychoanalyticus was geweest en een briljant musicoloog die baanbrekend onderzoek had gedaan naar de compositiemethodes van Beethoven en Mozart. En op dat moment bedacht ik dat hij met die vork of lepel wellicht het verkeer had staan dirigeren op de muziek in zijn hoofd. Dit beeld is me altijd bijgebleven vanwege de grote discrepantie tussen wat men zag – een demente oude man die op straat rondzwalkte – en wat hij ervoer, en dat stel ik me graag voor als de muziek van zijn geliefde componisten en een besef dat hij het machtige middelpunt van zijn eigen wereld was.

Niemand keert terug uit het land van vergevorderde dementie om ons te vertellen hoe het daar is. Je kunt deze mensen vergelijken met de pulserende lichtpuntjes op een sonarscherm die steeds zwakker worden totdat ze niet meer te zien zijn. Wij kunnen ons niet voorstellen wat ze meemaken, daar in die koude, diepe duisternis. De oude vrouw die naast mijn dochter in bed lag en steeds dezelfde doodsbange woorden uitschreeuwde: beleefde ze opnieuw een ernstig trauma van vroeger of struikelde haar geheugen steeds over dezelfde herinnering? De vrouw in het verpleegtehuis die naar me toe schuifelde en aldoor zei: 'Troostende gezangen, troostende gezangen' – was ze verdrietig of waren het woorden zonder enige betekenis? Toen mijn vader 'Ik moet weer op zee gaan' met ons meezong, weet ik niet of hij de schuimende golven, de zeenevel en de witte wapperende zeilen voor zich zag, of dat de woorden alleen nog restanten waren, de laatste vonkjes die uit een stervende geest opspatten.

Nadenken over de laatste stadia van dementie is nadenken over wat een mens tot mens maakt, en onderkennen dat de individuele geest in wezen eenzaam en afgezonderd is. We zijn ons leven lang bezig met relaties aangaan met anderen, we proberen een plekje in hun leven te verwerven, onze gevoelens over te brengen – een gammele brug te slaan over de gapende kloof tussen de ene persoon en de andere. Verliefd worden is geloven dat je gekend kunt worden, écht gekend, door een ander, en dat je op jouw beurt de ander kunt kennen, met hem kunt meevoelen en door een enorme verbondenheid en verlangen kunt samensmelten: twee verhalen die zich vermengen tot één. (Wanneer de liefde voorbij is, trek je je weer terug in je eigen fort en haal je de brug op.) We kunnen anderen de hand reiken, ons openstellen, verhalen vertellen, bekentenissen doen en onze zielenroerselen delen, maar we kunnen nooit de geest van de ander betreden of weten hoe de wereld er door hun ogen uitziet, hoe hun persoonlijke pijn voelt, op hun huid of in hun hart. Uiteindelijk blijven we een raadsel voor elkaar.

Aan het einde van de dag die ik met Jo en haar dementieteam had doorgebracht, vroeg Jo of ik Gladys had gezien. Ik wist niet wie of wat ze bedoelde. Ze ging achter haar computer zitten, zocht de site op en drukte op *play*. Met z'n vieren keken we naar de korte film die volgens Jo verplicht kijkvoer is voor elke verpleegkundige – voor elk méns. We zien Naomi Feil, bedenkster van de Validation Therapy, de validerende benadering, die inmiddels overal ter wereld in praktijk wordt gebracht, samen met Gladys Wilson, een vrouw met vergevorderde dementie, die niet meer kan praten. Validation-therapie gaat over communiceren door middel van empathie, je verplaatsen in de wereld van de ander. 'Hun intense behoefte aan verbinding kunnen ze niet meer uiten, is naar binnen geslagen,' zegt Naomi Feil. 'Ook als de persoon totaal vereenzaamd is en er heel slecht aan toe is, blijft dat verlangen naar intimiteit bestaan.'

We zien Gladys Wilson in een rolstoel met een hoge rugleuning zitten. Haar vingers strijken onafgebroken over de armsteunen. Op haar schoot ligt een gehaakte deken. Ze houdt haar hoofd een beetje achterover en we zien de twee resterende tanden in haar halfopen mond. Haar ene oog zit dicht en het is moeilijk te zeggen of ze überhaupt iets ziet. Naomi Feil gaat op haar hurken tegenover haar zitten en spreekt haar aan met haar officiële naam – mevrouw Wilson – en pakt haar rusteloze hand. Gladys

Wilson pakt de hand van Naomi Feil, trekt en schudt eraan, beweegt hem heen en weer. Er rolt een traan over de wang van de oude vrouw, die Naomi Feil heel voorzichtig wegveegt, waarna ze met haar vingertoppen het gezicht van mevrouw Wilson streelt – 'zoals de moeder haar baby streelt' zodat 'elke cel zich die streling herinnert'. Ze is niet langer alleen. Gladys Wilson doet haar ogen open en kijkt ingespannen naar het gezicht van de vrouw die haar vraagt 'haar een klein beetje binnen te laten'. De ene hand bonkt voortdurend op de armsteun en haar gezicht vertrekt en plooit zich. Dan begint Naomi Feil een gospel voor haar te zingen 'Jesus loves me', omdat ze weet dat Wilson haar hele leven diepgelovig is geweest. Ze blijft het gezicht van de vrouw strelen. De bonkende hand begint een ritme te slaan. Naomi Feil beweegt steeds mee met Gladys Wilson, spiegelt al haar gebaren; als het bonken versnelt, zingt ze sneller, en als het bonken vertraagt, gaat ze langzamer zingen. En dan trekt Gladys Wilson de therapeute naar zich toe en hun gezichten raken elkaar, als moeder en kind. Naomi Feil begint opnieuw te zingen en Gladys Wilson valt in. '*He's got the whole world in his hands.*'

Samen met Jo en haar team bekijk ik dit aangrijpende filmpje. En wanneer ik thuis ben, bekijk ik het nog een keer en voordat ik aan dit hoofdstuk begin nog eens. Het is prachtig: het is een erkenning van de persoon die gevangenzit in een lichaam en een hoofd die niet meer willen. Het is een daad van diepe menselijkheid. Het is een druppel helder water op een verdord stuk land. Tegelijkertijd is het ook angstaanjagend: ik kan het amper verdragen. Wat gaat er door Gladys Wilson heen wanneer ze de handen van de therapeute beetpakt en zich met betraande wangen vooroverbuigt? Vreugde? Opluchting? Rust? Opperste wanhoop? De vrouw wordt kortstondig aangeraakt, geknuffeld, gestreeld, toegezongen, met evenveel liefde als een zuigeling. Dan wordt ze weer losgelaten. Ze zakt achterover in haar stoel, doet haar ogen dicht en strijkt met haar vingers weer rusteloos over de armsteunen. Het laat bij mij een wee gevoel van onrust na. Was het uitsluitend positief om haar tijdelijk van haar existentiële eenzaamheid te verlossen of eigenlijk ook een vorm van foltering?

Dit uitzonderlijke staaltje van empathie bevestigt niet alleen de menselijkheid van de oude vrouw maar ook van de therapeute zelf. Aan het begin zien we Gladys Wilson van een afstandje: een hoopje ellende in een rolstoel, en op het laatst kijken we in haar ogen en zien we haar huilen, we zien haar als individu, niet als ding; als persoon, niet als voorwerp. Naomi Feil behandelt haar met respect (ze noemt haar 'mevrouw Wilson', vraagt toestemming om dichterbij te komen waarna ze haar omhelst). Respect betekent met andere ogen kijken. Dus we kijken met andere ogen naar Gladys Wilson en we kijken met andere ogen naar al die mensen die we anders geen blik waardig keuren: niet zien, niet erkennen. De man die op straat loopt te roepen, die hulpeloze vrouw in bed, die onderuitgezakte figuur in zijn stoel met een luier om en zijn hoofd op zijn borst, naar al die oude, bange, verwrongen gezichten die ons zo veel angst aan kunnen jagen. Soms omschrijven we mensen met vergevorderde dementie als dieren of planten, dat is lekker makkelijk want dan hoef je niet toe te geven dat ze een van ons zijn. Het is een beangstigende gedachte dat we misschien zelf ooit zo worden, maar ook als dat niet gebeurt, als we simpelweg geluk hebben en door het leven gespaard worden, laten deze verwarde ouderen ons zien hoe het is om sterfelijk te zijn, alleen nog een lichaam, overgeleverd aan de genade van vreemden.

In het laatste stadium van dementie wordt het steeds lastiger te raden wat er in het hoofd van de ander omgaat; van de schemering naar het pikkedonker op de drempel tussen leven en dood. Neurologen kunnen een scan van de hersenen maken en de schade opmeten maar ze kunnen ons niet duidelijk maken hoe het nu werkelijk is om in een wereld te leven waar tijd geen enkele betekenis meer heeft, waar het verleden niet met het heden is verbonden en waar het heden niet tot een verwachte toekomst leidt. De geschiedenis is uitgewist, verwachtingen zijn er niet meer en het enige wat er rest is het hier en nu, nu, nu.

Ook kan geen enkele medisch specialist ons duidelijk maken hoe het is om geen taal meer te hebben – of alleen nog wat flarden, een herinnerd woord of zinnetje dat nog ergens in het kapotte geheugen ligt, als de overlevende van een aardbeving.

(Een van de verzorgers tijdens mijn vader laatste maanden was een Française. Ze vroeg hem een keer: *Ça va, John?* En glimlachend antwoordde hij: *Ça va très bien, merci* – waarschijnlijk had hij dat zinnetje als scholier in een houten schoolbank moeten opdreunen, zaten de woorden diep in zijn geheugen gegrift, en nu kwamen ze weer boven en hadden op wonderbaarlijke wijze hun weg door het verwoeste landschap gevonden. Is dit het geheugen of het restant van het geheugen?)

Carol Gilligan schrijft: 'Een stem hebben betekent mens zijn. Iets te zeggen hebben betekent iemand zijn. Maar spreken is verbonden met luisteren en gehoord worden; het is een diepe intermenselijke actie.' Gilligan definieert de stem als 'iets wat mensen bedoelen als ze het hebben over de kern van hun ik', waaruit volgt dat 'spreken en luisteren vormen zijn van mentaal ademhalen'. Thuis is de plek waar ze je taal spreken; het verlies van taal is een verbanning en pijnlijke scheiding van het ik. Woorden zijn geen laagje over betekenis, eerder een emmer die in een diepe put wordt neergelaten. Je uiten betekent een narratief maken, en dit narratieve zelf is wat ons samenhang geeft. Als we de woorden kwijtraken, raken we de plot kwijt. De woorden laten ons in de steek. Beetje bij beetje, totdat het geniepige kleine straaltje losbarst in een stortvloed van verlies, waardoor de betekenissen wegspoelen en de stilte brullend haar intrede doet. Wat is het kantelpunt waarop we onszelf kwijtraken?

Er is een wezenlijk verschil tussen het zelfbesef verliezen en het zelf verliezen. Een van de redenen dat de filosoof Ronald Dworkin mensen steunt die euthanasie willen mochten ze aan vergevorderde dementie lijden, is dat ze op dat punt 'geen besef meer van het zelf hebben... Omdat ze geen besef meer hebben van het leven als geheel, een verleden dat verbonden is met een toekomst...' De waarde van hun leven is sterk verminderd of tot nul gereduceerd, omdat 'er van buitenaf geen waarde aan een leven kan worden toegevoegd, het moet vanuit de persoon zelf komen, en op dat moment lukt dat gewoon niet meer'.

Dworkin maakt duidelijk onderscheid tussen het innerlijke zelf en de buitenwereld; hij gelooft dat zingeving van binnenuit komt. Individuen zijn hun eigen zingevende wereld. Iemand als bisschop Desmond Tutu vindt juist dat een mens wordt gevormd door anderen. En de denker Martin Buber, die het bekendst is om zijn filosofie van de dialoog, heeft de term 'Ik-Gij' gemunt die algemeen gebruikt wordt door ethici. 'Het woord zit niet in de mens zelf,' schrijft hij, 'maar de mens treedt het woord binnen en neemt een standpunt in... Betekenis ontstaat niet in het Ik maar in het gebied tussen het Ik en het Gij. Het is niet als het bloed dat door de mens stroomt maar als de lucht die hij inademt.' Dus we leven in een 'gemeenschappelijke ruimte van betekenis': de taal, die alles 'in de openheid' brengt, die een publieke ruimte schept.

De geest zit niet uitsluitend binnen in ons; de grenzen tussen binnen en buiten lopen in elkaar over. 'Het is verwarrend en fascinerend om denkende mensen op deze wereld te zijn.'

Die 'Ik-Gij'-dialoog probeerde Naomi Feil ook met Gladys Wilson aan te gaan; kortstondig dezelfde lucht inademen. Deze 'Ik-Gij'-relatie – deze droom van een gemeenschappelijke taal – is onverwoestbaar, ook bij iemand met vergevorderde dementie die niet meer het simpele verhaal van het dagelijks leven kan formuleren, geen woorden meer kan vinden om zinnen mee te maken, geen samenhangend zelf meer heeft, geen grammatica meer tot zijn beschikking heeft, en voor wie het een niet logisch meer uit het ander volgt, maar voor wie alles telkens in scherven uiteenvalt, net als Humpty Dumpty.

Tussen de 'brokstukken van het taalvermogen', tussen het 'voor altijd in mijn mond/ en vergeten', in de 'vieze smaak van verdwenen' komen af en toe kleine belletjes van herinneringen en flarden van herinneringen naar boven. De persoonlijke voornaamwoorden blijven vaak het langst hangen. 'Jij', 'mij' en 'ik' – de centrale kern in de concentrische cirkels die Tommy Dunne voor me tekende. 'Ik ben.' Tot in het allerlaatste stadium van dementie blijft het 'ik' overeind. De achttiende-eeuwse satiricus Jonathan Swift voorvoelde zijn eigen geestelijke aftakeling – inmiddels denken we dat hij aan dementie leed – ('Zie hoe die grijsaard aan het sukkelen is... de aloude verwarring in zijn geest/ die pas verdwijnt als hij er is geweest...') Voor hem was het leven een 'duistere, droevige klucht' en hij liet het grootste deel van zijn vermogen na voor de oprichting van een instelling waar 'zo veel mogelijk gekken en idioten' ondergebracht konden worden. Door het geleidelijke verlies van zijn vermogens waren zijn laatste jaren zwaar voor hem; zijn denkvermogen haperde, zijn gezichtsvermogen nam af, zijn spraakvermogen liet hem in de steek tot hij op het laatst nog amper kon spreken, en toch kon hij in het jaar voor zijn dood nog zeggen: 'Ik ben wat ik ben, ik ben wat ik ben', en naar verluidt waren zijn laatste woorden: 'Ik ben een dwaas.'

Gladys Wilson kan niet meer 'Ik ben' zeggen; de enkele woorden die ze in het filmpje nog mummelt zijn restanten van herinneringen: één regeltje van het gezang dat ze vroeger vast honderden keren had gezongen.

De moeder van Jenni Dutton, een broze gestalte in een bed, kon waarschijnlijk ook niet meer zeggen: 'Ik ben.'

De moeder van Rebecca Myers evenmin. In haar laatste levensdagen die ze in het tehuis doorbracht herkende ze haar man en kinderen niet meer; ze kon nauwelijks slikken. Omdat Rebecca's vader niet het besluit wilde nemen om haar te laten versterven, kreeg ze sondevoeding; ze leefde eigenlijk niet meer, maar ze lag heel langzaam dood te gaan.

William Utermohlen kon in zijn laatste jaren in het verpleeghuis ook niet meer spreken – en hij had zich altijd in de taal van de kunst uitgedrukt. Wanneer hij zijn eigen naam wilde opschrijven, vloeiden de letters tot een onleesbaar geheel ineen. William Utermohlen verdwijnt lettergreep voor lettergreep. Het is gedaan met de aangrijpende zelfportretten. Met bewonderenswaardige moed heeft hij de laatste jaren zijn aftakeling vastgelegd en zichzelf geportretteerd als een geknakte, verwoeste man, wiens wereld bruut was weggerukt. Met deze doeken probeerde hij 'zijn zelfbeeld te herstellen' en 'zijn dubbelganger op te roepen'; alsof hij zichzelf in de spiegels ziet waar hij in werkelijkheid zo bang voor was geworden dat zijn vrouw ze moest afdekken. Deze dubbelganger is een geest of een schim, of een man die zo erg de weg kwijt is dat we hem nauwelijks in de ogen durven kijken. Hij ziet zichzelf met een zaag, als vooraankondiging van de autopsie die de woestenij in zijn brein zal onthullen; door tralies; in een uit elkaar vallende ruimte, met één reusachtig oor, een bespikkeld gezicht, een snavelachtige neus, een verdwijnend voorwerp, vervagende lijnen, zijn omgeving die steeds leger raakt en waaruit al zijn ankers zijn verdwenen. Hij gumt zichzelf uit. Hij is er nog wel, vage lijnen die verbleken tot wit. Hij is bijna weg, een schetsmatig doodshoofd met ogen die dezelfde zijn gebleven en die ons vanuit de gruwelijke ontmanteling van het zelf aanstaren.

Als mensen met dementie niet meer kunnen praten of communiceren en alleen nog vanuit hun duisternis naar ons kunnen reiken, hoe moeten we dan weten wat er in hen omgaat en hoe we hun leed kunnen verzachten?

Ziekte is altijd een onderwerp in de kunst geweest en de laatste paar jaar, door de vergrijzing en de dramatische groei van het aantal dementerenden, is dementie in hoog tempo onze cultuur en ons bewustzijn binnengedrongen en zichtbaar geworden. Er wordt tenminste veel over gepraat en geschreven, en de buitengewoon wrede, verontrustende en ontwrichtende aard van de ziekte wordt algemeen onderkend. John Bayley schreef een treurdicht over het geheugenverlies van zijn vrouw, Iris Murdoch; Sally Magnusson schreef een baanbrekend boek over de dementie van haar geliefde moeder; Timothy West had een aangrijpend verhaal over de alzheimer van zijn vrouw, de actrice Prunella Scales. Terry Pratchett was zo moedig om openlijk over zijn eigen dementie te spreken, geestig en droevig tegelijk. Op de vloer van mijn werkkamer liggen hoge stapels verslagen van mensen die met de ziekte leven en de ervaringsverhalen van hun verzorgers.

Op schrijnende, grappige, ontroerende, brute wijze hebben ze de gesloten kamer opengebroken. Het licht stroomt naar binnen waar eerst geheimzinnigheid, schaamte en angst heersten.

Maar hoe schokkend, aangrijpend, openhartig en empathisch ook, het zijn meestal verhalen van buitenaf, niet van binnenuit, geschreven door mensen in het beginstadium van de ziekte of door hun verzorgers, die het proces van identiteitsverlies van nabij meemaken. In de eindfase van dementie is het onmogelijk geworden om de innerlijke ervaring te beschrijven omdat er geen taal meer voorhanden is. Toch kunnen we via de kunst de stille duisternis proberen te betreden. Ik ken slechts een handjevol voorbeelden van dementieverbeeldingen van, zeg, vóór 1950. Ik heb me weleens afgevraagd of de afscheidssymfonie van Haydn – waarin de musici een voor een hun instrument neerleggen en het podium verlaten, zodat de muziek geleidelijk aan wegsterft – geen evocatie van dementie is. Je hebt natuurlijk de melancholische zeven-levenstrappenmonoloog van Jacques uit *As You Like It* van Shakespeare (die begint met het 'wicht dat krijt en spuwt' in de armen van zijn voedster en eindigt met een 'tweede kindsheid' van verval: 'gezicht en tanden, smaak en alles kwijt'). Of koning Lear, die letterlijk en figuurlijk in een storm terechtkomt, en wiens persoonlijkheid langzaam afbrokkelt tot hij op het laatst alleen nog wat kan stamelen en uiteindelijk sterft. Vrienden hebben me attent gemaakt op het personage Aged P uit *Great Expectations* van Dickens; en wellicht lijden Mr Wodehouse uit *Emma* van Jane Austen en Don Quichot ook aan de ziekte.

De laatste tijd is dementie een 'hot' onderwerp in allerlei kunstuitingen. Zo hebben de film *Still Alice*, die een Oscar in de wacht heeft gesleept, en de prachtige, hartverscheurende Disney-animatie *Coco* een persoon met alzheimer in de hoofdrol.

Toch blijven dat evenwichtige, coherente portretten. Ze bevatten altijd een plot, een logische verhaallijn, een hoofdpersoon die te begrijpen is. Dementie is dan wel het thema, maar het narratief wordt er niet door ontregeld of uiteengerafeld. Tijdens de laatste fase van dementie vertrekt de persoon naar een onbekende plek waar wij hem niet naartoe kunnen volgen. De heldere momenten die iemand met dramatisch geheugenverlies nog af en toe kan hebben zijn als felle lichtflitsen boven een verwoest landschap – of misschien is dat eigenlijk ook wensdenken en hebben die momenten niets te betekenen. Wij willen zo graag dat alles een bedoeling en een betekenis heeft. Het kind leert om klanken tot woorden te structureren en onderscheid tussen dingen aan te brengen; ze vertellen verhalen en dwingen de chaos in een narratieve mal. Alleen op die manier kan de overweldigende wereld bevattelijk en draaglijk gemaakt worden. Maar iemand met dementie kan niet meer structureren, niet meer onderscheiden of samenbrengen – de gestructureerde persoonlijkheid en de gestructureerde taal vallen in stukjes uiteen. De woorden worden weer louter klanken.

De kunstvorm die niet simpelweg registreert en observeert maar zich daadwerkelijk verplaatst in de desolate wereld van identiteitsverlies neemt ons mee naar die stille duisternis en leegte. Je zou het een vorm van emotioneel modernisme kunnen noemen, waarbij er geen centrale verteller meer is en geen samenhangend verhaal, maar waar alles gefragmenteerd is en de vaste grond onder ons bezwijkt. De ervaring hoe het is om dementie en geheugenverlies te hebben kan ons vaststaande idee over tijd, plaats en identiteit, met een stabiele werkelijkheid en een eenduidige persoonlijkheid, op losse schroeven zetten. Het is een ontschepping, waarbij woorden en hun betekenis teniet worden gedaan – een apocalyps van het zelf. In plaats van als buitenstaander de ervaring van verlies te observeren, worden wij, die nog een zelf hebben, tijdelijk die wereld van angst en verval in getrokken.

In 2015 bezocht ik *De Vader* (*Le Père*), een toneelstuk van Florian Zeller, en werd compleet van mijn sokken geblazen. De hoofdpersoon (met overtuiging gespeeld door Kenneth Cranham) heeft alzheimer. Het stuk begint rustig, met een geruststellend gewone huiskamer: boekenkast, tafel, luie stoelen, schilderijen, een oude man die met zijn dochter praat. We beseffen dat hij aan geheugenverlies lijdt, maar in het begin kijken we voornamelijk naar een overbekend familiedrama. Binnen enkele minuten worden we op het verkeerde been gezet; de grond onder onze voeten zakt weg. Van wie is het huis waar we zijn – van hem of van haar? Is zij zijn dochter, en zo ja, wie is dan die andere vrouw die beweert dat ze ook Anne is? Wie is de man die zegt dat hij Andrés schoonzoon is, en waarom zijn er twee van? Was André van beroep tapdanser of bouwkundig ingenieur? Waarom wordt er steeds over een maaltijd van gebraden kip gepraat? Waar is zijn horloge? Is de tijd een gekmakende, zich steeds herhalende lus, ontglipt hij ons of is het eerder een kankercel die zich deelt en muteert?

We zullen het antwoord nooit weten omdat het er uiteindelijk om gaat dat er alleen zinloosheid en verwarring is ('Er klopt iets niet,' zegt André de hele tijd). Tussen korte scènes, ondersteund met allengs schurender, zich herhalende muziek, verdwijnen er steeds meer meubels van het toneel, net zoals het meubilair in het hoofd van de oude man kapot wordt gemaakt. Aan het einde zie je alleen een bed met een wit laken in een witgeverfde kamer, en een oude man die om zijn moeder roept. Hier bereikt de trage maar gestage dood zijn eindpunt. Het publiek zit als het ware in Andrés hoofd en probeert steeds de onbekende signalen te duiden, want het schitterende, hartbrekende stuk herinnert ons aan onze onuitroeibare behoefte om orde in de chaos te scheppen terwijl het die orde tegelijkertijd ondermijnt. Net als in het schrijnende *Hersenschimmen* van Bernlef of *The Unconsoled* van Kazuo Ishiguro verbeeldt het de moeizame worsteling met de taal en de mislukte pogingen om duidelijk te maken wat niet meer duidelijk te maken is, de onmogelijkheid om het 'ontwoorden, het onttalen, het ontherinneren' te vangen.

Taal is ook herinnering; dementie veroorzaakt een tweeledige stilte. De dood van het zelf is de dood van een hele wereld. Bèta-amyloïde plaques en aangetaste zenuwcellen; levenloze grijze materie die zich mengt tussen het schitterende kleurenpalet van het nog werkende brein. Woorden die wegsijpelen als bloed. Verborgen mensen, in de grot waar geen licht komt, en vanwaaruit geen signaal terugkaatst. Het enige wat we kunnen doen is op de drempel staan van stilte, duisternis en leegte.

Ik denk aan vrienden en geliefden die hun laatste jaren in het verborgen land van dementie hebben doorgebracht. Het land waaruit niemand terugkeert. We worden geboren met niets, en steen voor steen bouwen we aan het enorme, prachtige paleis van het zelf: taal, kennis, relaties, bezittingen, ervaringen, herinneringen en liefde. En dan vooral herinneringen en liefde. Al die dingen vallen weg wanneer het leven wordt gereduceerd tot niets. Wanneer we niet eens meer kunnen zeggen 'Ik ben'. Wanneer we dat niet eens meer kunnen.

Toch staat de oude man nog steeds met zijn vork te zwaaien. Misschien hoort hij muziek.

13

Afscheid nemen

'Wat is verlies? Verlies is een slapende reus.'

Mijn vader was laat met pensioen gegaan en viel kort daarna ten prooi aan de ziekte. Hij had geen tijd meer voor alles wat hij na zijn pensioen van plan was: tuinieren, boswandelingen maken, uitstapjes in de buurt, op jacht naar vlinders, de zaden van wilde bloemen verzamelen, met mijn moeder op reis naar Corsica, waar ze vaak met vakantie waren geweest. In plaats daarvan kwam hij in een soort twilightzone terecht en gleed stukje bij bétje weg uit het leven dat hij voor zich had gezien; eerst besefte hij nog wat hij aan het kwijtraken was en toen goddank niet meer.

Dementie is een lang uitgesponnen afscheid van het zelf. Bij de meeste ongeneeslijke ziektes treedt de dood redelijk snel in. Bij dementie duurt het tergend lang voordat de levensvonk is gedoofd. Mensen die met de aandoening leven hebben vaak nog volop de tijd om hun eigen werdegang te aanschouwen, en hun verzorgers hebben soms wel jaren waarin ze toekijken en zich voorbereiden op het afscheid. Er is sprake van een naderend, meerduidig verdriet; een voortijdig rouwen om het zelf of rouwen om de dierbare naaste.

Tijdens de laatste stadia van de ziekte is de dierbare er wel en tegelijkertijd ook niet, en worden we met het pijnlijke feit geconfronteerd dat hun zelf aan het afbrokkelen is. In de eindfase worden de zieken een soort geestverschijningen die zichzelf en ons kwellen: de figuur in de spiegel die ze niet langer herkennen of misschien herkennen als hun overleden vader of moeder, hun spookachtige tegenhanger. Van alle mensen die ik heb gesproken was Patricia Utermohlen de enige die zei dat de echte dood van haar man voorafging aan zijn officiële overlijden, namelijk op het moment dat hij zijn kwast neerlegde. Dat was het kantelpunt. Toch bleef ze hem trouw bezoeken, net als zijn oude vriend Ronnie Carroll.

Pauline, die haar moeder beschrijft als 'een levende dode', bereidt zich alvast voor op het verdriet wanneer haar moeder er echt niet meer is. 'Wat moet ik zeggen op haar uitvaart? Dat ze er het beste van probeerde te maken. Ik vind het nog steeds jammer dat ze niet meer heeft kunnen doen.'

Om iemand rouwen die nog leeft, brengt een eigenaardig ambigu verdriet met zich mee. En meestal ook schuldgevoel: als je om iemand rouwt die nog niet dood is verban je de betreffende persoon al naar het rijk der doden.

Disie Johnson gaf de verftubes van haar man weg. Ze kan het niet opbrengen om zijn mooie pakken weg te doen, al zal hij die nooit meer dragen.

Rebecca Myers beschrijft de laatste jaren van haar moeders leven als 'jaren van rouw'. Haar moeder stierf veertien jaar nadat de eerste diagnose was gesteld. Ze kreeg moeite met slikken en moest aan de sondevoeding: 'en als dat slangetje waarmee ze gevoed wordt er eenmaal in zit, moet je echt je best doen om het te verwijderen. Dat wordt dan een welbewust besluit.'

Kort nadat haar moeder in een verpleeghuis was opgenomen, werd bij haar vader de ziekte van Kahler geconstateerd, een bloedkanker. Hij moest een beenmergtransplantatie ondergaan en was heel erg ziek. In dezelfde periode werd Rebecca's man, een huisarts, aangereden door een kiepauto, waarbij zijn beide enkels verbrijzeld werden. In de daaropvolgende jaren is hij vele keren geopereerd en moest hij zijn praktijk opgeven. Er was gedoe met de financiering van de zorg voor haar moeder; men achtte geen medische noodzaak aanwezig, waardoor ze ineens 2000 pond per maand moesten betalen, geld dat ze niet hadden aangezien dat was opgegaan aan haar vaders kankerbehandeling (haar moeder was al dood voordat hun beroep voorkwam). Ze zaten diep in de problemen. Rebecca moest weer gaan werken. Haar moeder verkeerde in de terminale fase; ze had terminale zorg nodig. Er werd voorgesteld om een niet-reanimerenverklaring op te stellen en de natuur haar werk te laten doen – dat vindt ze nog steeds 'een loodzware beslissing' en haar vader had het er erg moeilijk mee. Uiteindelijk stemde hij toe.

Vlak voor Kerstmis werd haar vader met spoed opgenomen vanwege nierkanker; tegelijkertijd werd haar moeder op de spoedeisende afdeling opgenomen, waar ze een antibioticakuur kreeg – 'Maar waarom? Wáárom? Mijn moeder lag in het ziekenhuis; mijn vader lag in het ziekenhuis; mijn man liep op krukken; en ik... tja, ik was totaal doorgedraaid.'

Toch zijn we soms sterker dan we zelf denken.

Jo en haar team van ‘rechercheurs’ zijn zich er scherp van bewust dat je mensen soms moet laten gaan. ‘Aan hun levensgeschiedenis kun je zien wanneer het einde daar is,’ zegt Jo.

Ze vertelt over een Somalische vrouw die duidelijk aan het einde van haar leven was gekomen. Ze wist het zelf ook: ze probeerde constant de slangetjes die haar in leven hielden los te trekken. Maar haar zoon was nog niet bereid haar te laten gaan. Ze was altijd een fantastische vrouw en een fantastische moeder geweest – en daar kwam nog bij dat hij hoofd van het gezin werd als zij dood was. ‘Hij had tijd nodig,’ zegt Jo. ‘Dus gaven we hem tijd.’ Ze hielden de slangetjes erin, hielden haar in leven en na een week kwam hij terug en zei: ‘Ik ben er klaar voor.’

‘Zo’n gesprek is altijd erg zwaar. Het is vreselijk moeilijk om afscheid te nemen.’

Uit een Brits onderzoek uit 2018, uitgevoerd op instigatie van de Dying Matters Coalition, kwam naar voren dat 70 procent van de ondervraagden er geen probleem mee had om met de familie hun wensen voor hun levenseinde te bespreken maar dat slechts 29 procent dat ook daadwerkelijk deed. En de meeste mensen vinden het belangrijk om een wilsverklaring op te stellen, alleen doet maar 10 procent dat in de praktijk.

Uit een enquête die in 2013 door het Conversation Project in de VS is gehouden, bleek dat de terughoudendheid om over sterven en de dood te praten universeel is. Negen van de tien Amerikanen vinden het belangrijk om met hun naasten hun wensen voor hun levenseinde te bespreken, maar drie op de tien voeren ook daadwerkelijk zo’n gesprek. Daarvoor droegen ze allerlei redenen aan: ik ben nog niet ziek, ik vind het een ongemakkelijk onderwerp, ik wil mijn familie niet van streek maken, het is nog niet het juiste moment, ik wacht tot een ander erover begint…

Het is moeilijk om over sterven, over doodgaan te praten. Je kunt pas rouwen als je weet wat je kwijt bent – maar als je rouwt om iets wat er nog is, verkeer je in een soort voorgeborchte.

Tommy Dunne zegt dat er geen dag voorbijgaat dat hij niet rouwt om de Tommy Dunne die er niet meer is. 'Ik ben nooit bang geweest om dood te gaan. Als ik te horen zou krijgen dat ik nog drie dagen te leven had, zou ik niet bang worden, denk ik. Maar als ik nu in de spiegel kijk en mezelf niet herken slaat de schrik me om het hart. Ik mis de Tommy die ik was.'

Theresa Clarke zegt dat de tijd zal komen dat ze niet langer over haar ware ik beschikt. 'Ik zal zo lang mogelijk mijn best blijven doen. Ik weet niet hoe het zal zijn als mijn geheugen er de brui aan geeft. Maar ik hoop dat ik nog genoeg tijd heb om zelf te bepalen hoe ik wil gaan.' Haar ogen staan helder, een listige uitdrukking op haar gezicht. 'Ik vind het niet erg dat er een einde aan mijn leven komt. Ik heb geen kinderen. Mijn broers en zusters zijn oud of dood. Ik kan het op mijn eigen voorwaarden doen. Ik zal mijn eigen einde inluiden. Ik heb erover nagedacht en ik zie het helemaal niet als iets negatiefs. Ik ben een realist. Ik ben geen heilige, maar ik vind wel dat ik een goed mens ben. Ik reken erop dat mijn ervaring me zal vertellen wanneer er iets verandert; ik ben altijd een snelle denker geweest. Ik zal eruit stappen omdat ik niet langer de baas ben over mijn eigen leven en er geen vreugde meer aan beleef. Ik zal het tegen niemand zeggen. Ik hou van het leven, maar ik ben niet bang om dood te gaan. Sterker nog' – ze hield haar hoofd scheef op die typische manier van haar – 'ik verheug me er zelfs op. Want het leven is een strijd. Ik ben onderzoekend ingesteld. Altijd nieuwsgierig. En ik wil me ervan bewust zijn dat ik het leven verlaat. Ik heb andere mensen in de laatste fase gezien – dat is niet fijn. Ik wil er op mijn eigen voorwaarden uit stappen. Mijn moeder zou zeggen: "Echt iets voor onze Theresa."'

Ze meent het, waarschijnlijk zal ze het ook doen. Maar het is moeilijk om afscheid van jezelf te nemen.

Een van mijn favoriete moppen luidt: Hoe maak je God aan het lachen? Door hem je plannen te vertellen.

Dementie is een ziekte die door iedereen wordt gevreesd: en dat betreft dan niet de verzengende doodsangst van Philip Larkin maar eerder de angst om een levende dode te worden, om opgesloten te zitten in je eigen aftakelende lichaam en geest.

Ik verdiep me in de adviezen om de ziekte te voorkomen. Dat zijn er een heleboel, sommige gepreciseerd, andere algemeen, sommige haalbaar, andere niet. Vers fruit en verse groenten eten. Meer bewegen. Vis eten. Een gehoorapparaat aanschaffen. Kruiswoordpuzzels doen of andere hersenkrakers…

(Er zijn geheugenoefeningen die je kunt downloaden: vijf minuten per dag oefeningen doen die simpel beginnen – zoals: hier zijn drie woorden: *hut*, *hek*, *bos*; zeg nu wat de tweede letter van het eerste woord is, de eerste letter van het derde woord, de laatste letter van het middelste woord – en allengs ingewikkelder worden. Ik raak al snel in de war.)

… Een nieuwe taal leren. Stoppen met roken. Beter slapen. Een mediterraan dieet volgen. Vitamine K slikken. Mediteren en aan mindfulness doen. Denken. Hardlopen. Communiceren. Alsnog je opleiding afmaken. Afvallen (als je te zwaar bent). Niet eenzaam zijn. Hulp zoeken als je depressief bent. Zingen. Dansen. Een instrument bespelen. Wandelen. Lachen. Verbinden. Verbinden. Verbinden. Verbinden, dat vooral.

Toen ik aan dit boek begon, heb ik voor mezelf een lijstje gemaakt met de dingen die ik zou doen mocht er dementie bij me vastgesteld worden.

- Mijn financiën op orde brengen en mijn testament eventueel herzien
- Een wilsverklaring opstellen, mijn precieze wensen formuleren, een niet-reanimerenverklaring toevoegen
- Uitvinden op welke manieren ik zelf mijn levenseinde en het tijdstip van mijn dood kan bepalen
- Aan iedereen vertellen dat ik dementie heb, met Tommy en Theresa als inspirerend voorbeeld
- Een brief aan Sean schrijven
- Een brief aan elk van mijn vier kinderen schrijven
- Dingen weggooien waarvan ik niet wil dat ze gevonden worden
- Mijn huis grondig opruimen
- Alvast spullen weggeven
- Mijn excuses aanbieden aan de paar mensen die mijn geweten kwellen
- De dingen doen die ik altijd nog had willen doen, ooit, wanneer ik eindelijk tijd, ruimte en frisse zin heb (niet zo'n bucketlist, maar de grote romans lezen waar ik nooit aan toe ben gekomen; mijn weggezakte Italiaans oppoetsen; naar de nachtegalen in het bos bij ons huis luisteren)
- Plezier hebben (zoals de geweldige Dr Seuss in *The Cat in the Hat* zegt 'plezier is goed', alleen vergeten we dat gek genoeg zo makkelijk)
- Onthaasten, want de enorme race tegen de klok kunnen we toch nooit winnen...

- Elke dag hardop gedichten lezen
- Vaker in een meertje of in de zee zwemmen
- Met overgave dansen
- Niet zwelgen in zelfmedelijden; zoals Tommy zegt: Waarom ik níét?
- Vrede sluiten met mezelf; alle woede loslaten; mijn onrustige hart tot bedaren brengen
- Elke dag oesters eten

Ik zou al die dingen sowieso moeten doen. We moeten niet tot een diagnose wachten voordat we een zinvoller leven gaan leiden. Het leven is al van meet af aan eindig – een eindig leven is een kostbaar leven. Uiteindelijk zal er om iedereen gerouwd worden.

Ik denk aan Theresa Clarke, die constant rondjes loopt, onafgebroken ijsbeert in de kleine kamer waaruit nu haar hele wereld bestaat. Ze houdt zich sterk tot het moment komt dat het niet langer gaat...

Ik denk aan Tommy en de concentrische cirkels die hij me op zijn iPad liet zien, aan de moeite die hij doet om niet de beschermende cirkel kwijt te raken die Joyce is, die liefde is, die de laatste cirkel is voordat hij alleen nog het eenzame *ik* heeft.

Aan William Utermohlen, die zijn sporen nalaat op het schilderslinnen: een starend oog, een snavel, een wit vlak waar ooit de wereld in kleuren losbarstte.

Ik denk aan mijn vader. Ik denk aan zijn glimlach – 'Hallo, Nic' – en ik word overspoeld door verdriet en blijdschap. Wanneer de zeilen eindelijk worden gestreken.

Te leven tot we sterven. Kon dat maar.

14

Na afloop

'De dood roert zich. "Leef," zegt hij. "Ik kom eraan."'

Het is makkelijker geworden om langer te leven maar moeilijker om goed te sterven. In vroeger tijden was de dood iets vertrouwds en werd die niet achter instellingsmuren verborgen: vóór de twintigste eeuw hadden de meeste volwassenen hun eigen ouders, enkele van hun kinderen en een aantal van hun vrienden zien doodgaan. Bovendien was er het vertrouwen dat de dood niet het einde betekende. Men zag anderen sterven, de dood was een gegeven, waarop men zich voorbereidde, die soms zelfs werd verwelkomd. De dood was overal en werd aanvaard. Tegenwoordig beseffen we ergens wel dat er ooit een einde aan komt, maar we sluiten er liever de ogen voor. We weten dat we eens doodgaan, maar we wéten het niet. Ons lichaam weet het niet, behalve op benauwde momenten van doodsangst, pas als het vonnis is voltrokken en er voor ons raam een galg wordt opgericht.

De dood wordt vaak buiten de deur gehouden en het leven wordt koste wat het kost gerekt: het kwetsbare, aftakelende lichaam wordt op machines aangesloten, vol met zuurstof, bloed en medicijnen gepompt, het dappere hart wordt weer op gang gebracht en gehouden, ondanks de pijn, ondanks de uitzichtloze situatie, ondanks het feit dat het op een gegeven moment geen leven meer is, maar een vertraagd, uitgerekt, pijnlijk en onwaardig sterven. De dood is verworden tot een agressief gemedicaliseerd en bureaucratisch proces, in de handen van deskundigen; soms banaal, soms absurd, soms pijnlijk of niet respectvol. De moderne, steriele dood wordt zo een onsmakelijk geheimpje, bijna gênant: onze taal draait eromheen, we durven het beestje niet bij de naam te noemen, we steken snel de weg over als we iemand zien die ermee besmet is, vluchten weg voor het fysieke, ongemakkelijke ervan.

De meeste mensen willen thuis sterven; de meeste mensen sterven in het ziekenhuis. Bijna iedereen wil bij zijn dierbaren zijn; bijna iedereen gaat alleen dood of met vreemden om zich heen. In de periode van John's Campaign hebben we honderden brieven en mails ontvangen van mensen van wie een dierbare met pijn, angstig, verwaarloosd, ondervoed, uitgedroogd of vastgebonden aan zijn eind is gekomen. Moederziel alleen gestorven. Zijn we de weg kwijt wat betreft doodgaan en de dood?

Een lieve vriend beschreef de dood van zijn vrouw, die te vroeg is heengegaan. Ze was thuis, in hun slaapkamer, en tegen het einde leed ze heftig maar ze hield zich sterk. Mijn vriend haalde hun twee nog vrij jonge kinderen erbij en zei dat hun moeder hun toestemming nodig had om te gaan. Ze gingen naast haar zitten en pakten ieder een hand vast. Om de beurt zeiden ze: 'Je mag nu gaan, mam.' En na die woorden is ze rustig heengegaan. Zij liet het leven en liet haar kinderen het geschenk van haarzelf na, dat ze voorgoed met zich meedragen.

Een andere vriend, in de veertig en stervende, probeerde uit het ziekenhuisraam te klimmen, alsof hij op die manier aan de dood kon ontsnappen.

Sean en ik gingen bij onze vriend Nick op bezoek, ongeveer een uur voordat hij stierf. Hij wist dat het bijna zover was. Door de morfine was hij nogal suffig en hij dacht dat de roze Japanse kersenbloesems die zijn vrouw aan het voeteneinde had neergezet ballerina's waren die in roze tutu's voor hem dansten. Hij was niet gelovig, maar hij was goedgeluimd terwijl hij in zijn bed, met een kussen onder zijn hoofd, lag dood te gaan. 'Bijna te laat,' zei hij schertsend toen we binnenkwamen. We lazen hem gedichten voor (ik herinner me dat Sean Tennysons 'Now Sleeps the Crimson Petal' had uitgekozen en ik 'The Sunlight on the Garden' van Louis MacNeice) en toen zat onze tijd erop. 'We moeten gaan,' zei ik en hij glimlachte. 'Nee, nee, ik ben degene die moet gaan.' Jaren later verbaas ik me nog over zijn gevatheid en zwier tegenover zijn eigen opheffing. Elke mei, als de Japanse kers bloeit, moet ik denken aan de elegante manier waarop hij het leven verliet.

Dieren creperen en vergaan, mensen sterven of overlijden – omdat wij wezens zijn met een besef van onze eigen sterfelijkheid. Dat besef, soms een onverdraaglijk idee, geeft ons ook onze kern en geeft ons leven vorm en zin. 'De dood verwoest een mens: het idee van de dood redt hem,' schreef E.M. Forster. Het is 'het onderscheidende' van Henry James. De zon van La Rochefoucauld waarin we niet te lang moeten kijken omdat we anders blind worden van het zien. Het maakt ons en vernietigt ons.

Er is geen genezing voor dementie; nog niet tenminste. Het

kan jaren of soms decennia duren, maar de ziekte is terminaal. Het is een geniepige, dreigende sluipmoordenaar. Dag na dag, week na week neemt de ziekte slinks haar intrek in het huis. Artsen, verpleegkundigen – het hele medische systeem – zijn opgeleid om mensen te genezen, de bedreigde gezondheid van de patiënt te herstellen. In een ziekenhuis vinden medische ingrepen plaats, zijn er specialisten en operatietafels en medicijnen. De dood betekent mislukking. In Engeland vindt ruim de helft van de sterfgevallen in een ziekenhuis plaats, meer dan twintig procent in een verzorgings- of verpleeghuis (en slechts acht procent van de dementiepatiënten sterft in de thuisomgeving) en toch is geen enkel ziekenhuis goed toegerust voor de dood.

Maar voor mensen in het eindstadium van dementie komt de dood vaak als een verlichting. Het is niet iets waar nog tegen gestreden moet worden. Laat ze gaan.

Eind januari 2013 stierf de moeder van Rebecca, na een chaotische, turbulente periode. Het duizelde de familie nog van alle klappen die de ziekte had uitgedeeld. Het ziekteproces had veertien jaar in beslag genomen. Ze hadden enorm veel voor hun kiezen gekregen.

'Op de ochtend van haar dood,' zegt Rebecca, 'was ik even naar mijn eigen huis gegaan. Ik liet de honden uit en het was een prachtige dag. Hardop zei ik de woorden: "Het is goed, mam. Je mag nu gaan." En toen ik werd gebeld wist ik het.'

Haar ogen staan vol tederheid. Ze zwijgt even en vertelt me dan over de dood van haar vader, precies een jaar later. Hij was in elkaar gezakt: 'Toen ik bij het huis kwam, werd hij net gereanimeerd door het ambulancepersoneel. Ik zei nog dat dat tegen zijn wens was. En zij zeiden: "Wilt u dat we ermee ophouden?" O god, het was verschrikkelijk. Ik belde mijn broer en die was het met me eens.' Ze waren door ervaring wijzer geworden en daarom kon ze tegen de ambulancebroeders zeggen dat ze moesten stoppen. Ze stopten. 'Ze lieten hem gaan.'

En toen was het afgelopen. De jaren zijn verstreken en nu is het een verhaal dat ze vertelt, een tragedie. 'Je komt er niet overheen,' zegt ze. 'Maar je past je aan. Ze zijn natuurlijk niet hier in de kamer. Maar ze zijn hiér. In mijn hoofd. In mijn hart. Ik voel hun aanwezigheid en ik hoor hun stem.'

Denis East stierf in het verpleeghuis waaruit hij op het laatst niet meer probeerde te ontsnappen. Hij liep niet meer weg, hij speelde geen viool meer. Zijn kwartet was opgeheven – hoewel het trio hem nog geregeld bezocht en muziek voor hem speelde. Zijn dochter, eveneens een getalenteerd musicus, speelde cello voor hem, hoewel hij daar soms geagiteerd van raakte omdat hij niet mee kon doen. Zijn kleinzoon speelde hobo. En Maggie zorgde ervoor dat hij altijd muziek op zijn koptelefoon had. Hij stierf terwijl hij luisterde naar een vioolsonate van Brahms. En op zijn begrafenis werd de gezang 'The Day Thou Gavest, Lord, is Ended' gezongen.

De man van de schrijfster die anoniem wenst te blijven is vredig in het tehuis gestorven waar hij al enkele maanden verbleef. Hij was van de dementievleugel, waar hij geagiteerd werd van het lawaai en de onrust, overgeplaatst naar de verpleegafdeling, waar hij tot rust kwam. Vervolgens kreeg hij een beroerte, waardoor hij niet meer kon praten. Zijn vrouw bezocht hem elke dag, samen luisterden ze naar muziek en zij las hem *Northanger Abbey* voor. Zijn zoon las hem gedichten van Coleridge voor. 'Maar het was zo'n beperkt leven,' schreef ze me in een e-mail, 'en ik wilde niet dat hij dat nog langer moest ondergaan. Dus toen hij op een zondagavond zachtjes weggleed, was ik verdrietig maar ook opgelucht.'

Jenni Dutton denkt met vreugde terug aan het heengaan van haar moeder. 'Ik was bij mijn moeder toen ze stierf,' zegt ze. 'Het was de geweldigste ervaring van mijn leven. Ze was bij kennis en het was midden op de dag. We wisten dat ze stervende was: ze kon niet meer eten. Ik sloeg haar gade, hield haar hand vast, praatte en zong tegen haar, vertelde hoe fantastisch ze was, en hoe geliefd. Heel geleidelijk stokte haar adem. En als mensen dood zijn, zijn ze gewoon wég. Ik bestudeerde het gezicht van mijn moeder. De tand die haar mond deed opbollen. Het reflecterende licht achter in haar keel toen ze haar laatste adem uitblies. Geen pijn en geen strijd – enkel een glorieuze hoeveelheid glorie.'

William Utermohlen overleed vijftien maanden nadat hij in het verpleegtehuis was opgenomen. 'Op de dag dat hij stierf,' zegt Pat, 'gaf ik een feestje voor mijn studenten. De telefoon ging. Ze zeiden dat Bill ziek was geworden; er was iets mis. Ik ging er meteen naartoe. Ze brachten hem per ambulance naar het Charing Cross Hospital, waar hij leek op te knappen. Ik bleef de hele tijd bij hem en toen ik vroeg of ik even naar huis kon gaan om te douchen, bleek hij uitgerekend dat moment te hebben uitgekozen om zijn laatste adem uit te blazen. Volgens mij had hij gehoord dat ik even naar huis ging; dat moet haast wel. Ik was enorm opgelucht; blij voor hem dat het eindelijk voorbij was. Hij was zo verschrikkelijk ongelukkig. Het rouwen had ik al tijdens zijn leven gedaan. Hij was al in 2000 gestorven toen hij niet meer kon tekenen. Ik vond het niet eens erg toen hij werkelijk doodging. Ik denk aan de tijd dat we samen musea bezochten in binnen- en buitenland. Als ik hem mis, is dat de man die ik mis. Hij was jonger dan ik. Hij was een rustige man, een erg aardige, rustige man.'

De dood kan een vriend zijn. Genoeg is genoeg. Er is ruimschoots tijd geweest om je voor te bereiden en afscheid te nemen. Maar als ze dan eindelijk gaan, wil je ze weer terug: nog een paar dagen meer, nog iets zeggen waar je nooit aan toe bent gekomen; een laatste groet. Hun hand vastpakken en ze nog eventjes bij je houden. Ga niet weg. Ga alsjeblieft niet weg.

Mijn vader was een van de weinigen die het geluk hadden om thuis te sterven.

Hij verliet ons op 9 november 2014. Geen laatste woorden. Mijn moeder wenste hem welterusten en kuste hem. Ze stond in de badkamer haar tanden te poetsen. De thuishulp hees hem in een comfortabele houding op zijn kussens. Hij hoestte even en toen was hij dood.

We zijn uiteindelijk allemaal broze wezens.

De ademhaling stopt en een hele wereld houdt op te bestaan.

15

Een nieuw begin

'Jeugd noch schoonheid blijft bestaan/Alles moet tot stof vergaan.'

Als mensen met dementie sterven, wordt hun dood vaak als een verlies maar ook als een opluchting ervaren – zowel voor henzelf, omdat er aan hun langdurige lijden een einde komt, als voor de nabestaanden die jarenlang voor hen gezorgd hebben. We zeggen: *Ze leefden in geleende tijd.* We zeggen: *Het was tijd.* Een verzorger die de afgelopen tien jaar voor een partner heeft gezorgd, hem heeft gewassen, te eten heeft gegeven, zijn ongelukjes heeft opgeruimd, om hem heeft gehuild, van hem heeft gegruwd, liefde en haat heeft gevoeld, moe is van de ondankbare taak, uitgeput en klemgezet, gek is geworden van het gebrek aan contact en het jarenlange wegcijferen van zichzelf, zou wel een heilige moeten zijn om hem niet af en toe dood te wensen, zodat er aan de lange, zware beproeving een eind komt. En er weer een leven kan beginnen.

Maar dan gaat de zieke daadwerkelijk dood en komt er ondanks al die negatieve gevoelens een heleboel verdriet los. Want we zeggen wel dat mensen met dementie er niet meer zijn, dat ze 'planten' zijn, dat ze niet langer de persoon zijn die ze ooit waren, dat het 'levende doden' zijn, maar als ze dan echt doodgaan komen we erachter dat ze wel degelijk leefden. Ze waren nog zichzelf, ook al was hun kern verwoest. Het verschil tussen mijn vader enkele weken voor zijn dood, met die typische glimlach van hem op zijn gezicht, en zijn unieke gniffeltje dat niemand ooit nog zal horen – het verschil tussen die man en de man die we in het kamertje in het rouwcentrum opgebaard zagen liggen is niet te beschrijven. Mensen zeggen dat het een glijdende schaal is. Eerst is iemand zijn onvervreemdbare zelf en dan schuift hij langzaam op naar persoonlijkheidsverlies. Iemand ligt in coma en haalt nog gewoon adem, maar de persoon zelf is er niet meer. Alleen het lichaam nog. Een vriendin van me moest besluiten op welk moment de stekker uit het apparaat ging dat haar partner in leven hield: hij was hersendood en ze wist zeker dat dit het juiste besluit was. Maar het bleef een zware, hartverscheurende beslissing. Om te zeggen: dit leven is voorbij. Om te zeggen: nooit meer. Ze zullen nooit meer terugkomen.

En dat is het grote mysterie van het leven. Een mens kan niets meer hebben, geen geheugen, geen taal, geen besef meer dat hij op deze wereld leeft. En toch zit er nog diep in zijn versleten lichaam een onuitwisbaar stukje van zijn kern.

Ik had eigenlijk een afspraak staan om mijn vader op de dinsdag twee dagen na zijn dood te bezoeken. We wisten dat hij niet lang meer te gaan had en ik had al wat gedichten uitgezocht die ik aan hem wilde voorlezen, en ik had ook al bedacht wat ik wilde zeggen. Ik wilde hem bedanken. Zeggen hoe goed hij het had gedaan. Zijn hand vasthouden, zijn zachte witte haar strelen, afscheid nemen. Ik wilde hem nog één keer zien voordat hij zou sterven – of misschien was het eerder zo dat ik hem, direct na zijn dood, per se nog een keer wilde zien. Want ik kon wel denken dat ik klaar was voor zijn dood, maar dat was ik natuurlijk niet. Jarenlang – het grootste deel van mijn leven – had ik hem voor lief genomen, een bescheiden, slimme, aardige, fatsoenlijke, onconventionele man, een lieve goedzak die altijd vrolijk zijn schouders onder het leven had gezet. Gewoon mijn vader. Toen hij dood was, nam ik hem niet zomaar meer voor lief. Alles aan hem werd oneindig dierbaar: hoe hij ervan genoot om 's winters de bruine vogeltjes te voeren die op de voedertafel afkwamen; hoe goed hij was in knopen leggen en servies lijmen; de weloverwogen manier waarop hij at en het eten in kleine nette pakketjes op zijn vork schoof; de nauwgezette manier waarop hij zich schoor (als klein meisje vond ik het heerlijk om daarnaar te kijken, het raspen van het mesje, de streep gladde wang, net zoals ik het ook heerlijk vond om te kijken wanneer mijn moeder zich aan het verkleden was voor een avondje uit, de kralenkettingen die ze tegen haar jurk hield, haar gestifte mond die ze afhapte in een tissue...); zijn verstrooidheid, zijn zonderlinge geloof in wichelroedelopen en de symboliek van dromen; zijn stokoude mosgroene trui; zijn gepoetste bruine schoenen; hoe hij rook...

Natuurlijk, iedereen is uniek. ('Als we dood zijn, zal er nooit meer iemand zijn zoals wij,' schrijft de stervende Oliver Sacks, 'maar er is sowieso nooit iemand zoals de ander. Dode mensen kunnen niet vervangen worden. Ze laten een gat achter dat niet gevuld kan worden.')

Maar wat er gebeurde was dat ik terugkwam van een concert en op mijn mobieltje zag dat ik een aantal gemiste oproepen van mijn broer had. Ik wist meteen wat er aan de hand was en inderdaad, toen ik hem terugbelde, bevestigde hij mijn vermoeden met zijn zachtaardige, gespannen stem die ik zo goed ken. Midden in de nacht reed ik naar het huis van mijn ouders, dat in duisternis was gehuld. Ik liet mezelf met de sleutel binnen en liep meteen naar het kamertje waar mijn vader de afgelopen negen maanden had gelegen, maar daar was hij niet. Zijn lichaam was al weggehaald. Ik stond met knipperende ogen in de deuropening naar het smalle, afgehaalde bed te staren en wachtte in de stilte tot ik wist wat ik nu voelde.

Zoals wanneer je je in je vinger snijdt en het bloed ziet opwellen en de eerste pijn voelt kloppen.

Onwerkelijk.

(Ik heb eigenlijk niet echt om mijn vader gehuild. Ik wist niet – nog steeds niet – waar ik moest beginnen of misschien was ik wel bang dat als ik eenmaal begon ik niet meer kon ophouden. Maar toen ik met onze lieve enthousiaste oude hond naar de dierenarts ging om haar te laten inslapen, moest ik wel huilen. Ze ging elke zomer met ons mee naar Zweden en ze vond het heerlijk om in het meer te springen waar mijn vader in zijn schemertoestand ook nog graag zwom. We gooiden stokken in het meer die zij dan achternasprong en apporteerde, steeds opnieuw. Ik lag op de vloer naast haar, aaide haar en zei dat we allemaal veel van haar hielden. Ik zei dat ze nu voorgoed in dat meer zou zwemmen tussen de waterlelies. Ze sloeg even met haar staart op de grond en viel toen stil. Ik moest heel erg huilen omdat het zo makkelijk is om verdriet te hebben om een huisdier: een zuiver, ongecompliceerd verdriet. Tranen voor de hond die tranen voor de mens losmaken.

Deze herinnering brengt een andere naar boven: een van mijn vaders oudste, beste vrienden stierf toen hij nog maar in de veertig was. Ik heb mijn vader nooit een traan om hem zien laten – hij was niet iemand die makkelijk huilde – maar een paar dagen later ging onze stokoude grijze kat dood en zag ik mijn vader achter zijn bureau zitten terwijl de tranen over zijn wangen stroomden; zo triest, zo alleen.)

Het lichaam sterft, wordt in de grond begraven om weer langzaam één te worden met de natuur of wordt tot as verbrand. Maar iemands hele innerlijke wereld – alle liefde, hoop, verlangen; alle relaties, lusten, driften en trekjes; alle kennis die hij of zij in de loop der jaren heeft opgebouwd; alle herinneringen die iemand heeft vergaard; alle aparte gewoonten en eigenschappen; alle gekke dingetjes en iemands unieke persoonlijkheid; alle aparte gebaartjes; iemands lach; de manier waarop de wereld hem of haar heeft gevormd, een vorm die niemand ooit nog zal hebben – verdwijnt die ook zomaar?

Hoe kunnen de doden dood zijn? We praten nog met ze, een onmogelijk gesprek, vragen hun om raad, delen onze zorgen en verlangens, zoeken hun goedkeuring, hebben een voortdurend veranderende relatie met ze. We dragen hen mee in ons hart. Tegen wie praten we als we tegen de doden praten; voor wie zijn onze tranen als we het graf bezoeken en ons hart uitstorten? Wie hebben we lief? Want de liefde is aanwezig ook al is de persoon er zelf niet meer, en reikt zelfs tot in de toekomst ook al is de toekomst een afschrikwekkend gapend gat omdat de geliefde persoon er geen deel van uitmaakt.

De doden sterven niet. Maar ze zijn onbetwistbaar dood. Ze komen niet meer terug. Hun kleren hangen in de kast. De stoel bij het raam is leeg. Het bed is onbeslapen.

'Leren leven,' schrijft Derrida, 'is leren leven met geesten; je verkeert voortdurend in dialoog, in gesprek, in gezelschap, misschien zelfs in vriendschap... met geesten.' De geest is de ander die in ons leeft – want alleen in ons kunnen de doden voortleven. We moeten door ze achtervolgd worden. Het is heel moeilijk om de verleden tijd te gebruiken.

Wat is rouwen? De vijf fasen van rouwverwerking zoals gedefinieerd door Elizabeth Kübler-Ross in haar boek uit 1969 *On Death and Dying* (ontkenning, woede, onderhandelen, neerslachtigheid, aanvaarding) zijn jarenlang fel bekritiseerd vanwege het gebrek aan empirisch bewijs en vanwege de manier waarop de chaos van verdriet in een aantal keurige hokjes wordt ondergebracht. Toch blijft het idee van verschillende fases die een nabestaande doormaakt een belangrijk houvast voor ons. We willen de zekerheid dat er een beproefd pad is door de verwarrende, rommelige, soms wrede kluwen van emoties; we noemen het een 'reis' alsof er een landkaart en een kompas zijn, routes die genomen moeten worden en een bestemming waarnaar we op weg zijn, ook al weten we dat we verdwaald zijn.

Ik heb een vriendin wier partner op vrij jonge leeftijd overleed, toen hun kind nog maar vier jaar was. Ze zegt dat ze maandenlang gek werd van verdriet – en dat bedoelt ze letterlijk. Ze draaide helemaal door.

Een ander zegt dat verdriet pijn doet, lichamelijk pijn doet. In de maag, het hart, het hoofd, in de botten en in het bloed. Het krabt ons, slaat ons, beneemt ons de adem, belaagt ons en foltert ons.

Of weer een ander die vertelt dat ze zich als een oud mens voelde – kromgebogen, traag en versuft van verdriet.

Of praatgraag, iedereen voortdurend aanklampen om te vertellen hoe erg ze de overledene missen; een cirkelgang, een onafgebroken klaagzang.

Of wanhopig, ongeremd, onbeteugeld, in de war. De geest als een la met bestek.

Nutteloos. Lusteloos. Verslonsd. Moe. Ziek: ziek van verdriet.

Vreemd, onbekend; smart bedekt de wereld zoals sneeuw een landschap, waardoor alles wat vertrouwd was vreemd wordt.

De tijd gaat voorbij, een kalender van verdriet. Maar de dood is niet alleen een naam en een jaartal op een grafsteen. En liefde bevindt zich niet in de verleden tijd.

Een paar jaar terug, toen mijn kinderen bezig waren het huis uit te gaan, heb ik een opleiding gevolgd tot humanistisch uitvaartbegeleider – diensten begeleiden voor mensen zonder geloof. Bij kerkelijke begrafenissen is er een structuur en een doel – om de doden de overgang naar het hiernamaals te laten maken, in de hoop daar ooit met hen herenigd te worden –, maar bij een humanistische plechtigheid is er geen sprake van geloof in onsterfelijkheid of van de hoop de overledene ooit weer terug te zien. Hoe moeten we afscheid nemen zonder verpletterd te worden door het eeuwig verdrietige ervan?

Ik heb een vrouw ontmoet van begin zestig, die wist dat ze niet lang meer te leven had. Zij wilde graag, samen met haar bedroefde familie, haar eigen uitvaart vormgeven. Ze geloofde niet in een hiernamaals en toch zei ze op een gegeven moment tegen me: 'Als ik in mijn kist in de kerk lig, wil ik er zeker van zijn dat ik in goede handen ben.' Ze was hoffelijk en beheerst en dacht uitsluitend aan de mensen die ze achterliet en die haar nog niet wilden laten gaan. Tijdens haar laatste dagen schreef ze afscheidsbrieven, pakte cadeautjes voor haar kleinkinderen in, zorgde er zelfs voor dat de vriezer gevuld was met het lievelingseten van het gezin. Ze wist dat haar volwassen zoons het er moeilijk mee hadden en ze probeerde manieren te bedenken om ze te troosten als ze er niet meer was.

Of een zoon en dochter, beiden in de twintig, die afscheid moesten nemen van hun geweldige moeder. Ze wilden haar per se gedenken in de stijl zoals ze had geleefd, en daarom vroegen ze alle aanwezigen in hun mooiste kleren te verschijnen. Zelf droegen ze theatrale kostuums, als verbeelding van hun verdriet, ze speelden opbeurende muziek, vertelden grappige verhalen, hingen iedereen kleurige kettingen om de hals. Het was een magisch ritueel, maf, geestig en heftig.

Bij een andere gelegenheid hielp ik een moeder bij de uitvaart van haar geliefde zoon. Ze had een gedicht voor hem geschreven dat ze bij de dienst wilde voorlezen en ze sprak over hem in een mengelmoesje van tijden: verleden, tegenwoordige en toekomstige tijd, hij was dood maar tegelijk leefde hij nog en hoorde hij haar smartelijke vers. Ze zei dat ze de hele tijd maar uit het raam keek en verwachtte dat hij elk moment het tuinpad op kon lopen. Ze was ten einde raad en wist niet hoe ze de dagen door moest komen. Elke minuut sleepte zich voort en elke nacht lag ze wakker tot het licht werd.

Door een sterfgeval wordt tijd een kwelling. Alles lijkt eindeloos te duren en niet te verdragen. We zitten gevangen in de tijd, maar de overledene is bevrijd, eindelijk verlost van pijn.

Mens zijn betekent verdriet voelen. Een sterfgeval is niet iets waar we 'overheen komen' (alsof het een hek is) en we geven het ook niet een plekje, alsof het een huisdier is. Ik geloof zelfs niet dat we erdoorheen gaan, want dat wil zeggen dat we er aan de andere kant uit komen en dan vrij zijn. Misschien moet je rouwen eerder zien als een geleidelijk incorporeren van de overledene in jezelf: vroeger waren ze een extern, dierbaar object, hun eigen persoon; nu zitten ze vanbinnen, leven ze voort in de geest en de herinneringen van degenen die achterbleven. We verliezen ze – en tegelijkertijd kunnen we ze niet echt meer verliezen omdat ze in ons zitten, deel van ons zijn.

In vroeger tijden (bijvoorbeeld in het victoriaanse tijdperk, in navolging van koningin Victoria's buitensporige rouwgedrag) waren er strenge regels voor de rouwtijd. Vaak behelsden die sociale afzondering en rouwkleding, uiterlijke tekenen van innerlijk verdriet. Voor de man was het simpel: een donker pak met zwarte handschoenen. Voor de vrouw was het iets ingewikkelder: kleding van donkere, doffe zwarte stof zoals niet-glanzende zijde of bombazijn (heel gebruikelijk in romans uit die tijd), afgezet met kriebelige stroken crêpe, die pas na een voorgeschreven periode verwijderd mochten worden (dan begon de 'halve rouw'). Sieraden dragen was verboden, met uitzondering van gitten. Aan de voordeur werden kransen met zwarte linten gehangen. De klokken werden soms op het uur van het overlijden stilgezet. Luiken werden gesloten en gordijnen dichtgetrokken – zoals ook beschreven in Wilfred Owens 'Anthem for a Doomed Youth', waar 'in elke langzame schemering de blinden worden neergelaten'. De zwarte rouwbanden.

In de huidige tijd, althans in het Westen, rouwen we stil en onzichtbaar. Onze blinden worden niet neergelaten en onze kleding is niet zwart (behalve op dag van de uitvaart, al wordt dit ook steeds minder gebruikelijk: bij veel diensten die ik heb geleid werd de aanwezigen uitdrukkelijk verzocht om niet in het zwart te komen, maar in kleurige, vrolijke kleding). Wij handelen de dood vaak snel en gehaast af. Het aantal dagen dat een nabestaande vrij krijgt van werk is afhankelijk van het oordeel van de werkgever; de meeste werknemers in Groot-Brittannië hebben wettelijk recht op bijzonder verlof, een 'redelijk' aantal onbetaalde verlofdagen, voor calamiteiten of onvoorziene omstandigheden betreffende een huisgenoot of bloedverwant. Daar valt ook het regelen en bijwonen van een uitvaart bij. (Maar wat is 'redelijk' in een tijd wanneer rede het raam uit vliegt?) Het gemiddelde verlof duurt drie tot vijf dagen. In de VS, waar geen speciale arbeidsovereenkomst is voor calamiteitenverlof, bepaalt de werkgever meestal hoeveel dagen de werknemer vrijaf mag nemen, en recht op verlof met behoud van loon bestaat daar niet eens. Het is alsof de dood een storinkje is, een klein probleempje – een paar dagen vrij en we gaan weer door met werken. Er wordt van ons verwacht dat we ons er snel overheen zetten en de draad weer oppakken.

De rituelen, die we inmiddels niet meer publiekelijk belijden, onderkenden de enorme impact die een overlijden had. De nabestaanden werden als aparte personen aangemerkt. Je kon aan hun verschijning zien dat ze in de rouw waren, zodat de omgeving rekening met hen hield en hen met medeleven en tact behandelde. Na een vaststaande rouwperiode maakte het diepe inktzwart plaats voor een wat lichtere tint; daarna antracietgrijs, paars, wit. Het rouwen ging over in half-rouwen. Het normale leven keerde geleidelijk aan, in zichtbare fases, terug. De klok werd weer opgewonden; de tijd begon weer te tikken.

Voor de doden staat de tijd stil, maar voor de levenden gaat hij door, de uren tikken voorbij naar een toekomst die de doden niet meer hebben. Want ondanks al het verdriet, de ontkenning, de neerslachtigheid en het rouwen om de overledene laten de meeste mensen de tijd zijn werk doen. Bij de herdenkingsdienst voor Jane Bown, de fantastische fotografe van *The Observer* (met wie ik jarenlang heb samengewerkt en die ik bewonderde en heel graag mocht) las haar vriend Luke Dodd een passage voor uit een brief van Samuel Beckett aan Barbara Bray, die een dierbare had verloren. Later stuurde Luke me de tekst door: 'Ik wilde dat ik wist hoe ik je moest troosten… ik heb zo weinig licht en wijsheid in me als het aankomt op dergelijke rampspoed. Het enige wat ik kan zeggen is dat die ouwe aarde gewoon doorgaat met ronddraaien en dat de tijd zich samen met de rest verlustigt in ons lijden.' Waarom schuilt er troost in zulke naargeestige regels? Omdat de wreedheid van de dood erin wordt erkend en tegelijkertijd er het besef is 'dat ergens in het hart van verdriet (en ook van liefde, is mij verteld) de ergste storm al is uitgeraasd. Ik ben altijd blij geweest met die deemoedige gedachte en heb daar ook altijd beschutting gezocht, op die diepste plek van menselijke kwetsbaarheid en eenzaamheid.' Hij vertrouwt op de helende werking van de tijd: 'Werk zo hard je kunt, slaap zo veel mogelijk en laat de rest over aan de stroom die het heden zal wegvoeren en je andere gelukkige dagen zal brengen.'

'Overleven – dat is een ander woord voor rouwen,' schrijft Derrida. Maar overleven is ingewikkeld. Succesvol rouwen is tegelijk mislukt rouwen. Verdriet is een blijk van gedenken, van loyaliteit, van bij de persoon blijven die is overleden. Om er weer bovenop te komen en in je eentje door te kunnen gaan, moet je de dode ontrouw zijn. Veel mensen voelen zich schuldig wanneer ze momenten van terugkerend geluk ervaren of beseffen dat ze een tijdlang niet aan de overleden dierbare hebben gedacht. De doden worden, hoe kort ook, *vergeten.* En we moeten ook vergeten, het is noodzakelijk dat de doden langzaam afzakken naar het binnenste van ons geheugen, zodat we ze niet meer de hele tijd voelen. Als we dat niet zouden doen en bleven vastzitten in die eerste fase van rauw, verbijsterd verdriet, zouden we gek worden (en je hebt ook mensen die gek worden omdat ze niet voorbij die eerste fase komen). De doden leven in ons voort, maar we denken niet meer constant aan ze omdat ze deel van ons zijn geworden, in ons systeem zijn opgenomen. Ze zijn voorgoed afwezig en in het verleden, en ze zijn voorgoed aanwezig en in onze toekomst. Dat is de taak van het rouwen; een pijnlijke, tijdrovende, ernstige, uiterst belangrijke taak. Om de doden naar ons toe te halen; om onze eigen sterfelijkheid te onderkennen.

Een sterfgeval is nooit iets onbeduidends, hoe vredig het heengaan ook is, hoe klein de afstand ook lijkt. Het duurt één ademstoot en dan is een hele wereld, pfff, als een veertje dat wordt weggeblazen, verdwenen.

De dood kan iemand ook weer terugbrengen in zijn oude staat, vooral als die persoon door dementie was aangetast. Als iemand met dementie dood is, is hij niet langer oud, kwetsbaar en ziek, niet langer verward en vergeetachtig, niet langer een gammel lichaam en een verwoeste geest, niet langer niet meer de oude. Omdat ze weg zijn, kunnen ze terugkomen als de persoon die meerdere identiteiten in zich verenigde. Jong, oud, en alles daartussen. Sterk, kwetsbaar, en alles daartussen. En dan kunnen we opnieuw verliefd worden op die persoon in al zijn facetten, opnieuw beseffen dat er een veelvoud aan gedaantes in hem huisde. (En beseffen we tegelijkertijd dat er ook in ons een veelvoud aan gedaantes huist.)

Dat kan een mooie uitvaart bewerkstelligen: het besef van een complete persoonlijkheid die in ere wordt hersteld. De tijd, die zo tiranniek kan zijn, laat zijn chronologische greep verslappen. Ik begeleidde de uitvaart van de man van een vriendin. Hij was overleden aan Lewy body-dementie. Zijn ziekte en zijn laatste maanden werden tijdens de dienst, waarbij voornamelijk door zijn familie werd gesproken, niet verzwegen maar even kort aangestipt, zodat er daarna alle ruimte was om stil te staan bij de rest van zijn mooie lange leven: een man die van de zee en van vissen hield, die dol was op koken, eten, lachen en grappen maken; die gek was op zijn kinderen, op zijn vrouw.

Ze noemen zichzelf tegenwoordig 'uitvaartdirecteur' alsof een uitvaart een zakelijk evenement is. Vroeger heetten ze 'begrafenisondernemer' – en zo noemt de Amerikaanse dichter Thomas Lynch zichzelf nog altijd, want hij houdt van de verschillende betekenissen die in het woord besloten liggen (begraven is iets in de grond begraven, ondernemen is ergens aan beginnen, iets wagen). 'Van iets wat met een dode wordt gedaan naar iets wat door de levenden wordt gedaan – door ieder van ons.' Hij gelooft dat 'we dingen ondernemen om het leven dat we leiden te beschermen tegen de kou, de zinloosheid, de leegte, het kwalijke geklets en het verblindende donker. Het is de stem die we geven aan verwondering, aan verdriet, aan liefde en verlangen, woede en verontwaardiging; de woorden waarvan we gezang en gebed maken.' En hij besluit zijn essaybundel *The Undertaking: Life Studies from the Dismal Trade* met het volgende dringende advies: 'Voel wat er te voelen is – de bevrijding, de opluchting, de angst en de vrijheid, de vrees voor vergeten, de doffe pijn van je eigen sterfelijkheid... De enige manier om eroverheen te komen is er dwars doorheen te gaan.'

Met ons vieren organiseerden we de uitvaart van onze vader.

Zijn kleinkinderen – elke kleinzoon droeg een stropdas van hem – droegen de rieten kist die ze die ochtend met bloemen hadden versierd. Ze stonden met z'n allen voor in de zaal en om de beurt deelden ze met de aanwezigen een speciale herinnering aan hun grootvader. Twee van zijn oudste vrienden vertelden grappige, aandoenlijke anekdotes over hem. We zongen allemaal het gezang dat ook bij het huwelijk van mijn ouders was gezongen, 'Dear Lord and Father of Mankind'. Wij vieren haalden herinneringen aan hem op en aan de dingen waar hij veel van had gehouden, en vertelden wat wij altijd het leukst aan hem hadden gevonden. Daarna lazen we om de beurt een gedicht voor. Mijn oudste zus (die zijn grote liefde voor de natuur deelde) droeg 'Pied Beauty' van Gerald Manley Hopkins voor. Mijn broer las het oorlogsgedicht 'Naming of Parts' van Henry Reed voor – dat was een van de lievelingsgedichten van mijn vader, al begrepen we geen van allen goed waarom. Mijn zus, die dol is op zeilen, net als hij, droeg 'Sea Fever' van John Masefield voor. En ik las 'Afterwards' van Thomas Hardy, het weemoedige treurdicht waarin de dichter zichzelf gedenkt als 'een man die zulk soort dingen opmerkte':

When the Present has latched its postern behind my tremulous
stay,
And the May month flaps its glad green wings like wings,
Delicate-filmed as new-spun silk, will the neighbours say,
'He was a man who used to notice such things'?

In dat gedicht wordt de overledene op sublieme wijze in het verleden achtergelaten en wordt de deur voorgoed achter hem gesloten, maar tijdens de uitvaart hadden we het gevoel dat onze vader erbij was: in de zaal, in ons hoofd, ons geheugen, ons hart. En hij was niet langer dement, niet langer hulpeloos, beschaamd, bang en gedesoriënteerd. Hij lachte, was sterk en kerngezond. Hij was weer gelukkig. Dit was draaglijk verdriet, waardevol en onbezwaard, heel anders dan de hartverscheurende pijn van het voorafgaande jaar.

Siegfried Sassoon schreef eens aan een vriend die een naaste had verloren: 'Je bent rijk doordat je iets kwijt bent.' We zijn rijk doordat we iets kwijt zijn. Hoe meer we hebben, hoe meer we verliezen; en hoe meer we verliezen, hoe rijker we zijn. Verdriet is zowel een kwelling als een zegening.

Dus de oude man uit *Alive Inside* zal opnieuw om de lantaarnpalen zwaaien wanneer hij zijn dochter naar school brengt.

Dus de oude vrouw die ik onbeweeglijk in een ziekenhuisbed zag liggen zal weer de jonge stralende vrouw van de foto zijn, die hand in hand met haar geliefde op het strand staat.

Dus Denis East zal zijn viool weer oppakken en Mendelssohn, Bach en Beethovens Opus 131 spelen.

En de moeder van Rebecca Myers zal weer dansen met haar liefhebbende man, en Rebecca kan haar hoofd weer tegen haar moeders schouder leggen en haar hart bij haar uitstorten.

En de moeder van Jenni Dutton kan weer samengebreid worden, haar gezicht kan weer tussen de losse draden tevoorschijn komen.

En Theresa Clarke kan weer Teasie worden en samen met de jongens buiten gaan voetballen; en ze zal tot rust komen in haar geliefde ashram en aan de bron van de Ganges, waar ze nog zo graag naartoe wilde; en haar moeder kan weer tegen haar zeggen dat ze een leeuwenhart heeft.

En Tommy Dunne zal zijn Joyce weer als de zon in zijn leven zien.

En William Utermohlen kan weer door de musea en kunstgaleries dwalen met de vrouw van wie hij houdt, naar schilderijen turen die hij opslaat in zijn hoofd. En hij kan zijn kwast weer oppakken. Dat schetsmatige gezicht op een effen witte ondergrond, de woeste lege ogen en die snavelachtige neus zullen hun oude vorm weer aannemen. De angstige somberheid zal wegebben. De kleuren en het perspectief zullen weer binnen komen druppelen; de muren zullen weer recht worden en de desoriënterende verwarring zal verjaagd worden. De eenzame figuur weggedrukt in een groep onbekenden, de buitenstaander, zal weer aan tafel zitten en meedoen met de gesprekken en het gelach.

En mijn vader kan weer naar het ochtendkoor van vogels luisteren. Hij kan weer rondlopen in zijn tuin, de tomaten in de kas water geven, de rozen snoeien en de bruine zangvogels broodkruimels voeren. Hij kan weer behendig knopen leggen en het servies zo lijmen dat je niet eens ziet dat het ooit gebroken was. Autorijden, kaartlezen, zeilen, een kruiswoordpuzzel oplossen, een aquarellandschap schilderen, de composthoop aanharken, zijn kleinkinderen plagen, een insect op een boomblad bestuderen, een glas goede rode wijn drinken, de foxtrot en de wals weer dansen, kerstliedjes en volksliedjes zingen, met vrienden lachen, fikkies stoken en naar de sterren kijken, mijn moeders hand vasthouden, de staande klok in de hal opwinden en het regelmatige getik van de voorbijgaande tijd horen, de gordijnen dichttrekken en de lampen uitdoen, de kaarsen uitblazen, de trap op lopen en in bed stappen, welterusten zeggen en zijn ogen sluiten, zijn dromen dromen.

Zo veel facetten van een persoon die door de dood weer in de wereld worden vrijgelaten; geesten die ons niet kwellen maar ons vergezellen, of wij die hen vergezellen, terwijl wij onderweg zijn naar onze eigen eeuwige nacht.

De heldere dag is om. Het duister valt voor ons in.

Om te komen bij het einde. Om te eindigen met liefde.

Bronvermelding

p. 7 'Een peilloze afgrond kent geen Biograaf': uit de brieven van Emily Dickinson *('To attempt to speak of what has been, would be impossible. Abyss has no Biographer')*, geciteerd door Lyndall Gordon in *Lives Like Loaded Guns: Emily Dickinson and Her Family's Feuds*, p. 7

Het begin

p. 11 'O, de geest, de geest kent bergen…': uit een van Gerard Manley Hopkins' prachtige 'Sonnets of Desolation', 'No Worst', in *Poems and Prose* (London: Everyman's Library, 1995):

O the mind, mind has mountains; cliffs of fall
Frightful, sheer, no-man-fathomed. Hold them cheap
May who ne'er hung there…

p. 14 'de ziekte van de eeuw': uit de inleiding van *Dementia and Ageing: Ethics, Values and Policy Choices*, red. Robert H. Binstock, Stephen G. Post en Peter J. Whitehouse, p. ix

p. 15 'Het verhaal van een lijdensweg': uit 'Seeing and Knowing Dementia', door David H. Smith, in *Dementia and Ageing: Ethics, Values and Policy Choices*, p. 49

p. 15 'Dementie houdt totaal geen rekening met patiënten, verzorgers, gezondheidszorg, zorginstellingen... het is een ziekte die niet binnen ons systeem past': uit mijn interview met professor Sube Banerjee, hoogleraar dementie en decaan van de faculteit geneeskunde aan de Brighton and Sussex Medical School

p. 18 'ons gezamenlijk is geschonken': uit een interview met Judith Butler in *The Other Journal*, nr. 27, 26 juni 2017

p. 20 Mary Warnock maakte die opmerking in het tijdschrift *Life and Work* van de Church of Scotland, zoals aangehaald in, bijvoorbeeld, *The Telegraph*, 18 september 2008

p. 22 'uithoudingsvermogen van de ziel': uit Atul Gawande, *Being Mortal*, p. 231

p. 23 Dantes beeld van een schip dat de zeilen strijkt: uit *La Divina Commedia, Inferno*, Canto 27, ll. 79-81

p. 23-24 Sally Magnusson gebruikt het beeld van een boot die in de mist verdwijnt in haar memoires, *Where Memories Go: Why Dementia Changes Everything*, p. 91

p. 23 'een zeilschip dat in een windstilte is terechtgekomen...': uit *Hersenschimmen* van J. Bernlef, p. 70

p. 24 Erwin Mortiers desolate en prachtige *Gestameld liedboek*, vol metaforen, gaat voor een deel over de onmogelijkheid om de desintegratie van de taal te vangen in de taal zelf. Voor de metaforen die hier worden geciteerd zie pp. 8, 18, 20, 53, 54, 72, 115 en 117

p. 26 'Een stem hebben betekent mens zijn': de ethicus Carol Gilligan beschrijft de centrale betekenis van de menselijke stem in haar belangrijke boek *In a Different Voice: Psychological Theory and Women's Development*

p. 27 'Ik schrijf voor een deel ook om te biechten, om vergiffenis voor mezelf te vragen': Oliver Sacks zei dat in een interview met Douwe Draaisma, hoogleraar geschiedenis van de psychologie aan de Universiteit van Groningen. De opmerking wordt geciteerd in Draaisma's *De heimweefabriek, Geheugen, tijd en ouderdom*, p. 109

p. 27 Schrijven is om vergiffenis vragen: Jacques Derrida schreef veel (en invloedrijk) over dood, rouwen en vergeving. Terwijl Freud rouwen als normaliserend 'werk' beschouwde, een reis door het verdriet naar loslaten en troost, ziet Derrida het als een groot, altijd onvoltooid werk waarbij we met de doden blijven praten. Zie bijvoorbeeld zijn *Adieu to Emmanuel Levinas*, of de bespreking van Nicholas Royle in *In Memory of Jacques Derrida*

1. *De waarheid onder ogen*

p. 29 'Ik ben! Maar wat ik ben, weet en interesseert niemand.': 'I Am!' van John Clare, uit *John Clare*

p. 40 Het acroniem 'GOMER' werd bedacht door de Amerikaanse arts Samuel Shen (pseudoniem) in zijn roman *House of God* (1978)

p. 41 Voor het verhaal over de 96-jarige man die zijn vrouw probeerde te vermoorden, zie bijvoorbeeld *The Guardian*, d.d. 25 april 2017

p. 41-42 Dementie is een aandoening die 'een ernstige aantasting betekent van de vermogens die we gewoonlijk als uniek menselijk definiëren…': uit het voorwoord van Robert N. Butler in *Dementia and Ageing: Ethics, Values and Policy*

Choices, red. Robert H. Binstock, Stephen G. Post en Peter J. Whitehouse

p. 42 'Wat is het, waar dementie ons van berooft?...': uit Andrea Gillies, *Keeper*, p. 11

2. Ouder worden

p. 43 'De oude dag is aangebroken ... het hart is vergeetachtig': uit een oude Egyptische tekst, geciteerd door Carmelo Aquilino en Julian C. Hughes in hun essay 'The Return of the Living Dead' in *Dementia: Mind, Meaning and the Person*, red. Julian C. Hughes, Stephen J. Louw en Stephen R. Sabat, p. 143

p. 43 'we zullen langer oud zijn dan we ooit jong waren': uit Douwe Draaisma, *De heimweefabriek: Geheugen, tijd & ouderdom*, p. 18

p. 43 De cijfers over vergrijzing zijn afkomstig uit het VN-rapport 'World Population Ageing 2015', UN Department of Economic and Social Affairs, Population Division New York

p. 46 'zij' niet 'wij': zie Simone de Beauvoir, *La Vieillesse (De ouderdom)*

p. 48 'temporal vertigo': uit Lynne Segal, *Out of Time: The Pleasures and Perils of Ageing*, p. 4

p. 51 'de tegenstelling tussen binnen- en buitenkant waarmee we nog nooit eerder te maken hebben gehad': uit Helen Small, *The Long Life*, p. 12

p. 52 Montaignes 'speciale gunst' en 'privilege': geciteerd door Helen Small in *The Long Life*, p. 2

p. 52 'Praat alsjeblieft, *alsjeblieft* niet zo veel over ouderdom, mijn beste. Ik krijg er de kriebels van!...': uit *Words in Air: The Complete Correspondence between Elizabeth Bishop and Robert Lowell*, p. 779. Elizabeth Bishop was pas 63 toen ze dit schreef en Lowell was 58!

p. 52 'monterheid': geciteerd door Helen Small in *The Long Life*, p. 2

p. 52 'overvloed': zie Annie Dillards 'Abundance'

p. 53 'het plafond aanraken': uit *Words in Air: The Complete Correspondence between Elizabeth Bishop and Robert Lowell*, p. 681

p. 53 'Ouder worden gaat over lichaamsdelen...': uit Atul Gawandes *Being Mortal*, p. 29

p. 53 'dat er toch iets niet helemaal in orde is': uit Douwe Draaisma's *De heimweefabriek: Geheugen, tijd & ouderdom*, p. 13

p. 53-54 Het artikel van Tad Friend, 'Silicon Valley's Quest to Live Forever' verscheen in *The New Yorker*, d.d. 3 april 2017

p. 54 Ezekiel Emanuel schreef over zijn besluit om na zijn 75ste alleen palliatieve behandelingen te willen in *The Atlantic* d.d. oktober 2014

p. 56 'Het lichaam wordt ouder. Het bereidt zich voor op de dood...': uit John Bergers *And our faces, my heart, brief as photos*, p. 36

3. Hersenen, geest en het zelf

p. 59 'het wonder van het bewustzijn...': Vladimir Nabokov, zoals geciteerd in Brian Boyd, *Vladimir Nabokov: The Russian Years*, p. 11

p. 65 Douwe Draaisma noemt het getal 256 in *De heimweefabriek: Geheugen, tijd & ouderdom*, p. 42

p. 72 'vergankelijke elektrochemische dans die bestaat uit oneindig veel bits informatie': uit Henry Marsh, *Admissions*, p. 267

p. 73 Voor het volledige verhaal over het leven en sterven van Sandy Bem: zie het lange artikel in *The New York Times*, d.d. 15 mei 2015

p. 81 Peter Singers lijst van indicators van persoonlijkheid, zoals gepubliceerd in Stephen G. Post, *The Moral Challenge of Alzheimer's Disease*, p. 15

p. 81 'Niet *cogito* (ik denk) of *ergo* (dus) maar *sum* : ik ben': ibid., p. 3

p. 82 'de sociale outcasts, de ongewensten, de gemarginaliseerden en de onderdrukten': ibid.

4. Herinneren en vergeten

p. 83 'Inwendig doe ik dat, in het ontzaglijk paleis van mijn geheugen...': uit St.Augustinus, *Belijdenissen*, p. 219, vertaling J.A. van Lieshoudt, O.E.S.A.

p. 84 'Leven zonder geheugen is geen leven': uit Luis Buñuels autobiografie, *Mon dernier soupir*, pp. 4-5. Aan het einde van haar leven had Buñuels moeder geen geheugen meer. Het volledige citaat luidt: 'Als je je geheugen kwijtraakt, zelfs al gaat dat geleidelijk, besef je dat het geheugen ons hele leven is. Leven zonder geheugen is geen leven … ons geheugen is onze cohesie, ons verstand, ons gevoel, zelfs ons handelen. Zonder dat zijn we niets.'

p. 84 'glijdt de wereld spoorloos door je heen': uit J. Bernlef, *Hersenschimmen*, p. 54

p. 86 De *permastore* van het langetermijngeheugen: uit Douwe Draaisma, *De heimweefabriek: Geheugen, tijd & ouderdom*, p. 8

p. 88 Voor de vele metaforen over opslaan, zie: Charles Fernyhough, *Pieces of Light: The New Science of Memory*, p. 6

p. 88 'Als *dit* je geheugen mocht zijn…': uit Douwe Draaisma, *Vergeetboek*, p. 7

p. 88 het geheugen als 'activiteit, geen bankkluis … een proces, geen plaats' en 'als een orkest': uit Andrea Gillies' *Keeper*, p. 228

p. 88 het geheugen is 'een naaister, een wispelturige bovendien…': uit Virginia Woolfs *Orlando*, p. 49

p. 88 'er zijn geen "*read only*"-bestanden': uit Douwe Draaisma's *Vergeetboek*, p. 14

p. 89 vergeten als het 'minteken…', en het ontbreken van een verbaal equivalent van het geheugen: ibid, p. 10

p. 89 Zie voor meer informatie over hyperthymesia het grote artikel in *The Guardian* van 8 februari 2017

p. 89 de 'vuilnisbelt' van het geheugen, uit Jorge Luis Borges, 'Funes el Memorioso' ('Funes de Allesonthouder')

p. 97 Patrice Polini's psychoanalytische analyse van het werk van Utermohlen is afkomstig uit zijn essay 'Conveying the Experience of Alzheimer's Disease through Art: The Later Paintings of William Utermohlen', uit *Looking into Later Life*, red. Rachel Davenhill, pp. 298-318

5. De diagnose

p. 105 'We hebben de klokken te middernacht horen spelen': uit *Hendrik IV*, tweede bedrijf

p. 114 Michael Kinsley schreef over ontkenning in *Time Magazine*, 9 december 2004

p. 123 'de moed om te zijn': uit Stephen G. Post, *The Moral Challenge of Alzheimer's Disease*, p. 1

6. Schaamte

p. 125 'Ik ben een suffende oude dwaas...' : uit *King Lear*, vierde bedrijf, zevende scène

p. 129 'essentieel onderdeel van zelfrespect is respect in de ogen van anderen...': uit 'A Critical View of Ethical Dilemmas' van Harry Moody, in *Dementia and Ageing: Ethics, Values and Policy Choices*, p. 90

p. 132 'de stem van het geweten diep in je binnenste': uit Bernard Williams' *Shame and Necessity*, p. 89

p. 132 'gezien worden in onbetamelijke toestand door de verkeerde mensen in de verkeerde omstandigheden. Het wordt rechtstreeks geassocieerd met naaktheid': ibid., p. 78

p. 133 'De ander ziet mij, kijkt dwars door mij heen, zelfs als de schaamte iets oppervlakkigs betreft, bijvoorbeeld in het uiterlijk, en de schaamte komt tot uiting ... niet alleen door het verlangen om je te verstoppen, je gezicht te verbergen, maar door te willen verdwijnen': ibid., p. 89

p. 133 Voor een bespreking van het verband tussen schaamte en dood, zie Carl Schneiders *Shame, Exposure and Privacy*

p. 133 'De tegenstelling tussen binnen- en buitenkant': uit Helen Small, *The Long Life*, p. 12

7. Mantelzorg

p. 141 'Hoe verre licht die kleine kaars': uit *De koopman van Venetië*, vijfde bedrijf, eerste scène

p. 141-142 De cijfers over mantelzorg zijn afkomstig uit Carers UK, 'Facts about Carers 2015'; Alzheimer's Research UK's Dementia Statistics Hub, 'Impact on Carers', 2015; en de Family Care Giver Alliance, 'Caregiver Statistics: Demographics', 2016

p. 145 Frédéric Compains korte en prachtige film heet *William Utermohlen: Vision intérieure de la maladie d'Alzheimer*

p. 145 'Ze heeft me in bezit genomen en me uitgehold': uit Andrea Gillies, *Keeper*, p. 237

p. 146 Sally Gadow wordt geciteerd door Richard J. Martin en Stephen G. Post in 'Human Dignity, Dementia and the Basis of Caregiving', in *Dementia and Ageing: Ethics, Values, and Policy Choices*, p. 57

p. 149 Dit verslag van de vraag van Jane English: 'Wat zijn kinderen aan hun ouders verschuldigd?' komt uit 'Human Dignity, Dementia and the Basis of Caregiving' van Richard J. Martin and Stephen G. Post, in *Dementia and Ageing: Ethics, Values and Policy Choices*, p. 60

p. 149 plichtsgevoel jegens de ouders kan worden misbruikt als 'schadelijke ideologische volmacht tot de vernietiging van dochters': ibid., p. 61

8. Kunst als verbindingsmiddel

p. 173 'En hand in hand, aan het eind van het strand/ dansten ze in 't licht van de maan': 'The Owl and the Pussycat' van Edward Lear, uit *The Complete Nonsense of Edward Lear*

p. 174 'Sea Fever' van John Masefield. Gebruikte (vrije) vertaling van J. Slauerhoff, 'Zeekoorts'

9. Thuis

p. 186 'Je kunt terug naar huis… zolang je maar weet dat je huis op een plek staat waar je nog nooit bent geweest': uit *The Dispossessed* van Ursula Le Guin, p. 48

p. 190 De plek 'in het hart van de werkelijkheid', 'dakloos' zijn… 'de wereld van zijn kernbetekenis beroven...': Mircea Eliade, geciteerd door John Berger in *And our faces, my heart, brief as photos*, pp. 55-56

p. 192 'het ruwe materiaal van de herhaling waarmee een thuis wordt gecreëerd' terwijl de herinneringen 'de specie zijn die het geïmproviseerde huis bijeenhouden', 'terugkeer naar de plek waar afstand nog niet telde': ibid., p. 64

p. 192 'de simpele, onmiskenbare overtuiging dat de hele wereld voor me lag...' uit Hisham Matars *The Return: Fathers, Sons and the Land in Between*, p. 126

p. 193-194 De cijfers over mishandeling van ouderen komen uit de *Nursing Home Abuse Guide*, en uit een aantal artikelen uit *The Telegraph* en *The Guardian*

p. 195 'We zitten opgescheept met instellingen die aan allerlei maatschappelijke doelen beantwoorden…' uit Atul Gawandes *Being Mortal*, p. 77

p. 206 'We zullen doorgaan met zoeken...' T.S. Eliot, *Four Quartets*, 'Little Gidding', deel v

p. 206 'verzengend' heimwee naar de plek van 'geestelijke veiligheid', 'verlating en angst': uit 'Only Connect' van Margot Waddell, in *Looking into Later Life: A Psychoanalytic Approach to Depression and Dementia in Old Age*, pp. 194-195

p. 206 'Het schijnt dat mannen met heimwee doorgaans naar hun ouderlijk huis verlangen': uit *De heimweefabriek*, Douwe Draaisma, Historische Uitgeverij, Groningen

10. De latere stadia

p. 210 'Ik ben al deze woorden, al deze vreemden, dit stof van woorden, zonder grond om neer te komen, zonder hemel om te verwaaien…': uit *The Unnameable* van Samuel Beckett, p. 104

p. 213-214 Het artikel van Atul Gawande stond in de editie van 30 maart 2009

12. Op weg naar het einde

p. 233 We hebben kunst om niet aan de waarheid te sterven, uit *The Will to Power* (*Der Wille zur Macht*) Friedrich Nietzsche, fragment 822, boek 3

p. 238 'Een stem hebben betekent mens zijn...': uit Carol Gilligans *In a Different Voice: Psychological Theory and Women's Development*, p. xvi

p. 239 'geen besef meer van het zelf hebben...': uit Helen Smalls bespreking van Ronald Dworkin in *The Long Life*, p. 130

p. 240 'Ik-Gij': 'Het woord zit niet in de mens zelf...': uit 'Seeing Whole'; het openingsessay van Julian C. Hughes, Stephen J. Louw en Steven R. Sabat in *Dementia: Mind, Meaning and the Person*, p. 26

p. 240 'brokstukken van het taalvermogen...': uit 'The Hard Words'; 'het voor altijd in mijn mond/en vergeten' uit 'Left Brain'; 'vieze smaak van verdwenen' uit 'Right Brain': alles uit *The Hard Word Box* van Sarah Hesketh

p. 240-241 Dit verslag over Swifts laatste jaren en zijn dood komt uit het artikel van John Gray in *The New Statesman*, d.d. 14 november 2016

p. 241 'zelfbeeld te herstellen' en 'zijn dubbelganger op te roepen' uit het essay van Patrice Polini in Rachel Davenhills *Looking into Later Life*

13. *Afscheid nemen*

p. 247 'Wat is verlies? Verlies is een slapende reus': uit *Iceberg* van Marion Coutt, p. 73

14. *Na afloop*

p. 255 'De dood roert zich, "Leef," zegt hij. "Ik kom eraan."': Vergilius, geciteerd door Christine Overall in *Ageing, Death and Human Longevity*, p. 1

p. 256 De cijfers over de locatie waar mensen sterven zijn afkomstig uit de officiële statistieken van de Engelse nationale gezondheidszorg, gepubliceerd in 2018

p. 257 Dieren creperen en vergaan, maar sterven niet: voor de uitwerking van dit idee, zie p. 50 van 'Ageing and Human Nature' door Michael Bavidge, in *Dementia: Mind, Meaning and the Person*, red. Julian C. Hughes, Stephen J. Louw en Steven R. Sabat: 'alleen wezens die zich bewust zijn van zichzelf als individu kunnen sterven – en alleen wezens die zich bewust zijn van hun eigen dood kunnen een besef van zichzelf als individu ontwikkelen' (p. 50)

p. 257 'De dood verwoest een mens; het idee van de dood redt hem': uit E.M. Forsters *Howard's End*, hfdst. 27

p. 257 'het onderscheidende': citaat overgenomen van Louis Menand uit *The New Yorker*, d.d. 21 juli 2016

15. Een nieuw begin

p. 262 'Jeugd noch schoonheid blijft bestaan, alles moet tot stof vergaan': uit *Cymbeline*, vierde bedrijf, tweede scène

p. 264 'Als we dood zijn, zal er nooit meer iemand zijn zoals wij...' uit Oliver Sacks *Gratitude*, p. 19

p. 267 'Leren leven, is leren leven met geesten; je verkeert voortdurend in dialoog, in gesprek, in gezelschap, misschien zelfs in vriendschap... met geesten': uit Nicolas Royles *In Memory of Jacques Derrida*, p. 71

p. 271 Hier parafraseer ik een stuk uit *The Guardian*, d.d. 10 januari 2014, over calamiteitenverlof

p. 272 'Ik wilde dat ik wist hoe ik je moest troosten...': Samuel Beckett schreef deze woorden aan Barbara Bray op 10 maart 1958

p. 272 'Overleven – dat is een ander woord voor rouwen': uit *The Work of Mourning*, p. 1

p. 274 'Van iets wat met een dode wordt gedaan naar iets wat door de levenden wordt gedaan – door ieder van ons': uit *The Undertaking* van Thomas Lynch, p. xviii

p. 292 'we dingen ondernemen om het leven dat we leiden te beschermen tegen de kou, de zinloosheid, de leegte, het kwalijke geklets en het verblindende donker...': ibid., p. xix

Bibliografie

Agronin, Marc E. *How We Age* (Cambridge, Mass.: Da Capo Press, 2011)

Andrews, June. *Dementia: The One-stop Guide* (London: Profile Books, 2015)

Ariès, Philippe. *Western Attitudes towards Death* (London: Marion Boyars, 1976)

De Beauvoir, Simone. *Old Age* (*La Vieillesse*), vert. Patrick O'Brian (London: Penguin, 1977)

Beckett, Samuel. *The Unnameable* (London: Faber and Faber, 2010)

Berger, John. *Selected Essays*, ed. Geoff Dyer (London: Bloomsbury, 2001)

— *Here is Where We Meet* (London: Bloomsbury, 2005)

— *And Our Faces, My Heart, Brief as Photos* (New York: Random House, 1984)

Bernlef, J. *Hersenschimmen* (Amsterdam: Querido, 1984)

— *Eclips* (Amsterdam, Querido, 1993)

Binstock, Robert H., Post, Stephen G., Whitehouse, Peter J. (eds.). *Dementia and Ageing: Ethics, Values and Policy Choices*

(London: Johns Hopkins University Press, 1992)
Bishop, Elizabeth and Lowell, Robert. *Words in Air: The Complete Correspondence between Elizabeth Bishop and Robert Lowell*, onder redactie van Thomas Travisano en Saskia Hamilton (London: Faber and Faber, 2008)
Borges, Jorge Luis. *The Total Library: Non-fictions 1922-1986*, vert. Esther Allen (London: Penguin, 2001)
— *Fictions*, vert. Andrew Hurley (London: Penguin, 1998)
Boyd, Brian. *Vladimir Nabokov: The Russian Years* (London: Vintage, 1990)
Buñuel, Luis. *My Last Breath (Mon dernier soupir)*, vert. Abigail Israel (London: Fontana, 1985)
Burdick, Alan. *Why Time Flies: A Mostly Scientific Investigation* (London: Simon and Schuster, 2017)
Butler, Judith. *The Other Journal*, 27: Identity Issue (Seattle: 27 June 2017)
Clare, John. *John Clare*, onder redactie van Paul Farley (London: Faber and Faber, 2016)
Compain, Frédéric. *William Utermohlen: Vision intérieure de la maladie d'Alzheimer* (Paris: Arts Editions, 2009)
Corkin, Suzanne. *Permanent Present Tense: The Man with No Memory, and What He Taught the World* (London: Penguin, 2013)
Coutts, Marion. *The Iceberg* (Atlantic Books, 2014)
Dante Alighieri. *The Divine Comedy: Inferno (La Divina Commedia: Inferno)*, vert. Robin Kirkpatrick (London: Penguin, 2006)
Dartington, Tim. *Managing Vulnerability* (London: Karnac Books, 2010)
Davenhill, Rachel (ed). *Looking into Later Life: A Psychoanalytic*

Approach to Depression and Dementia in Old Age (London: Karnac Books, 2007)
Derrida, Jacques. *The Work of Mourning*, onder redactie van Pascale-Anne Brault en Michael Naas (Chicago: University of Chicago Press: 2017)
— *Adieu to Emmanuel Levinas* (Stanford: Stanford University Press, 1997)
Dillard, Annie. *The Abundance* (Edinburgh: Canongate Books, 2017)
Diski, Jenny. *In Gratitude* (London: Bloomsbury, 2016)
Dollimore, Jonathan. *Death, Desire and Loss in Western Culture* (London: Allen Lane, 1998)
Draaisma, Douwe. *De heimweefabriek: Geheugen, tijd en ouderdom*, (Groningen, Historische Uitgeverij, 2008)
— *Vergeetboek* (Groningen: Historische Uitgeverij, 2010)
Eliot, T.S. *The Complete Poems and Plays* (London: Faber and Faber, 1975)
Fernyhough, Charles. *Pieces of Light: The New Science of Memory* (London: Profile Books, 2013)
Forster, E.M. *Howards End* (London: Penguin, 2000)
Francis, Gavin: *Adventures in Human Being* (London: Profile Books, 2015)
Gawande, Atul. *Being Mortal* (London: Profile Books, 2015)
Gillies, Andrea. *Keeper* (London: Short Books, 2009)
Gilligan, Carol, *In a Different Voice: Psychological Theory and Women's Development* (Cambridge, Mass.: Harvard University Press, 2003)
Gogol, Nikolai. *Dead Souls*, vert. David Magarshak (London: Penguin, 1961)
Gordon, Lyndall. *Lives Like Loaded Guns: Emily Dickinson and*

Her Family's Feuds (London: Virago, 2011)
Hardy, Thomas. *Collected Poems*, onder redactie van Samuel Hynes (Oxford: Oxford University Press, 1984)
Healey, Elizabeth. *Elizabeth is Missing* (London: Viking, 2014)
Hesketh, Sarah. *The Hard Word Box* (London: Penned in the Margins, 2014)
Hopkins, Gerard Manley. *Poems and Prose* (London: Everyman's Library, 1995)
Hughes, Julian C., Louw, Stephen J., Sabat, Steven R. *Dementia: Mind, Meaning and the Person* (Oxford: Oxford University Press, 2016)
Ishiguro, Kazuo. *The Unconsoled* (London: Faber and Faber, 1995)
James, Jo et al. *Excellent Dementia Care in Hospitals* (London: Jessica Kingsley, 2017)
James, William. *The Principles of Psychology*, vol. 1 (London: Forgotten Books, 2017)
Kalanith, Paul. *When Breath Becomes Air* (London: Bodley Head, 2016)
Larkin, Philip: *Collected Poems* (London: Faber and Faber, 1988)
Lear, Edward. *The Complete Nonsense of Edward Lear* (London: Faber and Faber, 2015)
Le Guin, Ursula. *The Dispossessed* (New York: HarperCollins, 1974)
Luria, A.R. *The Man with the Shattered World* (London: Penguin, 1972)
Lynch, Thomas. *The Undertaking: Life Studies from the Dismal Trade* (London: Vintage, 1998)
— *Bodies in Motion and at Rest: On Metaphor and Mortality* (London: W.W. Norton, 2000)

Magnusson, Sally. *Where Memories Go: Why Dementia Changes Everything* (London: John Murray, 2014)
Malouf, David. *An Imaginary Life* (London: Vintage, 1999)
Marsh, Henry. *Do No Harm: Stories of Life, Death and Brain Surgery* (London: Phoenix, 2014)
— *Admissions: A Life in Brain Surgery* (London: Weidenfeld and Nicolson, 2017)
Matar, Hisham. *The Return: Fathers, Sons and the Land in Between* (London: Viking, 2016)
Mayeroff, Milton. *On Caring* (New York: HarperCollins 1971)
Mortier, Erwin. *Gestameld liedboek* (Amsterdam: De Bezige Bij, 2011)
Nietzsche, Friedrich. *The Will to Power* (*Der Wille zur Macht*) vert. Walter Kaufmann en R.J. Holingdale (New York: Vintage, 1968)
Nuland, Sherwin. *How We Die* (Chatto and Windus, 1994)
Oppen, George. *New Collected Poems* (Manchester: Carcanet Press, 2003)
O'Mahony, Seamus. *The Way We Die Now* (London: Head of Zeus, 2016)
Overall, Christine. *Ageing, Death and Human Longevity* (London: University of California Press, 2003)
Post, Stephen G. *The Moral Challenge of Alzheimer's Disease* (Baltimore: Johns Hopkins University Press, 1995)
Roiphe, Kate. *The Violet Hour: Great Writers at the End* (London: Virago, 2016)
Royle, Nicholas. *In Memory of Jacques Derrida* (Edinburgh: Edinburgh University Press, 2009)
Sacks, Oliver. *The Man Who Mistook His Wife for a Hat* (London: Picador, 1986)

— *Gratitude* (London: Picador, 2015)

St Augustine. *Confessions*, vert. R.S. Pine-Coffin (London: Penguin, 1961)

Samuel, Julia. *Grief Works* (London: Penguin Random House, 2017)

Schneider, Carl. *Shame, Exposure and Privacy* (London: W.W. Norton, 1992)

Segal, Lynne, *Out of Time: The Pleasures and Perils of Ageing* (London: Verso, 2015)

Shem, Samuel. *Black Swan* (London: Transworld, 1998)

Shenk, David. *The Forgetting: Alzheimer's: Portrait of an Epidemic* (New York: Anchor Books, 2001)

Shorthouse, Tracey. *I am Still Me* (Bloomington, IL: Author House, 2017)

Singer, Peter. *Rethinking Life and Death* (Oxford: Oxford University Press, 1994)

Small, Helen. *The Long Life* (Oxford: Oxford University Press, 2007)

Swaffer, Kate. *What the Hell Happened to My Brain: Living beyond Dementia* (London: Jessica Kingsley, 2016)

Swaffer, Kate and Low, Lee-Fay. *Diagnosed with Alzheimer's or Another Dementia* (London: New Holland Publishers, 2016)

Tallis, Raymond. *The Black Mirror: Fragments of an Obituary for Life* (London: Atlantic Books, 2015)

Taylor, Cory. *Dying: A Memoir* (Edinburgh: Canongate Books, 2016)

Taylor, Richard. *Alzheimer's from the Inside Out* (Baltimore: Health Professions Press, 2004)

Thomas, Matthew. *We are Not Ourselves* (London: Fourth Estate, 2015)

Whitman, Lucy (ed). *Telling Tales about Dementia: Experiences of Caring* (London: Jessica Kingsley, 2010)

Williams, Bernard. *Shame and Necessity* (London: University of California Press, 1993)

Woolf, Virginia. *Orlando* (London: Vintage Classics, 2016)

Wordsworth, William. *The Oxford Authors*, ed. Stephen Gill (Oxford: Oxford University Press, 1984)

Zeizel, John. *I am Still Here* (London: Piatkus, 2011)

Dankwoord

Ik ben veel dank verschuldigd aan meer mensen dan ik hier kan opnoemen; van sommigen ken ik de namen niet eens. Sinds de oprichting van John's Campaign heb ik in het hele land veel fantastische mannen en vrouwen ontmoet die ons hebben gesteund, aangemoedigd, geadviseerd, geholpen en gesterkt in ons gevecht om de zorg in ziekenhuizen en verpleeghuizen transparanter en liefdevoller te maken. Ik zal hun hartelijkheid nooit vergeten. Ik ben veel dank verschuldigd aan iedereen met wie ik bij de voorbereiding van dit boek heb gesproken, de verpleegkundigen en artsen en andere mensen in de zorg, de maatschappelijk werkers, psychotherapeuten en kunstenaars die tijd voor me vrijmaakten en hun kennis met me deelden; de mensen die in zorginstellingen werken en me daar verwelkomden; de vrienden met wie ik in alle veiligheid van gedachten kon wisselen: Claire Armitstead, Andrew Balfour, Sube Banerjee, Philippa Black, Alistair Burns, Andrew Cooper, Alex Coulter, Seb Crutch, Jane Cummings, Tim Dartington, April Dobson en het personeel van Abbeyfield, Steve Gentleman, Lucy Gilby, Gil Graystone, Rowan Harwood, Sarah Hesketh, Jo James, Liz Jones en het personeel van de MHA, Kate

Kellaway, Claire Kent, Jules Knight, James Macdonald, Michael Morris, John Naughton, Jane O'Grady, David Oliver, Aishlene O'Neill, Maria Parsons, Josh Pettit, Hilary Prior, Martin Rossor, Raymond Tallis, Sophia Tickell, Nick Timmins, Carol Tolpolski en Claudia Wald. Hun ideeën en kennis zijn van onschatbare waarde geweest – maar eventuele fouten komen geheel voor mijn rekening.

Mijn speciale dank gaat uit naar allen die hun persoonlijke en vaak pijnlijke ervaringen met dementie met me hebben gedeeld. Ik ben diep onder de indruk van de ruimhartigheid, eerlijkheid en moed van Gillian Beer, Andy en Claire Bell, Jan Bell, Pam Bell, Theresa Clarke, Joyce Dunne, Tommy Dunne, Jenni Dutton, Maggie East, Mary Jacobus, Disie Johnson, Rebecca Myers, Pauline Terreehorst, Patricia Utermohlen en Gerard de Vries.

Ik ben erg veel dank verschuldigd aan *The Observer*: zonder die krant zou John's Campaign niet van de grond zijn gekomen en zou dit boek niet zijn geschreven. Zij gaven me een platform en een stem. Ik bedank met name Jane Ferguson, Ursula Kenny, John Mulholland, Lisa O Kelly, Stephen Pritchard, Paul Webster en Rob Yates voor hun ruimhartige en trouwe hulp in al die jaren.

Julia Jones is mijn trouwe vriendin door dik en dun: mijn dank en bewondering en liefde gaan uit naar haar, en ook naar Francis en Bertie Wheen.

Een geweldige redacteur is van onschatbare waarde: Helen Conford heeft me altijd aangemoedigd, kritische vragen gesteld en onuitsprekelijk goed geholpen. Margaret Stead heeft me scrupuleus en opmerkzaam terzijde gestaan. Ginny Smith in de Verenigde Staten is een grote steun geweest en heeft me veel vertrouwen gegeven. Dank jullie wel!

Dit boek zou nooit zijn geschreven zonder mijn fantastische, slimme, aardige agent, Sarah Ballard. Vanaf het eerste idee tot en met het laatste woord was zij mijn gids en vertrouweling. Ook bedank ik Eli Keren voor alle hulp en geduld, de geweldige Sam Edenborough en Nicki Kennedy voor hun steun en geloof in mij, en Joy Harris in de Verenigde Staten, wier niet-aflatende toewijding veel voor me heeft betekend.

Het boek begint in Zweden. Veel dank aan de grote clan van Seans familie, die mijn ouders altijd uitnodigde voor hun kreeftenfeestjes, tangolessen en zomerfeesten aldaar. Edgar, Anna, Hadley en Molly (en Phoebe en Tom) inspireren en stimuleren me, en maken me dankbaar en gelukkig, elke dag weer. Ik bedank Sean, mijn eerste proeflezer, mijn koffiezetter en wijnschenker, mijn reisgenoot en onvoorwaardelijke zonder-wie: dank je wel.

Maar vooral ben ik eeuwige dank verschuldigd aan mijn moeder, Patricia Gerrard, mijn broer Tim Gerrard, mijn zussen Jackie Gerrard-Reis en Katie Jackson: de beste, liefste familie die je je maar kunt wensen.

En aan mijn vader – woorden schieten tekort. Tabee.